Q&A Diary
中国語で3行日記

开始日期（開始日）

　　　　　　　　年　　　　　　月　　　　　　日

はじめに

「中国語を毎日、少しずつでもいいから勉強しよう」「日記を書いてみようかな」──実際に取り組んだことがある人は多いと思います。その時決心した中国語の学習や日記は、今も続いていますか？　「結局どれも途中で投げ出しちゃったな……」、中にはそんな人もいらっしゃるのではないでしょうか。

「継続は力なり」という言葉があるように、中国語の学習や日記は、少しずつでも毎日続けることで、確実に皆さんの力になります。そこで、私たちは中国語の学習も日記も楽しく続けられる、欲張りな本を作ろうと決心しました。そうして生まれたのが、本書『Q&A Diary 中国語で3行日記』です。

本書は、2016年にアルクから刊行され、今なお愛されているベストセラー『Q&A Diary 英語で3行日記』の姉妹版です。「毎日1つの質問に、たった3行で答える」コンセプトはそのままに、質問やサンプル日記の内容を5人の先生方が中国語を学ぶ人のために選び、自然な、生き生きした中国語で執筆しました。

「昨日の自分に言ってあげたいことは？」「どうしても捨てられないものはある？」など、バラエティに富み、思わず答えたくなるような質問を366個用意しました。また、「サンプル日記」や参考になる「単語」も付いているので、気軽に書き進めることができます。

「日記」の主人公は「あなた」です。自分の日常や気持ちの動きを、自分自身の言葉で書いてみましょう。時には、3行という枠にとらわれずに書いてもいいでしょう。答えにくい質問には、別のことを書いてみてはいかがでしょうか。

また、質問とサンプル作文の読み上げ音声がダウンロードできるのも、本書の大きな特長です。听写（ディクテーション）や朗读（音読）など、会話につながる練習にも活用してみてください。

毎日続けて中国語で日記を書いているうちに、中国語で書く力、そして自分のことを中国語で伝える力が自然と高まります。また、過去の日記を振り返ることで、自らの成長に気付けます。それは、さらなる成長へのモチベーションになることでしょう。本書が、中国語学習を毎日続けるきっかけになれば幸いです。

アルク　書籍編集部

執筆者より

氷野 善寛

中国語の学習は筋トレと似ています。日々の汗と努力の後には、必ずその成果（たくましい筋肉や語学力の向上）が待っています。しかし、ずっと筋トレを頑張ると疲れがたまってしまうように、学習も時には休息と反省の時間を必要です。日記を書くことは、筋肉のストレッチやクールダウンのようなもの。さあ、語学のジムで汗を流し、一緒に中国語を鍛え上げましょう！（氷野善寛）

李軼倫

日記と言えば書くものですが、音読練習もぜひたくさんしてください。本書は音声もついています。文字を見なくても聞き取れて、一緒に読めるようになるまで何度も聞いてください。発音やリスニングが向上できるだけでなく、文法や単語、いろいろな表現を体で覚えられて、しっかり頭に定着できるようになります。加油！（李軼倫）

李姉妹

本書を手に取ってくださり、ありがとうございます！
これからの1年間、この本を中国語学習のお供にしていただけたら嬉しいです。中国語で日記を書くなんて難しそう……と思うかもしれませんが、最初は本当にシンプルな文章から始めてみてください。それを毎日続けたら、書き終わる日には自分の成長を実感できるはず。加油〜！（李姉妹 ゆんちゃん）

李姉妹

本書を選んでいただきありがとうございます！
学習者の皆様が楽しく続けられる日記帳をみんなで作りました。中国語勉強がなかなか続かない方、文章力を高めたい方、ぜひ日課にしてみてください。この1日3行の積み重ねが語学力アップにつながるはず。「今日の質問は何かな？」とわくわくしながらページをめくってくれたら嬉しいです……！（李姉妹 しーちゃん）

原田 夏季

日記は世界で一番自由な作文です。自分の好きな言葉で、好きなことを書きましょう！ 毎日書かなくても、どの質問から始めてもOKです。変な質問には、どんどんツッコミを入れてください。例文を見て、気に入った言葉を真似してもいいですし、リストアップしてオリジナルの単語帳を作るのもいいですね。天天开心！（原田夏季）

本書の使い方

本書の使い方はとてもシンプル。毎日、1つの質問に対して3行で書くだけ！
続けていくうちに、中国語で書く習慣が身に付き、自分のことを中国語で伝える力が向上します。ディクテーションや音読に活用できる「質問とサンプル作文の読み上げ音声」をダウンロードできます。詳しくは9ページをご覧ください。

日付

日記を書いた日付を書き入れます。

質問

その日の日記のテーマです。日常生活から自分自身の性格まで、さまざまな質問が並んでいます。

日記

質問に対するあなたの答えを、中国語で書くスペースです。3行が基本ですが、多少の増減は構いません。質問に答えにくい場合は、その日の自分について表現すればOKです。次ページ以降で、中国語のレベルに合わせた日記の書き方を提案していますので、参考にしてみてください。

例（サンプル日記）

質問に対する答えの一例です。ちょっとしたリーディング素材としての活用も可能です。また、ダウンロード音声と併用すれば、ディクテーションや音読を効果的に行えます。

词语（単語と表現）

例（サンプル日記）に出てきた表現（下線付き）や、質問に答える時に使えそうな単語などをまとめています。

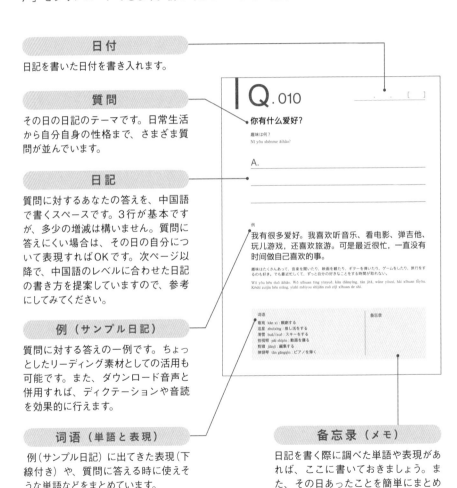

备忘录（メモ）

日記を書く際に調べた単語や表現があれば、ここに書いておきましょう。また、その日あったことを簡単にまとめるなど、自由に活用してみてください。

中国語で文を書くことに自信がない、あるいは、質問に対する答えが思い浮かばない。
そんなときは、例（サンプル日記）の愛用をそのまま書き写すところから始めましょう。
日記を書き写しながら、お気に入りの表現や、使えそうな単語を身に付けていきます。

日付も
忘れずに！

Q.010

你有什么爱好?

趣味は何?
Nǐ yǒu shénme àihào?

そのまま
写すだけ！

A. 我有很多爱好。我喜欢听音乐、看电影、
弹吉他、玩儿游戏，还喜欢旅游。可是最
近很忙，一直没有时间做自己喜欢的事。

例

我有很多爱好。我喜欢听音乐、看电影、弹吉他、
玩儿游戏，还喜欢旅游。可是最近很忙，一直没有
时间做自己喜欢的事。

趣味はたくさんあって、音楽を聞いたり、映画を観たり、ギターを弾いたり、ゲームをしたり、旅行をするのも好き。でも最近忙しくて、ずっと自分の好きなことをする時間が取れない。
Wǒ yǒu hěn duō àihào. Wǒ xǐhuan tīng yīnyuè, kàn diànyǐng, tán jítā, wánr yóuxì, hái xǐhuan
Kěshì zuìjìn hěn máng, yīzhí méiyou shíjiān zuò zìjǐ xǐhuan de shì.

备忘录（メモ）欄は
日本語で
書いてもOK！

词语

看戏　kàn xì：観劇する
追星　zhuīxīng：推し活をする
滑雪　huá//xuě：スキーをする
拍视频　pāi shìpín：動画を撮る
剪辑　jiǎnjí：編集する
弹钢琴　tán gāngqín：ピアノを弾く

备忘录

2. 中級レベル

3行分、丸ごと書く内容を考えるのは難しいけれど、自分のことを書いてみたい。そんな人には、例（サンプル日記）を参考に、単語や表現を入れ替えて書くことをおすすめします。冒頭の書き出し部分を真似してみて、その後は自由に書くのもいいでしょう。

Q.010

単語や表現を
アレンジ！

你有什么爱好?

趣味は何？
Nǐ yǒu shénme àihào?

> A. 我有很多爱好。我喜欢滑雪、看戏、追星、还喜欢拍视频和剪辑。可是最近很忙，一直没有时间做自己喜欢的事。

例

我有很多爱好。我喜欢听音乐、看电影、弹吉他、玩儿游戏，还喜欢旅游。可是最近很忙，一直没有时间做自己喜欢的事。

趣味はたくさんあって、音楽を聞いたり、映画を観たり、ギターを弾いたり、ゲームをしたり、旅行をするのも好き。でも最近忙しくて、ずっと自分の好きなことをする時間が取れない。

Wǒ yǒu hěn duō àihào. Wǒ xǐhuan tīng yīnyuè、kàn diànyǐng、tán jítā、wánr yóuxì、hái xǐhuan lǚyóu.
Kěshì zuìjìn hěn máng, yìzhí méiyǒu shíjiān zuò zìjǐ xǐhuan de shì.

词语

看戏 kàn xì：観劇する
追星 zhuīxīng：推し活をする
滑雪 huá//xuě：スキーをする
拍视频 pāi shìpín：動画

备忘录

自分なりの答えが思い浮かんだら、自由に書いてみましょう。毎日少しずつ、継続して日記を書いていくことで、自分の伝えたいことを中国語で表現する力が伸びていきます。

オリジナルで 作文しよう!

Q. 010

你有什么爱好?

趣味は何?

Nǐ yǒu shénme àihào?

A. 我的爱好是打网球。网球是一项全身运动，不仅可以锻炼身体，还能释放各种心理压力。另外，网球不受年龄影响，可以终身参与。

例

我有很多爱好。我喜欢听音乐、看电影、弹吉他、玩儿游戏，还喜欢旅游。可是最近很忙，一直没有时间做自己喜欢的事。

趣味はたくさんあって、音楽を聞いたり、映画を観たり、ギターを弾いたり、ゲームをしたり、旅行をするのも好き。でも最近忙しくて、ずっと自分の好きなことをする時間が取れない。

Wǒ yǒu hěn duō àihào. Wǒ xǐhuan tīng yīnyuè, kàn diànyǐng, tán jítā, wánr yóuxì, hái xǐhuan lǚyóu. Kěshì zuìjìn hěn máng, yìzhí méiyou shíjiān zuò zìjǐ xǐhuan de shì.

词语

看戏 kàn xì：観劇する
追星 zhuīxīng：推し活をする
滑雪 huá//xuě：スキーをする
拍视频 pāi shìpín：動画を...

备忘录

書いた日記をセルフチェックしてみよう

「自分で書いた日記に間違いがないか確認したい」「よりこなれた表現を知りたい」、そんな人のために、書いた日記をセルフチェックする方法を2つ紹介します。

❶ ChatGPTを活用して日記を添削する

ChatGPTは、OpenAI社が開発したAIチャットサービスです。入力したさまざまな質問に対して、AIがまるで人間との対話のように、自然な形で答えてくれます。（無料登録で利用可能。有料サービスもあり、添削の精度がより高くなる）

ChatGPTに中国語教師役になりきってもらい、あなたが書いた中国語の日記を添削してもらいましょう。

中国語を添削してもらう場合、プロンプト（命令文）の完成度がポイントになります。以下の例を参考に、セルフチェックをしてみてください。

プロンプトの例

【設定】
あなたは中国語教師です。【質問】に対して、私が中国語で書いた【日記】を以下に示す【条件】で評価し、【フィードバック】してください。

【質問】
（Qを入力します）

【日記】
（Aを入力します）

【条件】
● 私の中国語レベルはHSK5級程度。
● 文字数は60文字以内。

【フィードバック】
フィードバックは日本語で行います。
まず、私が書いた日記の良いところを褒めてください。
次に中国語の文法や単語に間違いがないか述べ、間違いがある場合は、より適切な表現に訂正してください。
さらに内容や表現について、どこを修正すればさらに良い日記になるか教えてください。
最後に【日記】全体を修正したものを【条件】に示された文字数以内で、中国語で書いてください。

❷ Google や百度で自分が書いた文を検索する

書いた中国語文を Google や百度で検索して、自分が言いたい内容に近い例文を探してみるのもおすすめです。検索結果を参考に、例文の一部を入れ替えて、表現の幅を増やしましょう。

✦ 検索の範囲を指定する
Google で検索する場合は、「設定」→「検索オプション」で「言語」を「中国語（簡体）」に、地域を「中国」にして検索してみましょう。そうすることで、膨大なネットの海から中国（CN）のドメインを持つページで、さらに簡体字で書かれているサイトに限定して検索することができます。

✦ 検索のコツ
長い文を一気に検索するのではなく、短い単位で検索したり、""（ダブルクォーテーション）で囲ったり、フレーズの一部を＊（アスタリスク）に置き換えたりして検索してみましょう。そうすることで、文をまとまりで検索したり、指定した場所だけを置き換えた内容を検索したりすることができます。

例1	自分が書いた文	我想去台湾的夜市吃各种小吃
	検索	"想去*吃各种小吃"
	検索結果	想去外面吃各种小吃
		想去大阪吃各种小吃

例2	自分が書いた文	还想去九份看看
	検索	"还想去*看看"
	検索結果	还想去海边看看
		（我）还想去电影院看看～

> ハッシュタグ
> 「#中国語3行日記」をつけて
> SNSに書いた日記をアップ！
>
> SNS上で日記を書いている人同士、励まし合いながら「完走」を目指しましょう。他の人の日記から新しい表現も学べて一石二鳥ですよ。著者の先生からコメントが入るかも!? ぜひチャレンジしてみてください。
>
> ※SNSにアップの際は、個人を特定できる情報を載せないようにご注意ください。

音声ダウンロードについて

本書の「質問とサンプル作文の読み上げ音声」は以下の方法でお聞きいただけます。
▶ **パソコンをご利用の場合**
「アルク ダウンロードセンター」をご利用ください。

https://portal-dlc.alc.co.jp/

商品コード（7023036）で検索し、[ダウンロード] ボタンをクリックして、音声ファイルをダウンロードしてください。
▶ **スマートフォンをご利用の場合**
英語学習アプリ「booco」（無料）をご利用ください。本アプリのインストール方法は、カバー袖でもご案内しています。商品コード（7023036）で検索して、音声ファイルをダウンロードしてください。（iOS、Androidの両方に対応）

你现在最想去的地方是哪里?

今一番行きたい場所は?

Nǐ xiànzài zuì xiǎng qù de dìfang shì nǎli?

A.

例

我现在最想去台湾。我想去台湾的夜市吃各种小吃，还想去九份看看，听说那里跟动画电影《千与千寻》的场景很像。

今一番行きたいのは台湾。台湾の夜市でいろいろ食べたり、映画『千と千尋の神隠し』の舞台とよく似てると言われている九份にも行ってみたいな。

Wǒ xiànzài zuì xiǎng qù Táiwān. Wǒ xiǎng qù Táiwān de yèshì chī gè zhǒng xiǎochī, hái xiǎng qù Jiǔfèn kànkan, tīngshuō nàli gēn dònghuà diànyǐng《Qiān yǔ Qiānxún》de chǎngjǐng hěn xiàng.

词语	备忘录
世界遗产　shìjiè yíchǎn：世界遺産	
万里长城　Wànlǐ Chángchéng：万里の長城	
东京塔　Dōngjīngtǎ：東京タワー	
一日游　yírìyóu：日帰り旅行	
护照　hùzhào：パスポート	
游乐园　yóulèyuán：遊園地	

今天你都联系过谁？

今日、誰と連絡した？

Jīntiān nǐ dōu liánxìguo shéi?

A.

_____

_____

_____

例

今天除了上班时给客户打电话以外，跟谁都没有联系。最近一直没有跟朋友见面，有点儿寂寞。这个周末我想跟朋友一起去吃饭。

今日は仕事で取引先と電話をした以外は誰とも連絡をとってない。最近ずっと友達と会えていなくて少し寂しいから、今週末は友達とご飯に行きたいな。

Jīntiān chúle shàngbān shí gěi kèhù dǎ diànhuà yǐwài, gēn shéi dōu méiyou liánxì. Zuìjìn yìzhí méiyou gēn péngyou jiànmiàn, yǒudiǎnr jìmò. Zhège zhōumò wǒ xiǎng gēn péngyou yìqǐ qù chī fàn.

词语	备忘录
客户 kèhù：顾客、クライアント	
同事 tóngshì：同僚	
约会 yuēhuì：デート、会う约束	
回信 huí//xìn：返信する	
发 LINE fā LINE：LINE を送る	
视频聊天 shìpín liáotiān：ビデオ通话	

用三个词来描述一下今天发生的事。

今日起きたことを三つの単語で表現して。

Yòng sān ge cí lái miáoshù yíxià jīntiān fāshēng de shì.

A.

_____

_____

_____

例

散步、三明治、开会。今天天气很好，早上去附近公园散步，回家路上买了三明治。下午在线上开了一个会，一转眼就到晚上了。

散歩、サンドイッチ、会議。今日は天気が良かったから、朝に近くの公園まで散歩に行って、帰りにサンドウィッチを買った。午後はオンライン会議が1件あって、あっという間に夜になっちゃった。

Sànbù, sānmíngzhì, kāihuì. Jīntiān tiānqì hěn hǎo, zǎoshang qù fùjìn gōngyuán sànbù, huí jiā lùshang mǎile sānmíngzhì. Xiàwǔ zài xiàn shàng kāile yí ge huì, yìzhuǎnyǎn jiù dào wǎnshang le.

词语	备忘录
线上 xiànshàng：オンライン	
一转眼 yìzhuǎnyǎn：またたく間に	
快乐 kuàilè：楽しい	
累 lèi：疲れる	
忙 máng：忙しい	
电影院 diànyǐngyuàn：映画館	

Q.004

你喜欢什么运动?

どんな運動が好き?

Nǐ xǐhuan shénme yùndòng?

A.

例

我最喜欢一边听音乐一边跑步。虽然有点儿累,但跑完以后很舒服,精神也十分爽快,有一种满足感。明天我也要去跑步。

音楽を聞きながら走るのが一番好き。少し疲れるけど、走った後は気持ちがいいし、気分も爽快でなんだか満足感がある。明日も走りに行くぞ。

Wǒ zuì xǐhuan yìbiān tīng yīnyuè yìbiān pǎobù. Suīrán yǒudiǎnr lèi, dàn pǎowán yǐhòu hěn shūfu, jīngshen yě shífēn shuǎngkuai, yǒu yìzhǒng mǎnzúgǎn. Míngtiān wǒ yě yào qù pǎobù.

词语	备忘录
爽快 shuǎngkuai:気持ちがいい	
打篮球 dǎ lánqiú:バスケットボールをする	
踢足球 tī zúqiú:サッカーをする	
游泳 yóu//yǒng:泳ぐ	
比赛 bǐsài:試合	
锻炼身体 duànliàn shēntǐ:体を鍛える	

. . [ ]

你今天买的最贵的东西是什么？

今日買ったもので、一番高いものは何だった？

Nǐ jīntiān mǎi de zuì guì de dōngxi shì shénme?

A.
_____

_____

_____

例

今天超市卖的草莓又大又红，看起来很好吃。可是一看价钱，一盒要800日元。虽然很贵，但我还是买了一盒。日本的水果太贵了！

今日スーパーに売ってたイチゴが大きくて赤くてすごくおいしそうだったんだけど、値段を見たら1パック800円。高かったけど、それでも一つ買った。日本の果物高すぎ！

Jīntiān chāoshì mài de cǎoméi yòu dà yòu hóng, kànqilai hěn hǎochī. Kěshì yí kàn jiàqian, yì hé yào bā bǎi rìyuán. Suīrán hěn guì, dàn wǒ háishi mǎile yì hé. Rìběn de shuǐguǒ tài guì le!

词语	备忘录
草莓 cǎoméi：イチゴ	
日元 rìyuán：日本円	
特价 tèjià：特価	
游戏机 yóuxìjī：ゲーム機	
零花钱 línghuāqián：お小遣い	
参考书 cānkǎoshū：参考書	

Q.006

.   .   [   ]

你最近沉迷于什么？

最近ハマっているものは？

Nǐ zuìjìn chénmíyú shénme?

A.

例

我最近每天都在看中国的综艺节目。我觉得综艺节目里面的中文难度很高。因为语速快，说话也非常口语化，很锻炼日常生活的听力。

最近、毎日中国のバラエティ番組を見てる。バラエティ番組の中国語は難易度が高いと思う。話す速度も速いしかなり口語的だから、日常生活のリスニングが鍛えられる。

Wǒ zuìjìn měi tiān dōu zài kàn Zhōngguó de zōngyì jiémù. Wǒ juéde zōngyì jiémù lǐmiàn de Zhōngwén nándù hěn gāo. Yīnwei yǔsù kuài, shuōhuà yě fēicháng kǒuyǔhuà, hěn duànliàn rìcháng shēnghuó de tīnglì.

词语	备忘录
综艺节目 zōngyì jiémù：バラエティ番組 外国电视剧 wàiguó diànshìjù：海外ドラマ 手机游戏 shǒujī yóuxì：携帯ゲーム 钓鱼 diàoyú：釣りをする 学习外语 xuéxí wàiyǔ：外国語を勉強する 偶像 ǒuxiàng：アイドル（近年 "爱豆 àidòu" とも言う）	

Q.007

[　] 　・　　・　[　　]

如果能够实现一个愿望，你想干什么？

一つ願いがかなうなら、何がしたい？

Rúguǒ nénggòu shíxiàn yí ge yuànwàng, nǐ xiǎng gàn shénme?

A.

_____

_____

例

我想要时光机。有了时光机，我就可以穿越到过去，跟初恋情人再见一面。我还可以买很多能大幅升值的股票，这样我就成有钱人了！

タイムマシンが欲しい。タイムマシンがあれば過去に行って初恋の人にもう一度会えるし、値上がりする株をたくさん買ってお金持ちにもなれるし！

Wǒ xiǎng yào shíguāngjī. Yǒule shíguāngjī, wǒ jiù kěyǐ chuānyuè dào guòqù, gēn chūliàn qíngrén zài jiàn yí miàn. Wǒ hái kěyǐ mǎi hěn duō néng dàfú shēngzhí de gǔpiào, zhèyàng wǒ jiù chéng yǒuqiánrén le!

词语	备忘录
时光机 shíguāngjī：タイムマシン	
穿越 chuānyuè：タイムスリップする	
情人 qíngrén：恋人	
世界和平 shìjiè hépíng：世界平和	
生意兴隆 shēngyì xīnglóng：商売繁盛	
保护环境 bǎohù huánjìng：環境を保護する	

Q.008

.   .   [   ]

你喜欢什么颜色?

好きな色は？

Nǐ xǐhuan shénme yánsè?

A.

_____

_____

_____

例

我喜欢黑色、咖啡色和深绿色。我的衣服和用的东西大多都是这些颜色。我喜欢星巴克，因为星巴克的商标和装饰的颜色我都很喜欢。

黒、茶色、深緑が好きで、服も使ってるものもほとんどこれらの色ばかり。スターバックスも、ロゴや店内のインテリアの色が好みだから好き。

Wǒ xǐhuan hēisè、kāfēisè hé shēnlǜsè. Wǒ de yīfu hé yòng de dōngxi dàduō dōu shì zhèxiē yánsè. Wǒ xǐhuan Xīngbākè, yīnwei Xīngbākè de shāngbiāo hé zhuāngshì de yánsè wǒ dōu hěn xǐhuan.

词语	备忘录
咖啡色 kāfēisè：茶色	
星巴克 Xīngbākè：スターバックス	
红色 hóngsè：赤色	
米色 mǐsè：ベージュ色	
适合 shìhé：似合う、ふさわしい	
绿色 lǜsè：緑色	

Q.009

[   ]

你相信算命吗?

占いを信じる？

Nǐ xiāngxìn suànmìng ma?

A.

_____

_____

_____

例

我从来没算过命。我认为命运是掌握在自己手中的，只要自己努力，就能改变命运。不过，有时候运气也确实挺重要的。

占いは一回もしたことないな。運命は自分が握っていて、努力をすれば変えられるものだと思う。ただ、時には運も確かに大事だけどね。

Wǒ cónglái méi suànguo mìng. Wǒ rènwéi mìngyùn shì zhǎngwòzài zìjǐ shǒu zhōng de, zhǐyào zìjǐ nǔlì, jiù néng gǎibiàn mìngyùn. Búguò, yǒushíhou yùnqi yě quèshí tǐng zhòngyào de.

词语	备忘录
算命 suàn//mìng：占う	
掌握 zhǎngwò：握る、把握する	
血型 xuèxíng：血液型	
星座 xīngzuò：星座	
手相 shǒuxiàng：手相	
迷信 míxìn：迷信	

[ ]

你有什么爱好？

趣味は何？

Nǐ yǒu shénme àihào?

A.

_____

_____

_____

例

我有很多爱好。我喜欢听音乐、看电影、弹吉他、玩儿游戏，还喜欢旅游。可是最近很忙，一直没有时间做自己喜欢的事。

趣味はたくさんあって、音楽を聞いたり、映画を観たり、ギターを弾いたり、ゲームをしたり、旅行をするのも好き。でも最近忙しくて、ずっと自分の好きなことをする時間が取れない。

Wǒ yǒu hěn duō àihào. Wǒ xǐhuan tīng yīnyuè、kàn diànyǐng、tán jítā、wánr yóuxì, hái xǐhuan lǚyóu. Kěshì zuìjìn hěn máng, yìzhí méiyou shíjiān zuò zìjǐ xǐhuan de shì.

词语	备忘录
看戏　kàn xì：観劇する	
追星　zhuīxīng：推し活をする	
滑雪　huá//xuě：スキーをする	
拍视频　pāi shìpín：動画を撮る	
剪辑　jiǎnjí：編集する	
弹钢琴　tán gāngqín：ピアノを弾く	

现在你的眼前有什么?

今、目の前に何がある？

Xiànzài nǐ de yǎnqián yǒu shénme?

A.

_____

_____

_____

例

我的眼前是我的笔记本电脑。这是我第四台电脑。第一台是上大学的时候父母送给我的索尼的笔记本电脑。之后就一直在用苹果电脑。

目の前には自分のノートパソコンがある。パソコンはこれで4台目。1台目は大学入学の時に両親がくれたソニーのノートパソコンで、その後はずっとアップルのパソコンを使ってる。

Wǒ de yǎnqián shì wǒ de bǐjìběn diànnǎo. Zhè shì wǒ dì sì tái diànnǎo. Dì yī tái shì shàng dàxué de shíhou fùmǔ sònggěi wǒ de Suǒní de bǐjìběn diànnǎo. Zhīhòu jiù yìzhí zài yòng Píngguǒ diànnǎo.

词语	备忘录
索尼 Suǒní：ソニー（SONY） 苹果 Píngguǒ：アップル（Apple） 鼠标 shǔbiāo：マウス 杯子 bēizi：コップ 地毯 dìtǎn：カーペット 笔 bǐ：ペン	

你最喜欢星期几?

一番好きな曜日は？

Nǐ zuì xǐhuan xīngqī jǐ?

A.

_____

_____

_____

例

当然最喜欢星期六。因为早上可以不用上闹钟，一直睡到自然醒。周末可以出去玩儿，也可以在家闲待着。这样的时间真是太舒服了。

もちろん土曜日が一番好き。朝目覚ましをセットせず、自然と目が覚めるまで寝れるから。週末は遊びに出かけても良し、家でのんびりするも良し。こういう時間が本当に最高すぎる。

Dāngrán zuì xǐhuan xīngqīliù. Yīnwei zǎoshang kěyǐ búyòng shàng nàozhōng, yìzhí shuìdào zìrán xǐng. Zhōumò kěyǐ chūqu wánr, yě kěyǐ zài jiā xián dāizhe. Zhèyàng de shíjiān zhēn shì tài shūfu le.

词语	备忘录
不用～ búyòng ～：～しなくてもいい	
上闹钟 shàng nàozhōng：目覚ましをかける	
睡懒觉 shuì lǎnjiào：朝寝坊をする	
星期天 xīngqītiān：日曜日	
礼拜天 lǐbàitiān：日曜日	
周日 zhōurì：日曜日	

你最近看了什么书?

最近読んだ本は？
Nǐ zuìjìn kànle shénme shū?

A.

_____

_____

_____

例

最近又看了一遍《被讨厌的勇气》。以前是看日文版,这次尝试了一下中文版。虽然是读过的内容,但是换一个语言觉得很新鲜。

最近、また『嫌われる勇気』を読み返した。前は日本語版を読んだけど、今回は中国語版を読んでみた。読んだことある内容ではあるけど、言語が変わると新鮮だな。

Zuìjìn yòu kànle yí biàn《Bèi tǎoyàn de yǒngqì》. Yǐqián shì kàn Rìwén bǎn, zhè cì chángshìle yíxià Zhōngwén bǎn. Suīrán shì dúguo de nèiróng, dànshì huàn yí ge yǔyán juéde hěn xīnxian.

词语	备忘录
尝试 chángshì：試してみる	
小说 xiǎoshuō：小説	
绘本 huìběn：絵本	
漫画 mànhuà：漫画	
科幻 kēhuàn：SF	
历史 lìshǐ：歴史	

你休息日经常做什么?

お休みの日はいつも何してる?

Nǐ xiūxirì jīngcháng zuò shénme?

A.

_____

_____

_____

例

我喜欢宅在家里，一边吃零食一边看电影或视频什么的。虽然不太健康，但对我来说，这是最能够放松、休闲的周末。

家に引きこもって、おやつを食べながら映画や動画を見るのが好き。あまり健康的ではないけど、自分にとってはこれが一番リラックスしてくつろげる週末だな。

Wǒ xǐhuan zháizài jiā li, yìbiān chī língshí yìbiān kàn diànyǐng huò shìpín shénmede. Suīrán bú tài jiànkāng, dàn duì wǒ lái shuō, zhè shì zuì nénggòu fàngsōng, xiūxián de zhōumò.

词语

宅 zhái：家に引きこもる
休闲 xiūxián：くつろぐ、のんびり過ごす
活动 huódòng：活動、イベント
电子游戏 diànzǐ yóuxì：テレビゲーム
逛街 guàng//jiē：街をぶらぶらする、ウインドーショッピングする
睡觉 shuì//jiào：眠る

备忘录

你早上起来首先会做什么？

朝起きて一番初めにすることは？

Nǐ zǎoshang qǐlai shǒuxiān huì zuò shénme?

A.

_____

_____

例

我很喜欢喝咖啡，每天早上起床以后会先喝一杯咖啡，然后一边看电视新闻，一边吃早饭。吃完早饭后洗脸、刷牙，然后去上班。

コーヒーが大好きで、毎朝起きたらまずコーヒーを一杯飲んでから、テレビのニュースを見ながら朝ご飯を食べる。朝食を食べ終わったら、顔を洗って歯を磨いてから出勤。

Wǒ hěn xǐhuan hē kāfēi, měi tiān zǎoshang qǐchuáng yǐhòu huì xiān hē yì bēi kāfēi, ránhòu yìbiān kàn diànshì xīnwén, yìbiān chī zǎofàn. Chīwán zǎofàn hòu xǐliǎn、shuāyá, ránhòu qù shàngbān.

词语	备忘录
天气预报 tiānqì yùbào：天気予報	
窗帘 chuānglián：カーテン	
白开水 báikāishuǐ：白湯（さゆ）	
洗手间 xǐshǒujiān：お手洗い	
换衣服 huàn yīfu：着替える	
刮胡子 guā húzi：ひげを剃る	

你喜欢吃辣的吗？

辛いものは好き？

Nǐ xǐhuan chī là de ma?

A.

_____

_____

_____

例

我很喜欢吃辣的，所以最喜欢吃四川菜。我家里有各种辣椒酱、辣油等辣味调料。我吃饭时经常加这些调料，要不然就好像缺点儿什么。

辛いものが好きだから、四川料理が一番好き。家にはチリソースやラー油など辛い調味料もいろいろ揃えてて、食事の時によく足してる。そうじゃないと何か物足りない感じがしてしまう。

Wǒ hěn xǐhuan chī là de, suǒyǐ zuì xǐhuan chī sìchuāncài. Wǒ jiā li yǒu gè zhǒng làjiāojiàng, làyóu děng làwèi tiáoliào. Wǒ chī fàn shí jīngcháng jiā zhèxiē tiáoliào, yàobùrán jiù hǎoxiàng quē diǎnr shénme.

词语	备忘录
辣油　làyóu：ラー油	
要不然　yàobùrán：さもなければ	
微辣　wēilà：少し辛い、ピリ辛	
胡椒粉　hújiāofěn：コショウ	
辣椒　làjiāo：トウガラシ	
出汗　chū//hàn：汗をかく	

你心情不好的时候会怎么解决?

落ち込んだときにはどうする?

Nǐ xīnqíng bù hǎo de shíhou huì zěnme jiějué?

A.
_____

_____

_____

例

心情不好或感到失落的时候，我经常一个人去唱卡拉OK。我喜欢唱歌，一个人唱三个小时也没问题。唱完以后心情会变得很舒畅。

気分が良くないときや落ち込んでいるときは、よく一人でカラオケに行く。歌うのが好きだから、一人で3時間でも余裕。歌い終わると気分もスッキリ。

Xīnqíng bù hǎo huò gǎndào shīluò de shíhou, wǒ jīngcháng yí ge rén qù chàng kǎlā OK. Wǒ xǐhuan chàng gē, yí ge rén chàng sān ge xiǎoshí yě méi wèntí. Chàngwán yǐhòu xīnqíng huì biànde hěn shūchàng.

词语	备忘录
失落 shīluò：落ち込む	
舒畅 shūchàng：気分が伸び伸びする	
压力 yālì：ストレス	
放音乐 fàng yīnyuè：音楽をかける	
泡茶 pào//chá：お茶を入れる	
瑜伽 yújiā：ヨガ	

你最喜欢哪个季节？

どの季節が一番好き？

Nǐ zuì xǐhuan nǎge jìjié?

A.
_____

_____

_____

例

我最喜欢秋天。秋天不冷不热，天高气爽，非常舒服。而且，秋天是收获的季节，有很多好吃的东西，所以这个季节我常会吃得太多。

秋が一番好き。秋は寒くも暑くもないし、空が高くてすごく気持ちがいい。しかも秋は収穫の季節でおいしいものがたくさんあるから、ついつい食べすぎてしまうんだよね。

Wǒ zuì xǐhuan qiūtiān. Qiūtiān bù lěng bú rè, tiān gāo qì shuǎng, fēicháng shūfu. Érqiě, qiūtiān shì shōuhuò de jìjié, yǒu hěn duō hǎochī de dōngxi, suǒyǐ zhège jìjié wǒ cháng huì chīde tài duō.

词语

天高气爽 tiān gāo qì shuǎng：秋晴れの爽やかな天気
樱花 yīnghuā：桜
冰淇淋 bīngqílín：アイスクリーム
红叶 hóngyè：紅葉
堆雪人 duī xuěrén：雪だるまを作る
打雪仗 dǎ xuězhàng：雪合戦をする

备忘录

[ ]

你现在最想跟谁聊天?

今、一番話をしたい相手は誰?

Nǐ xiànzài zuì xiǎng gēn shéi liáotiān?

A.

_____

_____

_____

例

我最想跟我的朋友聊天。她是我从初中以来最要好 的朋友,我们无话不谈。自从她结婚生孩子以后, 就没有那么多时间慢慢聊天了。

一番話したいのは友達。中学からの一番の親友で、お互い何でも話せる仲なんだ。彼女が結婚、出産 してからゆっくりおしゃべりする時間が減っちゃったな。

Wǒ zuì xiǎng gēn wǒ de péngyou liáotiān. Tā shì wǒ cóng chūzhōng yǐlái zuì yàohǎo de péngyou, wǒmen wú huà bù tán. Zìcóng tā jiéhūn shēng háizi yǐhòu, jiù méiyou nàme duō shíjiān mànmàn liáotiān le.

词语	备忘录
无话不谈 wú huà bù tán:何でも話せる	
女朋友 nǚpéngyou:彼女	
男朋友 nánpéngyou:彼氏	
闲聊 xiánliáo:雑談をする	
老师 lǎoshī:先生	
哥哥 gēge:兄	

. . [ ]

你中午吃了什么?

お昼は何を食べた？

Nǐ zhōngwǔ chīle shénme?

A.

_____

_____

_____

例

今天很忙，中午休息时间比较短，所以我去附近的吉野家吃了牛肉饭。我要了大份牛肉和蔬菜沙拉，加了一个生鸡蛋，有点儿吃多了。

今日は忙しくてお昼の休憩時間が短かったから、近くの吉野家に行って牛丼を食べた。牛肉大盛りにサラダを頼んで、生卵も追加。ちょっと食べ過ぎたな。

Jīntiān hěn máng, zhōngwǔ xiūxi shíjiān bǐjiào duǎn, suǒyǐ wǒ qù fùjìn de Jíyějiā chīle niúròufàn. Wǒ yàole dà fèn niúròu hé shūcài shālā, jiāle yí ge shēng jīdàn, yǒudiǎnr chīduō le.

词语	备忘录
汉堡包 hànbǎobāo：ハンバーガー	

汉堡包 hànbǎobāo：ハンバーガー
咖喱饭 gālífàn：カレーライス
套餐 tàocān：定食、セットメニュー
荞麦面 qiáomàimiàn：そば
意大利面 yìdàlìmiàn：パスタ
快餐 kuàicān：ファストフード

备忘录

今天最让你吃惊的事情是什么？

今日、一番驚いたことは？

Jīntiān zuì ràng nǐ chījīng de shìqing shì shénme?

A.

_____

_____

_____

例

今天在超市偶然遇见朋友带着她儿子，孩子的成长速度令我很吃惊。在我的印象里，他还是个不会走路的小宝宝，一转眼已经活蹦乱跳了。

今日スーパーで偶然息子を連れた友達と会って、子供の成長の速さに驚いた。私の印象ではまだ歩けないおチビちゃんだったのに、あっという間にもう走り回るようになっていた。

Jīntiān zài chāoshì ǒurán yùjiàn péngyou dàizhe tā érzi, háizi de chéngzhǎng sùdù lìng wǒ hěn chījīng. Zài wǒ de yìnxiàng li, tā háishi ge bú huì zǒulù de xiǎobǎobao, yìzhuǎnyǎn yǐjīng huóbèng-luàntiào le.

词语	备忘录
遇见 yù//jiàn：出会う、出くわす	
小宝宝 xiǎobǎobao：赤ちゃん	
活蹦乱跳 huóbèng-luàntiào：元気はつらつ	
想不到 xiǎngbudào：思いもよらない	
竟然 jìngrán：意外にも	
吃惊 chī//jīng：驚く	

你是晨型人还是夜型人？

朝型、それとも夜型？

Nǐ shì chénxíngrén háishi yèxíngrén?

A. _____

_____

_____

例

我总是晚上睡得晚，早上起不来。虽然我也知道早晨大脑最清醒，学习和工作效率高，但想要养成早睡早起的习惯还是有点儿难。

いつも寝るのが遅くて、朝起きられない。朝のほうが頭が冴えてて、勉強や仕事の効率が良いことは知ってるけど、早寝早起きの習慣をつけるのはやっぱり難しいな。

Wǒ zǒngshì wǎnshang shuìde wǎn, zǎoshang qǐbulái. Suīrán wǒ yě zhīdao zǎochén dànǎo zuì qīngxǐng, xuéxí hé gōngzuò xiàolǜ gāo, dàn xiǎng yào yǎngchéng zǎo shuì zǎo qǐ de xíguàn háishi yǒudiǎnr nán.

词语	备忘录
大脑 dànǎo：大脑 打瞌睡 dǎ kēshuì：居眠りをする 夜猫子 yèmāozi：夜ふかしする人 开夜车 kāi yèchē：徹夜をする 发困 fākùn 眠くなる 生活节奏 shēnghuó jiézòu：生活リズム	

你最近看过什么电影?

最近見た映画は何？

Nǐ zuìjìn kànguo shénme diànyǐng?

A. _____

_____

_____

例

前段时间去电影院看了《灌篮高手》。虽然是动画片，但是临场感十足，就像真的看了一场精彩的篮球比赛。画面里的他们永远年轻，热血沸腾！

少し前に映画館で『スラムダンク』を見た。アニメだけど臨場感いっぱいで、見応えのあるバスケの試合を実際に観戦したようだったな。映像の中の彼らは、永遠に若くてアツい！

Qián duàn shíjiān qù diànyǐngyuàn kànle《Guànlán gāoshǒu》. Suīrán shì dònghuà piàn, dànshì línchánggǎn shízú, jiù xiàng zhēn de kànle yì chǎng jīngcǎi de lánqiú bǐsài. Huàmiàn li de tāmen yǒngyuǎn niánqīng, rèxuè-fèiténg!

词语	备忘录
临场感 línchǎnggǎn：臨場感	
精彩 jīngcǎi：素晴らしい	
热血沸腾 rèxuè-fèiténg：血が沸く	
预告片 yùgàopiàn：予告編	
动作片 dòngzuòpiàn：アクション映画	
配音 pèi//yīn：吹き替え	

Q.024

[   ]

你家冰箱里都有什么?

冷蔵庫の中に何が入ってる？

Nǐ jiā bīngxiāng li dōu yǒu shénme?

A.

_____

_____

_____

例

我家冰箱里有蔬菜、肉、水果、饮料和各种各样的食材。我一去超市就会买很多，冰箱里每次都装得满满的，会让我感到很幸福。

うちの冷蔵庫には野菜とお肉、果物、飲み物にいろんな食材が入ってる。スーパーに行くといつもたくさん買って、毎回冷蔵庫がいっぱいになる。それが幸せ。

Wǒ jiā bīngxiāng li yǒu shūcài、ròu、shuǐguǒ、yǐnliào hé gè zhǒng gè yàng de shícái. Wǒ yí qù chāoshì jiù huì mǎi hěn duō, bīngxiāng li měi cì dōu zhuāngde mǎnmǎn de, huì ràng wǒ gǎndào hěn xìngfú.

词语

满满的 mǎnmǎn de：(中身が) いっぱいだ
冷冻食品 lěngdòng shípǐn：冷凍商品
剩菜 shèngcài：残った料理
鸡蛋 jīdàn：卵
冰块 bīngkuài：氷
汽水 qìshuǐ：炭酸水、炭酸飲料

备忘录

你什么时候会感到幸福？

幸せを感じるのはどんなとき？

Nǐ shénme shíhou huì gǎndào xìngfú?

A. _____

_____

_____

例

我是一个吃货，也喜欢喝酒，对我来说，跟朋友一起享受美食美酒时是最幸福的时光。下个周末我要跟朋友一起吃中国菜，好期待啊！

食いしん坊かつ酒好きでもある自分にとっては、友達と一緒に美食と美酒を楽しむのが一番の至福の時間。次の週末は友達と中国料理を食べに行くから、すごく楽しみ！

Wǒ shì yí ge chīhuò, yě xǐhuan hē jiǔ, duì wǒ lái shuō, gēn péngyou yìqǐ xiǎngshòu měishí měijiǔ shí shì zuì xìngfú de shíguāng. Xià ge zhōumò wǒ yào gēn péngyou yìqǐ chī zhōngguócài, hǎo qīdài a!

词语	备忘录
吃货 chīhuò：食いしん坊 享受 xiǎngshòu：楽しむ 心满意足 xīnmǎn-yìzú：満ち足りた気分 完成目标 wánchéng mùbiāo：目的を達成する 夸奖 kuājiǎng：ほめる 一个人 yí ge rén：一人	

你今天穿戴的东西里什么最贵?

今日、身につけているもので、一番高いものは何?

Nǐ jīntiān chuāndài de dōngxi li shénme zuì guì?

A.
_____

_____

_____

例

今天拿的包最贵。这个包是30岁生日的时候送给自己的生日礼物。有时候花钱买自己觉得值得的东西，也能成为激励自己的动力。

今日持ってるバッグが一番高い。30歳の誕生日の時の自分へのプレゼント。自分にとって価値のある物を買うのにお金を使うことが、頑張るモチベーションになることもあるよね。

Jīntiān ná de bāo zuì guì. Zhège bāo shì sānshí suì shēngrì de shíhou sònggěi zìjǐ de shēngrì lǐwù. Yǒushíhou huā qián mǎi zìjǐ juéde zhíde de dōngxi, yě néng chéngwéi jīlì zìjǐ de dònglì.

词语	备忘录
激励 jīlì：励ます 手表 shǒubiǎo：腕時計 鞋 xié：靴 眼镜 yǎnjìng：メガネ 戒指 jièzhi：指輪 项链 xiàngliàn：ネックレス	

Q.027

说说你今天都做了些什么?

今日したことを教えて。

Shuōshuo nǐ jīntiān dōu zuòle xiē shénme?

A.

例

今天是周末，我睡到九点半才起床。起床后洗衣服、收拾房间，然后随便吃了一点儿东西就出去了。下午我去见了一个老朋友。

今日は週末だから9時半にやっと起きた。起きてから洗濯をして、部屋を片付けて、適当に何か食べてすぐ出かけた。午後は昔からの友達に会いに行ったんだ。

Jīntiān shì zhōumò, wǒ shuìdào jiǔ diǎn bàn cái qǐchuáng. Qǐchuáng hòu xǐ yīfu、shōushi fángjiān, ránhòu suíbiàn chīle yìdiǎnr dōngxi jiù chūqu le. Xiàwǔ wǒ qù jiànle yí ge lǎo péngyou.

词语

洗衣服 xǐ yīfu：洗濯をする
收拾 shōushi：片付ける
写日记 xiě rìjì：日記を書く
烤蛋糕 kǎo dàngāo：ケーキを焼く
浇水 jiāo shuǐ：水やりをする
买菜 mǎi cài：食材を買う

备忘录

你最喜欢的餐厅是哪一家?

一番好きな飲食店は?

Nǐ zuì xǐhuan de cāntīng shì nǎ yì jiā?

A.

_____

_____

例

我家附近有一个意大利餐厅，那里的意大利面非常好吃，种类也很多，而且价格也不太贵。我懒得做饭的时候，经常去那里吃。

家の近所にイタリアンレストランがあって、そこのパスタがすごくおいしい上に種類が多くて価格もリーズナブル。ご飯を作るのが面倒なときはよくそこへ食べに行く。

Wǒ jiā fùjìn yǒu yí ge Yìdàlì cāntīng, nàli de yìdàlìmiàn fēicháng hǎochī, zhǒnglèi yě hěn duō, érqiě jiàgé yě bú tài guì. Wǒ lǎnde zuò fàn de shíhou, jīngcháng qù nàli chī.

词语	备忘录
懒得 lǎnde：〜するのが面倒だ、〜する気がしない	
常客 chángkè：常連客	
服务态度 fúwù tàidu：接客態度	
招牌菜 zhāopáicài：看板料理	
经常 jīngcháng：よく、いつも	
坐满 zuòmǎn：座席がいっぱい（で座れない）	

你今天用了什么交通工具?

今日使った交通手段は?

Nǐ jīntiān yòngle shénme jiāotōng gōngjù?

A.

例

我们公司在市中心，从我家到公司要先坐电车，然
后倒两次地铁。倒车有点儿麻烦，而且上下班高峰
时间人很多，车里挤得要命。

うちの会社は市の中心部にあって、家から会社まではまず電車に乗ってから地下鉄の乗り換えが2回。
乗り換えがちょっと面倒で、しかも通勤ラッシュ時は人が多いから車内がとにかく混んでる。

Wǒmen gōngsī zài shì zhōngxīn, cóng wǒ jiā dào gōngsī yào xiān zuò diànchē, ránhòu dǎo liǎng cì dìtiě.
Dǎochē yǒudiǎnr máfan, érqiě shàng xiàbān gāofēng shíjiān rén hěn duō, chē li jǐde yàomìng.

词语	备忘录
市中心 shìzhōngxīn：市の中心部	
高峰时间 gāofēng shíjiān：ラッシュアワー	
挤 jǐ：ぎっしり詰まる、混み合う	
公交车 gōngjiāochē：バス	
出租车 chūzūchē：タクシー	
车站 chēzhàn：駅	

. . [ ]

你的身体现在哪里感到最疲劳?

今、あなたの体のどこが一番疲れている?

Nǐ de shēntǐ xiànzài nǎli gǎndào zuì píláo?

A.
_____

_____

_____

例

最近喝酒喝得太多了,肝脏一定很疲惫。我决定这周不喝酒了,让肝脏休息一下。不过这样的话以前也说过很多次,可好像都没实现。

最近お酒を飲みすぎてるから、肝臓が疲れているに違いない。今週はお酒を飲むのをやめて、肝臓を休ませることした。でも、同じようなことを今まで何度も言ってて、実現できたことはないんだけどね。

Zuìjìn hē jiǔ hēde tài duō le, gānzāng yídìng hěn píbèi. Wǒ juédìng zhè zhōu bù hē jiǔ le, ràng gānzāng xiūxi yíxià. Búguò zhèyàng de huà yǐqián yě shuōguo hěn duō cì, kě hǎoxiàng dōu méi shíxiàn.

词语	备忘录
手臂 shǒubì : 腕	
腿 tuǐ : 脚	
眼睛 yǎnjing : 目	
酸痛 suāntòng :(肩などが)凝る	
头疼 tóuténg : 頭痛	
疲乏 pífá : 疲れている	

现在你钱包里有多少现金?

今、お財布にいくら入ってる?

Xiànzài nǐ qiánbāo li yǒu duōshao xiànjīn?

A.

_____

_____

_____

例

我现在基本上用电子货币，钱包里的现金很少。电子支付很方便，而且可以积分。但电子支付没有实际花钱的感觉，所以容易乱花钱。

今は基本的に電子マネーを使ってて、財布の中の現金はすごく少ない。電子決済は便利だし、ポイントも貯まる。でも、電子決済だと実際にお金を使っている感覚がないから、無駄遣いしやすいんだよな。

Wǒ xiànzài jīběnshang yòng diànzǐ huòbì, qiánbāo li de xiànjīn hěn shǎo. Diànzǐ zhīfù hěn fāngbiàn, érqiě kěyǐ jīfēn. Dàn diànzǐ zhīfù méiyou shíjì huā qián de gǎnjué, suǒyǐ róngyì luàn huā qián.

词语	备忘录
积分 jī//fēn：ポイントを貯める	
乱花钱 luàn huā qián：無駄遣いをする	
付钱 fù qián：(お金を) 払う	
硬币 yìngbì：硬貨	
纸币 zhǐbì：紙幣	
人民币 rénmínbì：人民元	

Q.032

你最近点过外卖吗?

最近出前を取った?

Nǐ zuìjìn diǎnguo wàimài ma?

A.
_____

_____

_____

例

点外卖很方便，而且有很多选择，懒得做饭的时候我常点外卖。其实我刚才就点了肯德基的外卖，应该快送到了吧。

出前は便利な上に選択肢も多いから、料理が面倒なときはよく頼んでる。実はついさっきもケンタッキーの出前を頼んだばかりで、そろそろ着く頃じゃないかな。

Diǎn wàimài hěn fāngbiàn, érqiě yǒu hěn duō xuǎnzé, lǎnde zuòfàn de shíhou wǒ cháng diǎn wàimài. Qíshí wǒ gāngcái jiù diǎnle Kěndéjī de wàimài, yīnggāi kuài sòngdào le ba.

词语

做饭 zuò//fàn：料理をする
比萨饼 bǐsàbǐng：ピザ
洗碗 xǐ wǎn：食器を洗う
菜单 càidān：メニュー
评价 píngjià：評価
贵 guì：値段が高い

备忘录

. . [   ]

你喜欢喝酒吗？

お酒を飲むのは好き？

Nǐ xǐhuan hē jiǔ ma?

A.

_____

_____

_____

例

我很喜欢喝酒，基本上每天都喝。其实，我喜欢喝酒并不是因为喜欢酒的味道，而是因为喝酒能够放松心情，解除压力。

お酒が大好きで、基本的に毎日飲んでる。実は、お酒が好きな理由は味が好きだからじゃなくて、お酒を飲むと気持ちがリラックスして、ストレスを軽減できるからなんだけど。

Wǒ hěn xǐhuan hē jiǔ, jīběnshang měi tiān dōu hē. Qíshí, wǒ xǐhuan hē jiǔ bìng bú shì yīnwei xǐhuan jiǔ de wèidao, ér shì yīnwei hē jiǔ nénggòu fàngsōng xīnqíng, jiěchú yālì.

词语	备忘录
啤酒　píjiǔ：ビール	
鸡尾酒　jīwěijiǔ：カクテル	
威士忌　wēishìjì：ウイスキー	
清酒　qīngjiǔ：日本酒	
喝醉　hēzuì：酔う	
海量　hǎiliàng：酒豪	

你是左撇子还是右撇子?

左利き、それとも右利き?

Nǐ shì zuǒpiězi háishi yòupiězi?

A.
_____

_____

_____

例

我是左撇子，用筷子时常跟旁边的人"打架"。像这样不方便的情况的确不少，但也有好处，比如说用铅笔竖着写字时不会把手弄脏等。

左利きだから、お箸を使うときはよく隣の人と「けんか」してしまう。こんな感じで不便なことも確かに多いけど、良いこともあるよ。鉛筆で縦書きをするときに手が汚れないとか。

Wǒ shì zuǒpiězi, yòng kuàizi shí cháng gēn pángbiān de rén "dǎjià". Xiàng zhèyàng bù fāngbiàn de qíngkuàng díquè bù shǎo, dàn yě yǒu hǎochù, bǐrú shuō yòng qiānbǐ shùzhe xiě zì shí bú huì bǎ shǒu nòngzāng děng.

词语	备忘录
竖 shù：縦の	
弄脏 nòngzāng：汚す	
投球 tóu qiú：ボールを投げる	
剪刀 jiǎndāo：ハサミ	
改 gǎi：矯正する、直す	
纠正 jiūzhèng：正す	

你喜欢吃面条还是米饭?

麺とお米、どっちが好き？

Nǐ xǐhuan chī miàntiáo háishi mǐfàn?

A.

_____

_____

_____

例

我喜欢吃面条，拉面、乌冬面、荞麦面、意大利面什么的，我都爱吃。面条以外的各种面食我也很喜欢，比如面包、饺子、包子等。

麺類が好きで、ラーメン、うどん、そば、パスタなども全部好物。麺以外の粉ものも好きだな。例えばパン、餃子、肉まんとか。

Wǒ xǐhuan chī miàntiáo, lāmiàn, wūdōngmiàn, qiáomàimiàn, yìdàlìmiàn shénmede, wǒ dōu ài chī. Miàntiáo yǐwài de gè zhǒng miànshí wǒ yě hěn xǐhuan, bǐrú miànbāo, jiǎozi, bāozi děng.

词语

面食　miànshí：小麦粉で作った食品、粉もの
米饭　mǐfàn：ご飯
早饭　zǎofàn：朝食
吃腻　chīnì：食べ飽きる
馒头　mántou：マントウ（中国の蒸しパン）
大阪烧　dàbǎnshāo：お好み焼き

备忘录

你最喜欢什么动漫角色?

一番好きなアニメのキャラクターは?

Nǐ zuì xǐhuan shénme dòngmàn juésè?

A.
_____

_____

_____

例

我最喜欢小黄人，我家有很多小黄人娃娃玩具。小黄人的造型简单却很有特点，动作十分可爱，令人发笑。他们的语言听起来也很有趣。

ミニオンズが一番好きで、家にはミニオンズのぬいぐるみがたくさんある。デザインはシンプルなのに特徴があって、動作も可愛くて笑いを誘うんだよね。彼らの話す言葉も聞いていて面白い。

Wǒ zuì xǐhuan Xiǎohuángrén, wǒ jiā yǒu hěn duō Xiǎohuángrén wáwa wánjù. Xiǎohuángrén de zàoxíng jiǎndān què hěn yǒu tèdiǎn, dòngzuò shífēn kě'ài, lìng rén fāxiào. Tāmen de yǔyán tīngqilai yě hěn yǒuqù.

词语	备忘录
小黄人　Xiǎohuángrén：ミニオンズ	
娃娃　wáwa：ぬいぐるみ	
小时候　xiǎoshíhou：小さい頃	
面包超人　Miànbāo Chāorén：アンパンマン	
哆啦 A 梦　DuōlāAmèng：ドラえもん	
皮卡丘　Píkǎqiū：ピカチュウ	

你这个月有什么目标?

今月の目標は何？

Nǐ zhège yuè yǒu shénme mùbiāo?

A.

_____

_____

例

这个月的目标是体重减两公斤！其实这是我每个月都会制定的目标，但几乎没有实现过。即使减肥成功，之后很快又会反弹。

今月の目標は2キロ痩せること！　実は毎月の目標でもあるんだけど、実現したことはほとんどない。やせられたとしても、すぐにリバウンドしてしまうし。

Zhège yuè de mùbiāo shì tǐzhòng jiǎn liǎng gōngjīn! Qíshí zhè shì wǒ měi ge yuè dōu huì zhìdìng de mùbiāo, dàn jīhū méiyou shíxiànguo. Jíshǐ jiǎnféi chénggōng, zhīhòu hěn kuài yòu huì fǎntán.

词语	备忘录
减肥 jiǎn//féi：ダイエットする	
反弹 fǎntán：リバウンドする	
坚持 jiānchí：頑張って続ける	
达到 dá//dào：（目標に）到達する	
考上 kǎoshàng：試験に合格する	
作业 zuòyè：宿題	

你曾有过一见钟情吗?

一目ぼれしたことある?

Nǐ céng yǒuguo yíjiàn-zhōngqíng ma?

A.
_____

_____

_____

例

我的初恋就是一见钟情。但我们相处了不久，就因为性格不合分手了。一见钟情当然是很美好的，但只有长期相处，才能真正了解对方。

初恋がまさに一目ぼれだったな。付き合ってからそんなに長続きせず、性格の不一致が原因で別れてしまったけど。一目ぼれはもちろん素敵なことだけど、長く付き合わないと相手を本当の意味で理解することはできないよね。

Wǒ de chūliàn jiù shì yíjiàn-zhōngqíng. Dàn wǒmen xiāngchǔle bùjiǔ, jiù yīnwei xìnggé bùhé fēnshǒu le. Yíjiàn-zhōngqíng dāngrán shì hěn měihǎo de, dàn zhǐyǒu chángqī xiāngchǔ, cái néng zhēnzhèng liǎojiě duìfāng.

词语

相处 xiāngchǔ：付き合う、交際する
暗恋 ànliàn：ひそかに片思いする
闪婚 shǎnhūn：スピード婚
梦想 mèngxiǎng：夢
白马王子 báimǎ wángzǐ：白馬の王子
爱上～ àishàng～：～に恋をする

备忘录

今天你有没有撒过谎?

今日何か嘘をついた？

Jīntiān nǐ yǒu méiyou sāguo huǎng?

A. _____

_____

_____

例

今天我对自己撒谎了。我本来决定今天绝不吃甜食，可刚才实在忍不住，去便利店买了一个泡芙。吃完以后心中充满了罪恶感……

今日、自分に嘘をついた。今日は絶対甘いものを食べないと決めていたのに、さっきどうしても我慢できずに、コンビニでシュークリームを買ってしまって。食べてから罪悪感にさいなまれてる……。

Jīntiān wǒ duì zìjǐ sāhuǎng le. Wǒ běnlái juédìng jīntiān jué bù chī tiánshí, kě gāngcái shízài rěnbuzhù, qù biànlìdiàn mǎile yí ge pàofú. Chīwán yǐhòu xīnzhōng chōngmǎnle zuì'ègǎn……

词语	备忘录
忍不住 rěnbuzhù：こらえられない、我慢できない	
老实人 lǎoshírén：正直者	
吹牛 chuī//niú：ほらを吹く、大げさに言う	
说实话 shuō shíhuà：本当のことを言う	
骗 piàn：騙す	
其实 qíshí：実は	

[ ]

你喝咖啡的时候会加糖吗?

コーヒーを飲むとき、砂糖を入れる?

Nǐ hē kāfēi de shíhou huì jiā táng ma?

A.

_____

_____

例

我喝咖啡的时候经常加糖和牛奶,牛奶加得比较多。不过吃蛋糕等甜点的时候,我喜欢喝黑咖啡。天热的时候我经常喝冰咖啡。

コーヒーを飲むときはよく砂糖とミルクを入れてる。ミルク多めで。でも、ケーキなどのスイーツを食べる時はブラックコーヒーを飲むのが好き。暑いときはアイスコーヒーをよく飲むかな。

Wǒ hē kāfēi de shíhou jīngcháng jiā táng hé niúnǎi, niúnǎi jiāde bǐjiào duō. Búguò chī dàngāo děng tiándiǎn de shíhou, wǒ xǐhuan hē hēikāfēi. Tiān rè de shíhou wǒ jīngcháng hē bīngkāfēi.

词语	备忘录
拿铁 nátiě:カフェラテ	
卡布奇诺 kǎbùqínuò:カプチーノ	
美式咖啡 měishì kāfēi:アメリカンコーヒー	
速溶咖啡 sùróng kāfēi:インスタントコーヒー	
冲咖啡 chōng kāfēi:コーヒーをいれる	
红茶 hóngchá:紅茶	

你见过鬼吗?

幽霊見たことある?

Nǐ jiànguo guǐ ma?

A. _____

_____

_____

例

我从来没见过鬼，所以不相信有鬼。不过我相信有外星人（尽管我也从来没见过外星人）。宇宙是无限的，一定有不少有生命的星球。

今まで幽霊を見たことがないから、幽霊の存在は信じていない。でも、宇宙人はいると思う（宇宙人にも会ったことはないけど）。宇宙は無限だから、きっと生命が存在する星がたくさんあるはず。

Wǒ cónglái méi jiànguo guǐ, suǒyǐ bù xiāngxìn yǒu guǐ. Búguò wǒ xiāngxìn yǒu wàixīngrén (jǐnguǎn wǒ yě cónglái méi jiànguo wàixīngrén). Yǔzhòu shì wúxiàn de, yídìng yǒu bùshǎo yǒu shēngmìng de xīngqiú.

词语	备忘录
鬼 guǐ：幽霊、おばけ	
害怕 hàipà：怖い	
鬼压床 guǐyāchuáng：金縛り	
恐怖片 kǒngbùpiàn：ホラー映画	
灵异照片 língyì zhàopiàn：心霊写真	
鬼魂 guǐhún：亡霊	

Q.042

为了保持健康，你会做些什么?

健康を維持するためにしていることはある？

Wèile bǎochí jiànkāng, nǐ huì zuò xiē shénme?

A. _____

_____

_____

例

为了健康，我会"管住嘴，迈开腿"，也就是说，少吃东西多锻炼。但说起来容易做起来难，我总是既贪吃又懒得运动。

健康のために「口をコントロールして足を動かす」ようにしてる。要は食事は少なめにして、たくさん運動するということ。でも、言うは易く行うは難しで、いつも食い気に負けるし運動もサボりがち。

Wèile jiànkāng, wǒ huì "guǎnzhù zuǐ, màikāi tuǐ", yě jiùshì shuō, shǎo chī dōngxi duō duànliàn. Dàn shuōqilai róngyì zuòqilai nán, wǒ zǒngshì jì tānchī yòu lǎnde yùndòng.

词语

戒烟　jiè yān：タバコをやめる
营养　yíngyǎng：栄養
预防　yùfáng：予防
有氧运动　yǒuyǎng yùndòng：有酸素運動
马拉松　mǎlāsōng：マラソン
中药　zhōngyào：漢方薬

备忘录

最近犯过最大的错误是什么?

最近した一番の失敗は？

Zuìjìn fànguo zuì dà de cuòwù shì shénme?

A. _____

_____

_____

例

前几天我跟一个朋友喝酒喝醉了，说了一些很失礼的话，第二天非常后悔，赶紧发邮件道歉。好在对方也喝醉了，不记得我说的话了。

数日前に友達とお酒を飲んでて、酔っていろいろと失礼なことを言ってしまった。次の日にすごく後悔して急いでメールで謝ったんだけど、幸いなことに向こうも酔っていて、私が言ったことを覚えてなかった。

Qián jǐ tiān wǒ gēn yí ge péngyou hē jiǔ hēzuì le, shuōle yìxiē hěn shīlǐ de huà, dì èr tiān fēicháng hòuhuǐ, gǎnjǐn fā yóujiàn dàoqiàn. Hǎozài duìfāng yě hēzuì le, bú jìde wǒ shuō de huà le.

词语	备忘录
道歉 dào//qiàn：謝罪する	
好在 hǎozài：幸いにも	
再也 zàiyě：二度と	
落东西 là dōngxi：忘れ物をする	
丢 diū：失くす	
工作 gōngzuò：仕事をする	

[   ]

如果用一个颜色来形容今天的你，是什么颜色？

今日の自分を色で表すなら何色？

Rúguǒ yòng yí ge yánsè lái xíngróng jīntiān de nǐ, shì shénme yánsè?

A.

_____

_____

_____

例

今天的我应该是绿色或者是橘黄色吧。今天比平时多做了很多运动，饮食也很注意，感觉一天过得很健康，身体充满了能量！

今日の私は緑色かオレンジ色だな。今日は普段よりたくさん運動もしたし、食事にも気を遣って健康な一日を過ごした気がするから、パワーがみなぎってる！

Jīntiān de wǒ yīnggāi shì lǜsè huòzhě shì júhuángsè ba. Jīntiān bǐ píngshí duō zuòle hěn duō yùndòng, yǐnshí yě hěn zhùyì, gǎnjué yì tiān guòde hěn jiànkāng, shēntǐ chōngmǎnle néngliàng!

词语

灰色　huīsè：灰色
粉红色　fěnhóngsè：ピンク色
蓝色　lánsè：青色
轻松　qīngsōng：リラックスする
紧张　jǐnzhāng：気が張り詰める、緊張する
忧郁　yōuyù：憂鬱だ

备忘录

[ ]

你生活中最离不开的东西是什么?

これがないと生きていけないと思うものは何？

Nǐ shēnghuó zhōng zuì líbukāi de dōngxi shì shénme?

A.

_____

_____

_____

例

在我的生活中，不能没有音乐。对我来说，如果没有音乐，就像世界上没有各种颜色一样。我不仅喜欢听音乐，还喜欢弹吉他、唱歌。

私の生活には音楽が欠かせない。自分にとって音楽がないのは、世界から色がなくなるようなもの。音楽を聞くだけでなく、ギターを弾いたり、歌ったりすることも好き。

Zài wǒ de shēnghuó zhōng, bù néng méiyou yīnyuè. Duì wǒ lái shuō, rúguǒ méiyou yīnyuè, jiù xiàng shìjiè shang méiyou gè zhǒng yánsè yíyàng. Wǒ bùjǐn xǐhuan tīng yīnyuè, hái xǐhuan tán jítā, chàng gē.

词语	备忘录
不能没有～ bù néng méiyou～：～が欠かせない	
不可缺少 bùkě quēshǎo：不可欠	
一定 yídìng：きっと、絶対に	
手机 shǒujī：携帯電話	
书 shū：本	
空调 kōngtiáo：エアコン	

你的口头禅是什么?

あなたの口癖は?

Nǐ de kǒutóuchán shì shénme?

A.

_____

_____

_____

例

我发现在对话当中我经常会用"可能"这个词。除了表示推测以外,我还想要避免过于肯定或绝对的表态,保持客观的态度。

会話の中で「〜かも」という言葉をよく使ってることに気づいた。推測を表す以外に、断定的な態度になりすぎず、客観的な姿勢を保つためにも使ってる。

Wǒ fāxiàn zài duìhuà dāngzhōng wǒ jīngcháng huì yòng "kěnéng" zhège cí. Chúle biǎoshì tuīcè yǐwài, wǒ hái xiǎng yào bìmiǎn guòyú kěndìng huò juéduì de biǎotài, bǎochí kèguān de tàidu.

词语	备忘录
过于 guòyú:〜すぎる	
表态 biǎo//tài:態度をとる	
哎呀! āiyā!:あっ!	
不会吧!? Búhuì ba!?:嘘でしょ!?	
真的吗? Zhēnde ma?:本当?	
那个 nèige:あの、えーと	

[   ]

最近经历过什么尴尬的事情吗？

最近何か気まずい体験をした？

Zuìjìn jīnglìguo shénme gāngà de shìqing ma?

A.

_____

_____

_____

例

有一次我跟朋友约好在车站前见面，但我认错了人，向一个陌生人笑着招手走了过去，到跟前才发现那个人我不认识。真是尴尬极了。

友達と駅前で会う約束をした時に、間違えて見知らぬ人に笑顔で手を振りながら歩み寄って、目の前まで行ってから知らない人だと気づいたことがあった。本当に気まずかったなぁ。

Yǒu yí cì wǒ gēn péngyou yuēhǎo zài chēzhàn qián jiànmiàn, dàn wǒ rèncuòle rén, xiàng yí ge mòshēngrén xiàozhe zhāoshǒu zǒule guòqu, dào gēnqián cái fāxiàn nàge rén wǒ bú rènshi. Zhēn shì gāngà jíle.

词语	备忘录
认错 rèn//cuò：見間違える、間違いを認める	
陌生人 mòshēngrén：知らない人	
尴尬 gāngà：気まずい	
搞错 gǎocuò：勘違いする	
以为 yǐwéi：～かと思う（実際は違った）	
丢脸 diū//liǎn：恥ずかしい	

如果有来世，你想变成什么?

もし生まれ変わったら、何になりたい?

Rúguǒ yǒu láishì, nǐ xiǎng biànchéng shénme?

A.

_____

_____

_____

例

最近看了一部讲述转世的电视剧，让我感悟很深。以前的我会觉得想当人，但是现在觉得只要生活得幸福，来世变什么都无所谓吧。

最近転生を題材にしたドラマを見て、すごく考えさせられたな。前の自分だったら人間になりたかったと思うけど、今は、暮らしが幸せであれば来世は何だっていいや。

Zuìjìn kànle yí bù jiǎngshù zhuǎnshì de diànshìjù, ràng wǒ gǎnwù hěn shēn. Yǐqián de wǒ huì juéde xiǎng dāng rén, dànshì xiànzài juéde zhǐyào shēnghuóde xìngfú, láishì biàn shénme dōu wúsuǒwèi ba.

词语	备忘录
讲述 jiǎngshù：述べる、話す	
转世 zhuǎnshì：転生する	
感悟 gǎnwù：悟る	
无所谓 wúsuǒwèi：どうでもいい	
鸟 niǎo：鳥	
树 shù：木	

你随时随地都能睡着吗?

いつでもどこでも眠れるタイプ？

Nǐ suíshí suídì dōu néng shuìzháo ma?

A.
_____

_____

_____

例

有的人只有在自己家才能睡好，但我觉得如果真累了的话，在哪里都能睡着。我坐电车的时候经常睡觉，而且好多次睡过了站。

自分の家でしかよく眠れない人もいるけど、本当に疲れていればどこでも眠れると思う。私はしょっちゅう電車で寝ていて、寝過ごしたことも何度もある。

Yǒude rén zhǐyǒu zài zìjǐ jiā cái néng shuìhǎo, dàn wǒ juéde rúguǒ zhēn lèile dehuà, zài nǎli dōu néng shuìzháo. Wǒ zuò diànchē de shíhou jīngcháng shuìjiào, érqiě hǎoduō cì shuìguòle zhàn.

词语	备忘录
睡得香 shuìde xiāng：ぐっすり眠る	
睡得浅 shuìde qiǎn：眠りが浅い	
失眠 shī//mián：眠れない	
做梦 zuò//mèng：夢を見る	
睡不着 shuìbuzháo：寝つけない	
被子 bèizi：掛け布団	

去年这个时候，你在做什么？

去年の今頃、何をしてた？

Qùnián zhège shíhou, nǐ zài zuò shénme?

A.

_____

_____

_____

例

去年这个时候，我正在筹备一项中国大学的线上留学项目。对我来说，给不同背景的学生提供学习环境，是一份非常有意义的工作。

去年の今頃は、中国の大学へのオンライン留学のプロジェクトを準備してた。バックグラウンドの異なる学生たちに学習環境を提供することは、自分にとってすごく意義のある仕事だな。

Qùnián zhège shíhou, wǒ zhèngzài chóubèi yí xiàng Zhōngguó dàxué de xiànshàng liúxué xiàngmù. Duì wǒ lái shuō, gěi bù tóng bèijǐng de xuésheng tígōng xuéxí huánjìng, shì yí fèn fēicháng yǒu yìyì de gōngzuò.

词语

筹备	chóubèi	準備する
项目	xiàngmù	プロジェクト
放假	fàng//jià	休みになる
计划	jìhuà	計画を立てる
搬家	bān//jiā	引っ越す
旅游	lǚyóu	旅行する

备忘录

你想集中精神的时候会做什么?

集中したいときは何をする？

Nǐ xiǎng jízhōng jīngshen de shíhou huì zuò shénme?

A. _____

_____

_____

例

我会到自己的房间，尽量不看手机。如果在家里很难集中精神的话，会去一个安静一点儿的咖啡厅，尝试改变一下环境。

自分の部屋に行って、なるべくスマホを見ないようにする。もし家で集中するのが難しければ、静かめなカフェに行って環境を変えてみたり。

Wǒ huì dào zìjǐ de fángjiān, jǐnliàng bú kàn shǒujī. Rúguǒ zài jiā li hěn nán jízhōng jīngshen dehuà, huì qù yí ge ānjìng yìdiǎnr de kāfēitīng, chángshì gǎibiàn yíxià huánjìng.

词语	备忘录
尽量　jǐnliàng：できるだけ 戴耳塞　dài ěrsāi：耳栓をする 听音乐　tīng yīnyuè：音楽を聞く 关手机　guān shǒujī：携帯電話の電源を切る 图书馆　túshūguǎn：図書館 专注　zhuānzhù：集中する	

你最不能容忍的事情是什么？

これだけは許せないことは？

Nǐ zuì bù néng róngrěn de shìqing shì shénme?

A.

_____

_____

例

我最讨厌一边走路一边抽烟的人。别人抽烟我管不着，但我想拜托喜欢抽烟的人，请不要把烟吐出来，要不然就请在自己家里抽。

歩きタバコをする人が一番嫌い。タバコを吸う吸わないは自由だけど、愛煙家の人はどうか煙を吐き出さないでほしい。それが無理ならご自宅でどうぞ。

Wǒ zuì tǎoyàn yìbiān zǒulù yìbiān chōuyān de rén. Biéren chōuyān wǒ guǎnbuzháo, dàn wǒ xiǎng bàituō xǐhuan chōuyān de rén, qǐng búyào bǎ yān tǔchulai, yàoburán jiù qǐng zài zìjǐ jiā li chōu.

词语	备忘录
管不着 guǎnbuzháo：口出しできない	
迟到 chídào：遅刻する	
性骚扰 xìngsāorǎo：セクハラをする	
不守信 bù shǒu//xìn：約束を守らない	
烦人 fánrén：うざったい	
婚外恋 hūnwàiliàn：浮気、不倫	

你吃煎蛋时会用什么调料?

目玉焼きには何の調味料をかける？

Nǐ chī jiāndàn shí huì yòng shénme tiáoliào?

A.

_____

_____

_____

例

我吃煎蛋时喜欢蘸酱油，因为酱油的颜色能让我更有食欲。有时我还会撒一些香辣调料，这样可以使味道变得更加丰富美味。

目玉焼きには醤油をかけて食べるのが好き。醤油の色がさらに食欲をそそるからね。あとはピリ辛の調味料をかけることもある。そうすると味がさらに豊かになっておいしい。

Wǒ chī jiāndàn shí xǐhuan zhàn jiàngyóu, yīnwei jiàngyóu de yánsè néng ràng wǒ gèng yǒu shíyù. Yǒushí wǒ hái huì sǎ yìxiē xiāng là tiáoliào, zhèyàng kěyǐ shǐ wèidao biànde gèngjiā fēngfù měiwèi.

词语	备忘录
蘸 zhàn：(液体などを) つける	
撒 sǎ：かける、まぶす	
番茄酱 fānqiéjiàng：ケチャップ	
蛋黄酱 dànhuángjiàng：マヨネーズ	
盐 yán：塩	
鱼露 yúlù：ナンプラー	

你讨厌被问到什么样的问题?

聞かれたら嫌なことは何?

Nǐ tǎoyàn bèi wèndào shénmeyàng de wèntí?

A.

例

我不喜欢被问带有负面情绪的，或者是涉及到个人隐私的问题。我自己跟别人聊天的时候也会很注意，不向对方提问这类的问题。

ネガティブなことや、個人のプライバシーに関わることについて聞かれるのは嫌だな。自分も誰かと話す時には、こういう類のことは聞かないように気をつけてる。

Wǒ bù xǐhuan bèi wèn dài yǒu fùmiàn qíngxù de, huòzhě shì shèjídào gèrén yǐnsī de wèntí. Wǒ zìjǐ gēn biéren liáotiān de shíhou yě huì hěn zhùyì, bú xiàng duìfāng tíwèn zhè lèi de wèntí.

词语	备忘录
负面情绪 fùmiàn qíngxù：ネガティブな気持ち	
个人隐私 gèrén yǐnsī：プライバシー	
年龄 niánlíng：年齢	
外貌 wàimào：外見	
经济情况 jīngjì qíngkuàng：経済状況	
多管闲事 duō guǎn xiánshì：大きなお世話	

离过年还有多少天?

お正月まであと何日?

Lí guònián hái yǒu duōshao tiān?

A.

_____

_____

_____

例

今天离过年还有三百多天，听起来还有很长时间，可上次过年好像还是最近的事，一转眼今年已经过去两个月了。时间过得真快啊!

お正月までまだ300日以上ある。まだまだあるように聞こえるけど、つい最近のことみたいに感じるこの間のお正月から、あっという間に今年ももう2か月経った。時間が経つのは本当に早いなぁ!

Jīntiān lí guònián hái yǒu sānbǎi duō tiān, tīngqilai hái yǒu hěn cháng shíjiān, kě shàng cì guònián hǎoxiàng háishi zuìjìn de shì, yìzhuǎnyǎn jīnnián yǐjīng guòqu liǎng ge yuè le. Shíjiān guòde zhēn kuài a!

词语	备忘录
过年 guò//nián：新年を祝う 团聚 tuánjù：一家団欒する 回老家 huí lǎojiā：実家に帰る 年夜饭 niányèfàn：年越しの料理 红包 hóngbāo：お年玉 拜年 bài//nián：新年のあいさつをする	

描述一下你房间现在的样子。

あなたの部屋の今の様子を教えて。

Miáoshù yíxià nǐ fángjiān xiànzài de yàngzi.

A.

_____

_____

_____

例

我的房间很乱，桌子上堆满了书和各种东西。虽然看起来乱七八糟的，但什么东西放在哪儿我很清楚，收拾干净了反而觉得不太方便。

部屋は散らかっていて、机の上には本やいろんなものが山積み。ごちゃごちゃしているように見えるけど、何がどこに置いてあるかは自分でよく分かってるから、きれいに片付けるとかえって不便に感じる。

Wǒ de fángjiān hěn luàn, zhuōzi shang duīmǎnle shū hé gè zhǒng dōngxi. Suīrán kànqilai luànqībāzāo de, dàn shénme dōngxi fàngzài nǎr wǒ hěn qīngchu, shōushigānjìngle fǎn'ér juéde bú tài fāngbiàn.

词语

堆 duī：積む
乱七八糟 luànqībāzāo：めちゃくちゃだ
打扫 dǎsǎo：掃除をする
整齐 zhěngqí：整理整頓されている
电视 diànshì：テレビ
书桌 shūzhuō：机

备忘录

．　　．　　[　　]

你的拿手菜是什么?

得意料理は?

Nǐ de náshǒucài shì shénme?

A.

_____

_____

_____

例

我的拿手菜是红烧肉。做红烧肉比较花时间，但做法其实不难，不容易失败。简单来说，只要把猪肉加各种调料炖熟就行了。

得意料理は紅焼肉 (ホンシャオロウ)。紅焼肉は作るのに結構時間はかかるけど、実は作り方は難しくなくて失敗しにくい。簡単に言うと、豚肉にいろいろな調味料を加えて煮ていればOK。

Wǒ de náshǒucài shì hóngshāoròu. Zuò hóngshāoròu bǐjiào huā shíjiān, dàn zuòfǎ qíshí bù nán, bù róngyì shībài. Jiǎndān lái shuō, zhǐyào bǎ zhūròu jiā gè zhǒng tiáoliào dùnshú jiù xíng le.

词语	备忘录
拿手菜 náshǒucài：得意料理	
炖 dùn：煮込む	
地道 dìdao：本場の	
难吃 nánchī：まずい	
尝尝 chángchang：味見をする	
煎鸡蛋 jiānjīdàn：目玉焼き	

你是个什么样的人？

あなたはどんな人？

Nǐ shì ge shénmeyàng de rén?

A.
_____

_____

_____

例

我这个人比较随便，不计较小事，所以跟谁都能够友好相处，人缘也不错。不过在工作方面，我觉得自己还是比较认真的。

わりと適当な人間で、些細なことにこだわらないから誰とでも仲良くできるし、人付き合いも悪くない。でも、仕事面についてはまじめなほうだと思う。

Wǒ zhège rén bǐjiào suíbiàn, bú jìjiào xiǎo shì, suǒyǐ gēn shéi dōu nénggòu yǒuhǎo xiāngchǔ, rényuán yě búcuò. Búguò zài gōngzuò fāngmiàn, wǒ juéde zìjǐ háishi bǐjiào rènzhēn de.

词语	备忘录
开朗　kāilǎng：明るい	
厚脸皮　hòu liǎnpí：面の皮が厚い	
有耐心　yǒu nàixīn：辛抱強い	
开玩笑　kāi wánxiào：冗談を言う	
暴躁　bàozào：怒りっぽい	
腼腆　miǎntiǎn：内気だ	

· · [   ]

你怕冷还是怕热?

寒がり、それとも暑がり?

Nǐ pà lěng háishi pà rè?

A.

_____

_____

_____

例

我不怕冷，怕热。因为天冷的时候多穿一点儿就好，但天热的时候，如果没有空调的话，脱光了也热。而且身上出汗也很难受。

寒さには強いけど、暑いのが苦手。寒いときは着込めば良いけど、暑いときはエアコンがないと全部脱いでも暑いから。あと汗をかくのも気持ち悪いし。

Wǒ bú pà lěng, pà rè. Yīnwei tiān lěng de shíhou duō chuān yìdiǎnr jiù hǎo, dàn tiān rè de shíhou, rúguǒ méiyou kōngtiáo dehuà, tuōguāngle yě rè. Érqiě shēnshang chūhàn yě hěn nánshòu.

词语

怕冷　pà lěng：寒がり
发抖　fādǒu：震える
暖和　nuǎnhuo：温かい
中暑　zhòng//shǔ：熱中症になる
鸡皮疙瘩　jīpí gēda：鳥肌
流鼻涕　liú bítì：鼻水が出る

备忘录

. . [ ]

你今天穿了什么样的衣服？

今日の服装は？

Nǐ jīntiān chuānle shénmeyàng de yīfu?

A.

例

我今天穿了一件白色的长袖衬衫，下面穿了一条牛仔裤。天气暖和起来了，不需要穿外套了，这是我一年当中最喜欢的季节。

今日は白い長袖のブラウスに、下はデニムを履いてる。天気が暖かくなってきて、アウターも着なくていいし、一年で一番好きな季節だ。

Wǒ jīntiān chuānle yí jiàn báisè de chángxiù chènshān, xiàmiàn chuānle yì tiáo niúzǎikù. Tiānqì nuǎnhuoqilai le, bù xūyào chuān wàitào le, zhè shì wǒ yì nián dāngzhōng zuì xǐhuan de jìjié.

词语	备忘录

衬衫　chènshān：シャツ、ブラウス
牛仔裤　niúzǎikù：ジーンズ
西装　xīzhuāng：スーツ
裙子　qúnzi：スカート
裤子　kùzi：ズボン
T恤　T xù：Tシャツ

你在什么样的时候会表扬自己?

どんなときに自分を褒める?

Nǐ zài shénmeyàng de shíhou huì biǎoyáng zìjǐ?

A.

___

___

___

例

按时做完该做的事，并且做得完美的时候，我会表扬自己。另外，别人有困难我能帮上忙的时候，我也会觉得很高兴。

やるべきことを時間どおりに終わらせて、しかも完璧にできた時に自分を褒める。あとは、誰かが困っているときに助けてあげられたときも、とても嬉しくなる。

Ànshí zuòwán gāi zuò de shì, bìngqiě zuòde wánměi de shíhou, wǒ huì biǎoyáng zìjǐ. Lìngwài, biéren yǒu kùnnan wǒ néng bāngshàng máng de shíhou, wǒ yě huì juéde hěn gāoxìng.

词语

成就感 chéngjiùgǎn：達成感
点赞 diǎn zàn：いいねを押す
早睡早起 zǎoshuì zǎoqǐ：早寝早起き
考试 kǎo//shì：試験を受ける
挑战 tiǎo//zhàn：挑戦する
按时 ànshí：時間通りに

备忘录

Q.062

你都养过什么宠物?

飼ったことがあるペットは?

Nǐ dōu yǎngguo shénme chǒngwù?

A.

___

例

我家以前养过一只猫,后来得病死了,它死的时候我伤心得不得了。现在我家养着一只鹦哥还有一些热带鱼。鹦哥会说话,非常可爱。

以前猫を飼ってたことがあるけど、病気で亡くなってしまって、その時は悲しくてたまらなかった。今は
インコ1羽と熱帯魚を何匹か飼ってる。インコは言葉が話せてすごく可愛い。

Wǒ jiā yǐqián yǎngguo yì zhī māo, hòulái débìng sǐ le, tā sǐ de shíhou wǒ shāngxīnde bùdéliǎo. Xiànzài wǒ
jiā yǎngzhe yì zhī yīnggē hái yǒu yìxiē rèdàiyú. Yīnggē huì shuōhuà, fēicháng kě'ài.

词语	备忘录
不得了 bùdéliǎo : ～でたまらない	
乌龟 wūguī : カメ	
狗 gǒu : イヌ	
照顾 zhàogù : 世話をする	
仓鼠 cāngshǔ : ハムスター	
喂食 wèi//shí : 餌をあげる	

介绍一下你现在住的地方。

今住んでいる所を紹介してみて。

Jièshào yíxià nǐ xiànzài zhù de dìfang.

A. ——————————————————————————

——————————————————————————————

——————————————————————

例

我家离市中心比较远，交通不太方便。不过面积还算宽敞，住起来很舒服。因为是住宅区，所以周围很安静。我对现在的房子很满意。

うちは市の中心部から遠くて交通が少し不便だけど、面積はわりと広めだから住み心地は良い。住宅街だから周りが静かで、今の家にすごく満足してる。

Wǒ jiā lí shì zhōngxīn bǐjiào yuǎn, jiāotōng bú tài fāngbiàn. Búguò miànjī hái suàn kuānchang, zhùqilai hěn shūfu. Yīnwei shì zhùzháiqū, suǒyǐ zhōuwéi hěn ānjìng. Wǒ duì xiànzài de fángzi hěn mǎnyì.

词语	备忘录
繁华 fánhuá：(街などが) にぎやかだ	
附近 fùjìn：近所、近く	
高楼大厦 gāolóu dàshà：高層ビル	
公园 gōngyuán：公園	
公寓 gōngyù：マンション	
高速公路 gāosù gōnglù：高速道路	

Q.064

除了手机，你还有哪些随身携带的东西?

スマホ以外で肌身離さず持っているものは？

Chúle shǒujī, nǐ hái yǒu nǎxiē suíshēn xiédài de dōngxi?

A.

例

除了手机以外，充电宝也是出门必带的东西。因为如果手机没电了的话，什么都干不了。看来我的生活已经被手机完全支配了。

スマホ以外に、モバイルバッテリーも外出時の必需品。スマホの電池が切れると何もできないからね。もう完全にスマホに生活を支配されているようだ。

Chúle shǒujī yǐwài, chōngdiànbǎo yě shì chūmén bì dài de dōngxi. Yīnwei rúguǒ shǒujī méi diàn le dehuà, shénme dōu gànbuliǎo. Kànlái wǒ de shēnghuó yǐjīng bèi shǒujī wánquán zhīpèi le.

词语	备忘录
充电宝 chōngdiànbǎo：モバイルバッテリー	
镜子 jìngzi：鏡	
驾驶证 jiàshǐzhèng：運転免許証	
化妆包 huàzhuāngbāo：化粧ポーチ	
备用 bèiyòng：予備の	
口香糖 kǒuxiāngtáng：ガム	

你有好朋友吗？是什么样的人？

親しい友人はいる？　それはどんな人？

Nǐ yǒu hǎo péngyou ma? Shì shénmeyàng de rén?

A.
_____

_____

_____

例

我最好的朋友是一个初中同学。上高中以后就分开了，但我们性格很合得来，经常在一起玩儿。我们现在也常常见面，一起吃饭、聊天。

一番の友達は中学の同級生。高校に上がってから離れてしまったけど、気が合うからよく一緒に遊んでた。今もしょっちゅう会ってご飯を食べたり、おしゃべりしたりしてる。

Wǒ zuìhǎo de péngyou shì yí ge chūzhōng tóngxué. Shàng gāozhōng yǐhòu jiù fēnkāi le, dàn wǒmen xìnggé hěn hédelái, jīngcháng zài yìqǐ wánr. Wǒmen xiànzài yě chángcháng jiànmiàn, yìqǐ chī fàn, liáotiān.

词语	备忘录
合得来　hédelái：气が合う	
疏远　shūyuǎn：疎遠な	
闺蜜　guīmì：（仲の良い）女友達	
同班同学　tóngbān tóngxué：クラスメート	
老朋友　lǎopéngyou：古くからの友人	
昵称　nìchēng：ニックネーム	

Q.066

你是一个心思细的人吗?

あなたは細かいほう?

Nǐ shì yí ge xīnsi xì de rén ma?

A.

_____

_____

_____

例

我觉得我不是。我从小就是大大咧咧的性格，父母都说我没有女孩儿的样子。但是最近感觉我好像变了，变得有点儿会操心了。

違うと思う。小さい頃からおおざっぱな性格だったから、両親には女の子らしくないって言われてた。でも最近変わってきて、ちょっと心配性になったような気がする。

Wǒ juéde wǒ bú shì. Wǒ cóngxiǎo jiù shì dàdaliēliē de xìnggé, fùmǔ dōu shuō wǒ méiyou nǚháir de yàngzi. Dànshì zuìjìn gǎnjué wǒ hǎoxiàng biàn le, biànde yǒudiǎnr huì cāoxīn le.

词语	备忘录
大大咧咧 dàdaliēliē：大ざっぱだ	
操心 cāo//xīn：心配する	
细节 xìjié：細かい点	
在意 zài//yì：気にする	
粗心大意 cūxīn dàyì：そそっかしい	
细腻 xìnì：細やかだ	

[ ]

你喜欢晴天还是雨天？

晴れの日と雨の日、どっちが好き？

Nǐ xǐhuan qíngtiān háishi yǔtiān?

A.

例

我讨厌雨天，一到下雨天，情绪就会有些低落。而且外出时得带伞，很不方便。我经常把伞忘在外面，所以绝对不买贵的伞。

雨が嫌いで、雨の日になると気分が少し落ち込む。外出するときも傘が必要だから不便だし。よく傘を外に忘れてしまうから、高価な傘は絶対に買わない。

Wǒ tǎoyàn yǔtiān, yí dào xiàyǔtiān, qíngxù jiù huì yǒuxiē dīluò. Érqiě wàichū shí děi dài sǎn, hěn bù fāngbiàn. Wǒ jīngcháng bǎ sǎn wàngzài wàimiàn, suǒyǐ juéduì bù mǎi guì de sǎn.

词语	备忘录
<u>低落　dīluò：気が滅入る、落ち込む</u>	
紫外线　zǐwàixiàn：紫外線	
雨衣　yǔyī：レインコート	
潮湿　cháoshī：ジメジメする	
晾衣服　liàng yīfu：洗濯物を干す	
晒黑　shài hēi：日焼けする	

Q.068

[   ]

你将来有没有什么想挑战的事情?

将来何かチャレンジしたいことはある?

Nǐ jiānglái yǒu méiyou shénme xiǎng tiǎozhàn de shìqing?

A.
_____

_____

_____

例

我以前很喜欢弹吉他，一直梦想着组一个乐队，但这个梦想到现在还没实现。虽然现在很忙，但总有一天我一定要实现这个梦想。

昔はギターを弾くのが大好きで、ずっとバンドを組むのが夢だったけど、その夢はいまだに実現してない。今は忙しいけど、いつの日か必ずこの夢を叶えたい。

Wǒ yǐqián hěn xǐhuan tán jítā, yìzhí mèngxiǎngzhe zǔ yí ge yuèduì, dàn zhège mèngxiǎng dào xiànzài hái méi shíxiàn. Suīrán xiànzài hěn máng, dàn zǒng yǒu yì tiān wǒ yídìng yào shíxiàn zhège mèngxiǎng.

词语

总有一天 zǒng yǒu yì tiān：いつか
人生目标 rénshēng mùbiāo：人生の目標
将来 jiānglái：将来
跳舞 tiào//wǔ：ダンスをする
写书 xiě shū：本を書く
学外语 xué wàiyǔ：外国語を学ぶ

备忘录

现在几点?

今、何時?

Xiànzài jǐ diǎn?

A.

___

___

___

例

现在11点40分，快到中午休息的时间了。我今天睡过头了，8点半才起床，没吃早饭就出门了，现在饿得不得了。午饭吃什么好呢?

今11時40分で、もうすぐお昼休憩の時間。今日は寝坊して8時半に起きて、朝ご飯も食べずに出かけたから、今めちゃくちゃお腹が空いてる。お昼ご飯は何を食べようかな?

Xiànzài shíyī diǎn sìshí fēn, kuài dào zhōngwǔ xiūxi de shíjiān le. Wǒ jīntiān shuìguòtóu le, bā diǎn bàn cái qǐchuáng, méi chī zǎofàn jiù chūmén le, xiànzài ède bùdéliǎo. Wǔfàn chī shénme hǎo ne?

词语	备忘录
快~了 kuài ~ le：もうすぐ~	
已经 yǐjing：すでに	
早上 zǎoshang：朝	
晚上 wǎnshang：夜	
半夜 bànyè：夜中	
整天 zhěngtiān：一日中	

Q.070

你是乐观主义者还是悲观主义者？

自分は楽観的な人間、それとも悲観的な人間？

Nǐ shì lèguān zhǔyìzhě háishi bēiguān zhǔyìzhě?

A.

_____

_____

例

我觉得我是乐观主义者。当然，遇到困难或不愉快的事时，我也会情绪低落，但我总是这样想："总会过去的，一切都会好起来的。"

楽観主義者だと思う。もちろん、困ったことや不快なことがあったときは落ち込むこともあるけど、いつも「いつか過ぎ去って、すべてが良くなる」と考えている。

Wǒ juéde wǒ shì lèguān zhǔyìzhě. Dāngrán, yùdào kùnnan huò bù yúkuài de shì shí, wǒ yě huì qíngxù dīluò, dàn wǒ zǒngshì zhèyàng xiǎng:"zǒng huì guòqu de, yíqiè dōu huì hǎoqilai de."

词语	备忘录
闷闷不乐 mènmèn-búlè：憂鬱だ	
克服困难 kèfú kùnnan：困難を乗り越える	
完美主义 wánměi zhǔyì：完璧主義	
正能量 zhèng néngliàng：ポジティブな考え	
负能量 fù néngliàng：ネガティブな考え	
计较 jìjiào：損得勘定する、細かいことを気にする	

[ ]

你记性好吗？

記憶力はいいほう？

Nǐ jìxing hǎo ma?

A.

_____

_____

_____

例

我记性很差。每次跟朋友聊天聊到以前的事情，我基本上什么都不记得。我很羡慕和好奇为什么大家都能把往事记得那么清楚。

記憶力は全然良くない。友達としゃべっていて昔の話になると、いつも私はほとんど何も覚えてないの。どうしてみんな昔のことをそんなにはっきりと覚えていられるのか、羨ましいし不思議にも思う。

Wǒ jìxing hěn chà. Měi cì gēn péngyou liáotiān liáodào yǐqián de shìqing, wǒ jīběnshang shénme dōu bú jìde. Wǒ hěn xiànmù hé hàoqí wèi shénme dàjiā dōu néng bǎ wǎngshì jìde nàme qīngchu.

词语

记性 jìxing：記憶力
清楚 qīngchu：はっきりとしている
想不起来 xiǎngbuqǐlái：思い出せない
记不住 jìbuzhù：覚えられない
便利贴 biànlìtiē：付箋
一干二净 yī gān èr jìng：きれいさっぱり

备忘录

. . [   ]

你现在有什么担心的事情吗?

今、心配事はある?

Nǐ xiànzài yǒu shénme dānxīn de shìqing ma?

A.

_____

_____

_____

例

我担心老后的生活。据说以后养老金会越来越少,光是养老金没法生活。为了将来,我也许应该投资,但问题是我根本无资可投。

老後の生活が心配。これからどんどん年金が減っていって、年金だけでは生活できなくなるというし、将来のためには投資すべきかもしれない。問題は投資できる資金がないってことなんだけどね。

Wǒ dānxīn lǎo hòu de shēnghuó. Jùshuō yǐhòu yǎnglǎojīn huì yuè lái yuè shǎo, guāng shì yǎnglǎojīn méi fǎ shēnghuó. Wèile jiānglái, wǒ yěxǔ yīnggāi tóuzī, dàn wèntí shì wǒ gēnběn wú zī kě tóu.

词语	备忘录
养老金 yǎnglǎojīn:年金	
光 guāng:ただ、だけ	
成绩 chéngjì:成績	
体检 tǐjiǎn:健康診断	
保险 bǎoxiǎn:保険	
失业 shī//yè:失業する	

[   ]

你有没有想改掉的坏毛病？

直したい癖はある？

Nǐ yǒu méiyou xiǎng gǎidiào de huài máobing?

A.
_____

_____

_____

例

我想改掉熬夜的坏习惯。尝试过很多次都失败。我只要一早睡，虽然会早起，但是下午就会犯困，忍不住会睡一小觉，晚上就又精神了。

夜更かししてしまうのを直したい。何度も治そうとしたけどいつも失敗。早く寝れば早起きはするけど、午後には眠くなってしまって、我慢できずに少し寝ると夜にはまた目が冴えてるんだよね。

Wǒ xiǎng gǎidiào áoyè de huài xíguàn. Chángshìguo hěn duō cì dōu shībài. Wǒ zhǐyào yì zǎo shuì, suīrán huì zǎo qǐ, dànshì xiàwǔ jiù huì fànkùn, rěnbuzhù huì shuì yì xiǎo jiào, wǎnshang jiù yòu jīngshen le.

词语	备忘录
毛病 máobing：癖、欠点	
精神 jīngshen：元気だ	
咬指甲 yǎo zhǐjia：爪を噛む	
拖延症 tuōyánzhèng：後回しにする癖	
缺点 quēdiǎn：欠点	
插嘴 chā//zuǐ：口を出す	

[ ]

你想换一个什么样的发型?

どんな髪型に変えたい?

Nǐ xiǎng huàn yí ge shénmeyàng de fàxíng?

A.

_____

_____

_____

例

我目前没有打算换发型。我每次都没有勇气换,一直都是留长发。我很羡慕那些经常换发型的人,希望自己什么时候也能挑战一下。

今のところ髪型を変える予定はない。いつも変える勇気がなくて、ずっとロングヘアにしてる。しょっちゅう髪型を変える人がうらやましいから、私もいつか挑戦できたらいいな。

Wǒ mùqián méiyou dǎsuan huàn fàxíng. Wǒ měi cì dōu méiyou yǒngqì huàn, yìzhí dōu shì liú chángfà. Wǒ hěn xiànmù nàxiē jīngcháng huàn fàxíng de rén, xīwàng zìjǐ shénme shíhou yě néng tiǎozhàn yíxià.

词语	备忘录
留长发 liú chángfà:ロングヘアにする	
短发 duǎnfà:ショートヘア	
烫发 tàng//fà:パーマをかける	
染发 rǎn//fà:髪を染める	
刘海 liúhǎi:前髪	
理发店 lǐfàdiàn:ヘアサロン	

Q.075

你喜欢山还是喜欢海?

山と海、どっちが好き?

Nǐ xǐhuan shān háishi xǐhuan hǎi?

A.

_____

_____

例

我喜欢去海边玩儿。看着宽阔的大海,我的心情也会开阔起来。我还非常喜欢听海浪的声音,在海边捡各种美丽的贝壳。

海へ遊びに行くのが好き。広い海を見ていると、自分の気持ちも朗らかになってくる。波の音を聞いたり、海辺できれいな貝殻を拾ったりするのもすごく好き。

Wǒ xǐhuan qù hǎibiān wánr. Kànzhe kuānkuò de dàhǎi, wǒ de xīnqíng yě huì kāikuòqilai. Wǒ hái fēicháng xǐhuan tīng hǎilàng de shēngyīn, zài hǎibiān jiǎn gè zhǒng měilì de bèiké.

词语		备忘录
宽阔	kuānkuò : 広々としている	
开阔	kāikuò : 明るい、朗らかだ	
贝壳	bèiké : 貝殻	
山路	shānlù : 山道	
爬山	pá//shān : 登山をする	
沙滩	shātān : 砂浜	

你明天打算干什么?

明日の予定は？

Nǐ míngtiān dǎsuan gàn shénme?

A.

_____

_____

例

我明天休息，所以打算睡到自然醒，然后做些我喜欢的事情，放松一下。可能会去逛逛书店或者去电影院看一场电影吧。

明日は休みだから、好きなだけ寝て、あとは好きなことをしてリラックスする予定。本屋さんでぶらぶらするか、映画館に映画を観に行くかな。

Wǒ míngtiān xiūxi, suǒyǐ dǎsuan shuìdào zìrán xǐng, ránhòu zuò xiē wǒ xǐhuan de shìqing, fàngsōng yíxià. Kěnéng huì qù guàngguang shūdiàn huòzhě qù diànyǐngyuàn kàn yì chǎng diànyǐng ba.

词语	备忘录
上课 shàng//kè：授業に出る	
下班 xià//bān：退勤する	
做菜 zuò//cài：料理をする	
遛狗 liù//gǒu：イヌの散歩をする	
医院 yīyuàn：病院	
银行 yínháng：銀行	

你小时候的梦想是什么？

小さい頃の夢は何だった？

Nǐ xiǎoshíhou de mèngxiǎng shì shénme?

A.
___
___
___

例

我小时候喜欢画画儿，所以当时梦想成为一名漫画家。长大之后发现这个想法太天真了，当漫画家太难了，我还是乖乖的做忠实的读者吧。

小さい頃は絵を描くのが好きだったから、当時は漫画家になるのが夢だった。大きくなってからその考えが甘すぎたことに気づいたけど。漫画家になるのは難しすぎるから、やっぱりおとなしく忠実な読者でいよう。

Wǒ xiǎoshíhou xǐhuan huà huàr, suǒyǐ dāngshí mèngxiǎng chéngwéi yì míng mànhuàjiā . Zhǎngdà zhīhòu fāxiàn zhège xiǎngfǎ tài tiānzhēn le, dāng mànhuàjiā tài nán le, wǒ háishi guāiguāi de zuò zhōngshí de dúzhě ba.

词语

乖 guāi：賢くおとなしい
兽医 shòuyī：獣医
设计师 shèjìshī：デザイナー
护士 hùshi：看護師
医生 yīshēng：医者
公司职员 gōngsī zhíyuán：会社員

备忘录

Q.078

[ ]

说说你的黑历史。

あなたの黒歴史を教えて。

Shuōshuo nǐ de hēi lìshǐ.

A.

___

___

例

我以前酒品很差，喝醉后经常做一些糟糕的事情，第二天想起来后悔莫及。具体要说是什么糟糕的事，我实在不好意思写在这里。

昔は酒癖が悪くて、酔っぱらってよくひどいことをしては翌日に思い出して後悔してたな。具体的にどんなひどいことかと言うのは、とてもじゃないけどここには書けないや。

Wǒ yǐqián jiǔpǐn hěn chà, hēzuì hòu jīngcháng zuò yìxiē zāogāo de shìqing, dì èr tiān xiǎngqilai hòuhuǐ mòjí. Jùtǐ yào shuō shì shénme zāogāo de shì, wǒ shízài bù hǎoyìsi xiězài zhèli.

词语	备忘录
酒品 jiǔpǐn：酒癖	
中二病 zhōng'èrbìng：中二病	
日记 rìjì：日記	
写诗 xiě shī：詩を書く	
年轻 niánqīng：若い	
打扮 dǎban：おしゃれをする	

最近发生过令你感到无语的事吗?

最近呆れたことはある?

Zuìjìn fāshēngguo lìng nǐ gǎndào wú yǔ de shì ma?

A.

_____

_____

_____

例

最近遇见一位出租车司机，开车很鲁莽，老是急刹车，然后整个过程当中一直都在聊一些艺人的八卦，令我感到很无语……

最近出会ったタクシーの運転手が、運転は荒いし急ブレーキは多いし、道中ずっと芸能人のゴシップを話してるしで、呆れてものも言えなかった……。

Zuìjìn yùjiàn yí wèi chūzūchē sījī, kāi chē hěn lǔmǎng, lǎoshi jíshāchē, ránhòu zhěnggè guòchéng dāngzhōng yìzhí dōu zài liáo yìxiē yìrén de bāguà, lìng wǒ gǎndào hěn wúyǔ……

词语	备忘录
鲁莽　lǔmǎng：無謀な、軽率な	
急刹车　jíshāchē：急ブレーキをかける	
八卦　bāguà：ゴシップ	
讨厌　tǎo//yàn：嫌いだ	
自恋　zìliàn：ナルシスト	
酒鬼　jiǔguǐ：飲んべえ	

Q.080

你有烦恼的时候会听谁的意见?

悩みがあるとき、誰の意見を聞く?

Nǐ yǒu fánnǎo de shíhou huì tīng shéi de yìjian?

A.

例

我会尽量听各种人的意见，但是只是作参考。听完不同角度的意见之后，给自己一些思考的时间，最后还是需要自己来解决。

なるべくいろんな人の意見を聞くけど、参考にする程度にしている。異なる角度からの意見を聞いたあとは、少し考える時間をとって、最終的には自分で解決しないとね。

Wǒ huì jìnliàng tīng gè zhǒng rén de yìjiàn, dànshì zhǐshì zuò cānkǎo. Tīngwán bù tóng jiǎodù de yìjiàn zhīhòu, gěi zìjǐ yìxiē sīkǎo de shíjiān, zuìhòu háishi xūyào zìjǐ lái jiějué.

词语	备忘录
保密 bǎo//mì：秘密にする	
专家 zhuānjiā：専門家	
担心 dān//xīn：心配する	
直言 zhíyán：率直に言う	
请教 qǐngjiào：教えを請う	
亲人 qīnrén：身内	

. . [ ]

如果可以随便选，你最想住在哪里？

もし自由に選べるとしたら、どこに住みたい？

Rúguǒ kěyǐ suíbiàn xuǎn, nǐ zuì xiǎng zhùzài nǎli?

A.

_____

_____

_____

例

我会选择瑞士。听说瑞士是人类生活水平最高的国家之一，医疗、教育、收入等方面的条件都很高。很想尝试一下在这样的环境里生活。

スイスを選ぶかな。聞くところによると、スイスの人の生活水準の高さは世界トップクラスで、医療や教育、収入などの条件がどれも良いらしい。そういう環境で生活してみたいな。

Wǒ huì xuǎnzé Ruìshì. Tīngshuō Ruìshì shì rénlèi shēnghuó shuǐpíng zuì gāo de guójiā zhī yī, yīliáo, jiàoyù, shōurù děng fāngmiàn de tiáojiàn dōu hěn gāo. Hěn xiǎng chángshì yíxià zài zhèyàng de huánjìng li shēnghuó.

词语	备忘录
瑞士 Ruìshì：スイス	
环境 huánjìng：環境	
纽约 Niǔyuē：ニューヨーク	
农村 nóngcūn：田舎	
周围 zhōuwéi：周囲	
故乡 gùxiāng：故郷	

你买过的最满意的东西是什么?

買って良かったと思ったものは何?

Nǐ mǎiguo de zuì mǎnyì de dōngxi shì shénme?

A.

_____

_____

例

我去年买了一个双肩包，这个包是真皮的，手感特别好，背起来非常舒服，也非常好用。虽然价格有点儿贵，但我十分满意。

去年リュックを買ったんだけど、本革で手触りがすごく良くて、背負い心地もいいしすごく使いやすい。
値段は少し高かったけど、かなり満足してる。

Wǒ qùnián mǎile yí ge shuāngjiānbāo, zhège bāo shì zhēnpí de, shǒugǎn tèbié hǎo, bēiqilai fēicháng
shūfu, yě fēicháng hǎo yòng. Suīrán jiàgé yǒudiǎnr guì, dàn wǒ shífēn mǎnyì.

词语	备忘录
值得 zhíde：～する価値がある	
便宜 piányi：安い	
网购 wǎnggòu：ネットショッピングする	
可爱 kě'ài：かわいい	
家电 jiādiàn：家電	
名牌 míngpái：有名ブランド	

Q.083

———— • • [ ]

冬天必备的东西都有什么?

あなたの冬の必需品を教えて。

Dōngtiān bìbèi de dōngxi dōu yǒu shénme?

A. _____

_____

_____

例

冬天必备的是暖气和加湿器。每天一回到家就会打开暖气,暖气用的时间长的话,房间里就会很干燥,所以要同时使用加湿器。

冬に必須なのは暖房と加湿器。毎日帰宅したらすぐに暖房をつけて、使用時間が長くなると部屋が乾燥するから、加湿器も同時につける。

Dōngtiān bìbèi de shì nuǎnqì hé jiāshīqì. Měi tiān yì huídào jiā jiù huì dǎkāi nuǎnqì, nuǎnqì yòng de shíjiān cháng dehuà, fángjiān li jiù huì hěn gānzào, suǒyǐ yào tóngshí shǐyòng jiāshīqì.

词语	备忘录
暖气 nuǎnqì:暖房	
袜子 wàzi:靴下	
围巾 wéijīn:マフラー	
手套 shǒutào:手袋	
耳套 ěrtào:耳あて	
大衣 dàyī:コート	

你听过中文歌曲吗?

中国語の曲を聞いたことはある?

Nǐ tīngguo Zhōngwén gēqǔ ma?

A.

_____

_____

_____

例

我很喜欢听中文歌曲，尤其喜欢听周杰伦和周深的歌。我去过周杰伦的演唱会，他的演唱会精彩极了，现在想起来也很兴奋。

中国語の歌を聞くのは大好きで、特に周杰倫と周深の歌が好き。周杰倫のコンサートに行ったことがあるけど、彼のコンサートは本当に素晴らしい。今思い出しても興奮するくらいだ。

Wǒ hěn xǐhuan tīng Zhōngwén gēqǔ, yóuqí xǐhuan tīng Zhōu Jiélún hé Zhōu Shēn de gē. Wǒ qùguo Zhōu Jiélún de yǎnchànghuì, tā de yǎnchànghuì jīngcǎi jíle, xiànzài xiǎngqilai yě hěn xīngfèn.

词语	备忘录
没听过 méi tīngguo：聞いたことがない	
好听 hǎotīng：耳に心地良い	
治愈 zhìyù：癒す	
片头曲 piàntóuqǔ：オープニング曲	
片尾曲 piànwěiqǔ：エンディング曲	
粤语歌 Yuèyǔ gē：広東語の歌	

最近有什么让你感动的事情吗?

最近、感動したことはある?

Zuìjìn yǒu shénme ràng nǐ gǎndòng de shìqing ma?

A.

_____

_____

_____

例

最近看了棒球世界锦标赛,日本时隔14年夺冠。决赛的最后即将分出胜负的场面,仿佛就像电影的一个场景。胜利的瞬间令我非常感动。

最近野球のWBCを見て、日本が14年ぶりに優勝した。決勝戦のラスト、勝敗を分ける場面は、まるで映画のワンシーンみたいだったな。勝利の瞬間は本当に感動した。

Zuìjìn kànle bàngqiú shìjiè jǐnbiāosài, Rìběn shí gé shísì nián duóguàn. Juésài de zuìhòu jíjiāng fēnchū shèngfù de chǎngmiàn, fǎngfú jiù xiàng diànyǐng de yí ge chǎngjǐng. Shènglì de shùnjiān lìng wǒ fēicháng gǎndòng.

词语		备忘录
时隔	shí gé:~ぶりに	
夺冠	duó//guàn:優勝する	
演讲	yǎnjiǎng:スピーチ	
流泪	liú//lèi:涙を流す	
鼓掌	gǔ//zhǎng:拍手する	
故事	gùshi:物語	

到目前为止，最让你开心的礼物是什么？

今までにもらって、一番嬉しかったプレゼントは？

Dào mùqián wéizhǐ, zuì ràng nǐ kāixīn de lǐwù shì shénme?

A.

___

例

我收到过最开心的礼物，应该是我很喜欢的一个歌手的演唱会票。当时又惊喜又感动，印象很深刻，是一个很幸福的体验。

今までで一番嬉しかったプレゼントは、大好きな歌手のコンサートチケットかな。その時の嬉しさと感動はすごく思い出深い。幸せな体験だったなぁ。

Wǒ shōudàoguo zuì kāixīn de lǐwù, yīnggāi shì wǒ hěn xǐhuan de yí ge gēshǒu de yǎnchànghuì piào. Dāngshí yòu jīngxǐ yòu gǎndòng, yìnxiàng hěn shēnkè, shì yí ge hěn xìngfú de tǐyàn.

词语

惊喜 jīngxǐ：驚き喜ぶ、サプライズ
钱包 qiánbāo：財布
首饰 shǒushi：アクセサリー
耳环 ěrhuán：イヤリング
圣诞节 Shèngdànjié：クリスマス
乐高 Lègāo：レゴブロック

备忘录

你擅长整理吗?

片付けは得意？

Nǐ shàncháng zhěnglǐ ma?

A.

_____

_____

_____

例

我挺擅长整理的，但是我不擅长维持。每次都是心血来潮一顿整理，然后过一段时间又会变乱。很想养成始终保持整洁的习惯。

片付けは結構得意だけど、維持するのが苦手。毎回ふと思い立って徹底的に片付けては、しばらくしたらまた散らかってる。きれいな状態を保てるようになりたい。

Wǒ tǐng shàncháng zhěnglǐ de, dànshì wǒ bú shàncháng wéichí. Měi cì dōu shì xīnxuè-láicháo yí dùn zhěnglǐ, ránhòu guò yí duàn shíjiān yòu huì biànluàn. Hěn xiǎng yǎngchéng shǐzhōng bǎochí zhěngjié de xíguàn.

词语	备忘录
心血来潮　xīnxuè-láicháo：ふと思い立つ	
垃圾　lājī：ゴミ	
断舍离　duànshělí：断捨離	
分类　fēnlèi：分類する	
吸尘器　xīchénqì：掃除機	
杂乱　záluàn：ごちゃごちゃしている	

你想对昨天的自己说句什么话?

昨日の自分に言ってあげたいことは？

Nǐ xiǎng duì zuótiān de zìjǐ shuō jù shénme huà?

A.
_____

_____

_____

例

"别玩儿手机了，早点儿睡觉吧！"如果能提醒昨天的自己，我几乎每天都会说同样的话。真想早点儿改掉这个坏习惯。

「スマホはやめて、早く寝なさい！」、もし昨日の自分に注意できるなら、ほぼ毎日同じことを言うだろうな。早くこの悪い習慣を直したいものだ。

"Bié wánr shǒujī le, zǎodiǎnr shuìjiào ba!" Rúguǒ néng tíxǐng zuótiān de zìjǐ, wǒ jīhū měi tiān dōu huì shuō tóngyàng de huà. Zhēn xiǎng zǎo diǎnr gǎidiào zhège huài xíguàn.

词语

厉害　lìhai：すごい

别忘了～　bié wàng le～：～を忘れないように

加油　jiā//yóu：応援する、頑張る

应该　yīnggāi：～するべきだ、～のはずだ

休息　xiūxi：休む

相信　xiāngxìn：信じる

备忘录

什么样的事情会令你内心感到最充实?

心が満たされるのはどんなとき？

Shénmeyàng de shìqing huì lìng nǐ nèixīn gǎndào zuì chōngshí?

A.

_____

_____

_____

例

当我完成了一项重要的工作或者实现了一个目标的时候，我内心会感到非常充实和满足。工作和目标越艰难就越有成就感。

重要な仕事を終わらせた時や目標を一つ実現できたときに、心が満たされて満足した気分になる。その仕事や目標が困難なものであればあるほど、達成感がある。

Dāng wǒ wánchéngle yí xiàng zhòngyào de gōngzuò huòzhě shíxiànle yí ge mùbiāo de shíhou, wǒ nèixīn huì gǎndào fēicháng chōngshí hé mǎnzú. Gōngzuò hé mùbiāo yuè jiānnán jiù yuè yǒu chéngjiùgǎn.

词语	备忘录
艰难 jiānnán：厳しい、耐え難い	
美术馆 měishùguǎn：美術館	
海边 hǎibiān：海辺	
散步 sàn//bù：散歩する	
宠物 chǒngwù：ペット	
做家务 zuò jiāwù：家事をする	

如果能变成透明人，你最想干什么？

もし透明人間になれるなら、何をしたい？

Rúguǒ néng biànchéng tòumíngrén, nǐ zuì xiǎng gàn shénme?

A.

_____

_____

例

如果我能变成透明人，我会跟踪我最讨厌的上司，把他做的坏事用手机录下来，然后传到社交网站上，让他身败名裂。(开玩笑)

もし透明人間になったら、大嫌いな上司の後をつけて、奴の悪事をスマホで撮って、SNSで拡散して地位も名誉も奪ってやる。(冗談、冗談)

Rúguǒ wǒ néng biànchéng tòumíngrén, wǒ huì gēnzōng wǒ zuì tǎoyàn de shàngsi, bǎ tā zuò de huàishì yòng shǒujī lùxiàlai, ránhòu chuándào shèjiāo wǎngzhàn shang, ràng tā shēnbài-míngliè.(kāi wánxiào)

词语	备忘录
跟踪 gēnzōng：後をつける	
录下来 lùxiàlai：録音する	
身败名裂 shēnbài-míngliè：地位も名誉も失う	
偷听 tōutīng：盗み聞きをする	
偷偷 tōutōu：こっそりと	
度过 dùguò：(時間を) 過ごす	

[ ]

你有几个LINE好友?

LINEの友達は何人いる?

Nǐ yǒu jǐ ge LINE hǎoyǒu?

A.
_____

_____

_____

例

我大概有四百多个LINE好友。最近跟工作方面的人也经常会用LINE联络，很方便但又很容易打扰到对方的私人时间。

LINEの友達は400人ちょっとぐらいいる。最近は仕事関係の人ともよくLINEで連絡を取っていて、便利だけどその分相手のプライベートな時間の邪魔にもなりやすい。

Wǒ dàgài yǒu sìbǎi duō ge LINE hǎoyǒu. Zuìjìn gēn gōngzuò fāngmiàn de rén yě jīngcháng huì yòng LINE liánluò, hěn fāngbiàn dàn yòu hěn róngyì dǎrǎodào duìfāng de sīrén shíjiān.

词语	备忘录
打扰 dǎrǎo：邪魔をする	

打扰 dǎrǎo：邪魔をする
发微信 fā Wēixìn：Wechat を送る
表情包 biǎoqíngbāo：スタンプ
已读不回 yǐdú bù huí：既読無視
群聊 qúnliáo：グループチャット
拉黑 lāhēi：(SNS などで) ブロックする

你是什么血型的?

血液型は？

Nǐ shì shénme xuèxíng de?

A.

_____

_____

_____

例

我的血型是Ａ型。听说日本人最多的是Ａ型，中国人最多的是Ｏ型。很多日本人认为血型跟性格有关，但中国人好像对星座更感兴趣。

血液型はＡ型。日本人に一番多いのはＡ型で、中国人に一番多いのはＯ型らしい。日本人は血液型は性格と関係があると思っている人が多いけど、中国人は星座にもっと興味がありそう。

Wǒ de xuèxíng shì A xíng. Tīngshuō Rìběnrén zuì duō de shì A xíng, Zhōngguórén zuì duō de shì O xíng. Hěn duō Rìběnrén rènwéi xuèxíng gēn xìnggé yǒuguān, dàn Zhōngguórén hǎoxiàng duì xīngzuò gèng gǎn xìngqù.

词语	备忘录
有关　yǒuguān：関係がある	
输血　shū//xuè：輸血する	
细心　xìxīn：注意深い、細かい	
检查　jiǎnchá：検査する	
自私　zìsī：自己中心的だ	
猜　cāi：推測する、あてる	

你染过头发吗？如果要染的话想染成什么颜色？

髪を染めたことはある？　染めるとしたらどんな色がいい？

Nǐ rǎnguo tóufa ma? Rúguǒ yào rǎn dehuà xiǎng rǎnchéng shénme yánsè?

A.
_____

_____

_____

例

我从上大学开始染发，一直都是染咖啡色。我觉得染发的好处是可以让自己更有自信，但坏处是会伤害头发，需要经常护理。

大学の頃から髪を染め始めて、ずっと茶色に染めてる。髪を染めることの良いところは、自分に自信を持てるようになることだと思う。ただ、髪が痛むのと頻繁にメンテナンスが必要になるのが難点だな。

Wǒ cóng shàng dàxué kāishǐ rǎnfà, yìzhí dōu shì rǎn kāfēisè. Wǒ juéde rǎnfà de hǎochù shì kěyǐ ràng zìjǐ gèng yǒu zìxìn, dàn huàichù shì huì shānghài tóufa, xūyào jīngcháng hùlǐ.

词语	备忘录
护理 hùlǐ：手入れをする	
发色 fàsè：髪色	
内层染 nèicéng rǎn：インナーカラー	
护发膏 hùfàgāo：トリートメント	
白发 báifà：白髪	
漂染 piǎorǎn：ブリーチして染める	

[ ]

感冒了应该怎么办?

風邪を引いたらどうするのがいい?

Gǎnmàole yīnggāi zěnme bàn?

A.

_____

_____

_____

例

感冒了应该好好儿休息，多喝热水，尽量避免接近他人防止传染。如果症状严重或长时间不好转的话，应该及时去医院看病。

風邪を引いたらしっかり休んで、お湯をたくさん飲んで、感染防止のために人と接するのをなるべく避けること。もし症状がひどかったりなかなか良くならなかったら、すぐに病院に行って診てもらうべき。

Gǎnmàole yīnggāi hǎohāor xiūxi, duō hē rèshuǐ, jǐnliàng bìmiǎn jiējìn tārén fángzhǐ chuánrǎn. Rúguǒ zhèngzhuàng yánzhòng huò cháng shíjiān bù hǎozhuǎn dehuà, yīnggāi jíshí qù yīyuàn kànbìng.

词语	备忘录
传染 chuánrǎn：伝染する、うつる	
及时 jíshí：すぐに、タイムリーに	
咳嗽 késou：咳をする	
没食欲 méi shíyù：食欲がない	
喝粥 hē zhōu：おかゆを食べる	
请假 qǐng//jià：休みを取る	

夏天你会怎么防暑?

夏の暑さ対策は？

Xiàtiān nǐ huì zěnme fángshǔ?

A.

例

我很怕热，夏天我一般都会待在空调房里尽量不出门。如果必须要出门的话，会戴帽子或者打太阳伞，多喝水防止中暑。

暑いのが苦手だから、夏はクーラーの効いた部屋にいるようにして、なるべく外出はしない。どうしても出かけなきゃいけない場合は、帽子をかぶるか日傘をさして、水をたくさん飲んで熱中症予防をする。

Wǒ hěn pà rè, xiàtiān wǒ yìbān dōu huì dāizài kōngtiáofáng li jǐnliàng bù chūmén. Rúguǒ bìxū yào chūmén dehuà huì dài màozi huòzhě dǎ tàiyángsǎn, duō hē shuǐ fángzhǐ zhòngshǔ.

词语

游泳池 yóuyǒngchí：プール
防晒霜 fángshàishuāng：日焼け止めクリーム
避暑 bì//shǔ：避暑する
凉快 liángkuai：涼しい
电风扇 diànfēngshàn：扇風機
冰镇 bīngzhèn：(食べ物や飲み物などを) 氷などで冷やす

备忘录

Q.096

[　　]

你有什么喜欢收集的东西吗?

何か集めているものはある?

Nǐ yǒu shénme xǐhuan shōují de dōngxi ma?

A.

例

我买了很多中文参考书，但大多数没有认真读过，只是买了就感到满足，然后就放在一边了。也许我买书只是为了收藏吧。

中国語の参考書をたくさん買ったけど、大多数はまじめに読んでなくて、買っただけで満足してその辺に置いてある。コレクションするためだけに本を買っているのかも。

Wǒ mǎile hěn duō Zhōngwén cānkǎoshū, dàn dàduōshù méiyou rènzhēn dúguo, zhǐshì mǎile jiù gǎndào mǎnzú, ránhòu jiù fàngzài yìbiān le. Yěxǔ wǒ mǎi shū zhǐshì wèile shōucáng ba.

词语	备忘录
手办 shǒubàn：フィギュア	
扭蛋 niǔdàn：カプセルトイ（ガチャガチャ）	
展示架 zhǎnshìjià：ディスプレイラック	
海报 hǎibào：ポスター	
摆在～ bǎizài～：～に並べる	
挂在～ guàzài～：～に掛ける	

说说你讨厌做的家务。

嫌いな家事を全部教えて。

Shuōshuo nǐ tǎoyàn zuò de jiāwù?

A.

_____

_____

_____

例

我喜欢做菜，但讨厌洗盘子。我喜欢晾衣服，但讨厌叠衣服。每个人都有擅长和不擅长的事，所以家务应该全家人一起分担。

料理するのは好きだけど、皿を洗うのが嫌い。洗濯物を干すのは好きだけど、畳むのは嫌い。人にはそれぞれ得意不得意があるから、家事は家族みんなで分担すべき。

Wǒ xǐhuan zuòcài, dàn tǎoyàn xǐ pánzi. Wǒ xǐhuan liàng yīfu, dàn tǎoyàn dié yīfu. Měi ge rén dōu yǒu shàncháng hé bú shàncháng de shì, suǒyǐ jiāwù yīnggāi quánjiā rén yìqǐ fēndān.

词语

叠衣服 dié yīfu：服をたたむ
打扫卫生 dǎsǎo wèishēng：掃除する
倒垃圾 dào lājī：ゴミを出す
擦桌子 cā zhuōzi：テーブルを拭く
擦地 cā dì：床を拭く
铺床单 pū chuángdān：シーツを敷く

备忘录

你喜欢的甜点是什么?

好きなスイーツは何？

Nǐ xǐhuan de tiándiǎn shì shénme?

A.
_____

_____

_____

例

我最喜欢吃冰淇淋，一年四季都吃。特别喜欢冬天坐在暖气前，穿着厚厚的毛衣吃冰淇淋的感觉。实在太幸福、太享受了。

アイスクリームが一番好きで、季節問わず一年中食べる。冬に暖房の前に座って、分厚いセーターを着てアイスを食べる感じが格別に好き。本当に幸せすぎる。

Wǒ zuì xǐhuan chī bīngqílín, yì nián sìjì dōu chī. Tèbié xǐhuan dōngtiān zuòzài nuǎnqì qián, chuānzhe hòuhòu de máoyī chī bīngqílín de gǎnjué. Shízài tài xìngfú, tài xiǎngshòu le.

词语	备忘录
布丁　bùdīng：プリン	
饼干　bǐnggān：クッキー	
甜甜圈　tiántiánquān：ドーナツ	
泡芙　pàofú：シュークリーム	
蛋挞　dàntà：エッグタルト	
提拉米苏　tílāmǐsū：ティラミス	

Q.099

. . [ ]

你小时候是什么样的孩子?

どんな子供だった?

Nǐ xiǎoshíhou shì shénmeyàng de háizi?

A.

_____

_____

_____

例

我小时候性格很活泼，很爱说话，是一个天不怕、地不怕的孩子。长大后，活泼的性格没怎么变，就是胆子变小了很多。

小さい頃は活発な性格で、おしゃべり好きな怖いもの知らずの子供だった。大きくなっても活発な性格はあまり変わってないけど、度胸はなくなっちゃったな。

Wǒ xiǎoshíhou xìnggé hěn huópo, hěn ài shuōhuà, shì yí ge tiān bú pà, dì bú pà de háizi. Zhǎngdà hòu, huópo de xìnggé méi zěnme biàn, jiùshì dǎnzi biànxiǎole hěn duō.

词语	备忘录
活泼 huópo：活発だ	
胆子 dǎnzi：度胸	
不爱说话 bú ài shuōhuà：無口だ	
急性子 jíxìngzi：せっかち	
胆小鬼 dǎnxiǎoguǐ：臆病者	
淘气 táo//qì：わんぱくだ、やんちゃだ	

[   ]

今天天气怎么样？

今日の天気は？

Jīntiān tiānqì zěnmeyàng?

A.

_____

_____

_____

例

今天晴天，不冷也不热，阳光晒在身上舒服极了。这么好的天气可不应该待在家里，即使没什么事做也出去散散步吧。

今日は晴れてて、寒すぎず暑すぎず、日光を浴びると本当に気持ちがいい。こんないい天気の日は家にいるべきじゃないから、特に用事はないけど散歩に出かけよう。

Jīntiān qíngtiān, bù lěng yě bú rè, yángguāng shàizài shēn shang shūfu jíle. Zhème hǎo de tiānqì kě bù yīnggāi dāizài jiā li, jíshǐ méi shénme shì zuò yě chūqu sànsanbù ba.

词语	备忘录
阴天　yīntiān：曇り	
晴转阴　qíng zhuǎn yīn：晴れのち曇り	
下雨　xià yǔ：雨が降る	
闷热　mēnrè：蒸し暑い	
刮风　guā fēng：風が吹く	
风大　fēng dà：風が強い	

你觉得大人和小孩的区别是什么?

大人と子供の違いは何だと思う?

Nǐ juéde dàrén hé xiǎoháir de qūbié shì shénme?

A.

———————————————————————

———————————————————————

例

我觉得最大的是生理上的区别。大人通常已经发育成熟，而小孩儿还处于发育阶段。心理上也有区别，但是我觉得现在的孩子精神年龄都很高。

最大の違いは生理的なところにあるんじゃないかな。大人はだいたいすでに発育が終わって成熟してるけど、子供はまだ発育段階にある。心理的な違いもあるけど、最近の子供はみんな精神年齢が高いと思う。

Wǒ juéde zuì dà de shì shēnglǐ shang de qūbié. Dàrén tōngcháng yǐjīng fāyù chéngshú, ér xiǎoháir hái chǔyú fāyù jiēduàn. Xīnlǐ shang yě yǒu qūbié, dànshì wǒ juéde xiànzài de háizi jīngshén niánlíng dōu hěn gāo.

词语	备忘录
阶段 jiēduàn：段階	
差不多 chàbuduō：あまり変わらない	
想法 xiǎngfǎ：考え方	
负责任 fù zérèn：責任を負う	
好奇心 hàoqíxīn：好奇心	
经验 jīngyàn：経験	

你有每周都要买的东西吗?

每週買うものはある?

Nǐ yǒu měi zhōu dōu yào mǎi de dōngxi ma?

A.

_____

_____

_____

例

我每周都会去超市买菜。自从自己开始做饭以后就喜欢上了逛超市。我发现我不能饿着肚子去买菜，看到什么都想吃，每次都会买太多。

毎週スーパーで買い物をしてる。自分で料理をするようになってから、スーパーに行くのが好きになったな。空腹で買い物しちゃダメだってことがわかった。目に入るもの何でも食べたくなって、買いすぎちゃうから。

Wǒ měi zhōu dōu huì qù chāoshì mǎi cài. Zìcóng zìjǐ kāishǐ zuò fàn yǐhòu jiù xǐhuanshàngle guàng chāoshì. Wǒ fāxiàn wǒ bù néng èzhe dùzi qù mǎi cài, kàndào shénme dōu xiǎng chī, měi cì dōu huì mǎi tài duō.

词语	备忘录
肉铺 ròupù：肉屋、精肉店	
面包 miànbāo：パン	
卫生纸 wèishēngzhǐ：トイレットペーパー	
西红柿 xīhóngshì：トマト	
牛奶 niúnǎi：牛乳	
麦片 màipiàn：オートミール	

除了中文以外，还想学什么语言？

中国語以外に習ってみたい言語は？

Chúle Zhōngwén yǐwài, hái xiǎng xué shénme yǔyán?

A.

_____

_____

_____

例

除了中文以外，我还想学韩语。我喜欢听韩国的流行歌曲，韩国电影和电视剧也很有意思。不过，同时学习两种语言可能有点儿难吧……

中国語のほかに、韓国語も勉強したい。K-POPを聞くのが好きだし、韓国映画やドラマも面白いし。でも、同時に2つの言語を学ぶのはちょっと難しいかもしれないね……。

Chúle Zhōngwén yǐwài, wǒ hái xiǎng xué Hányǔ. Wǒ xǐhuan tīng Hánguó de liúxíng gēqǔ, Hánguó diànyǐng hé diànshìjù yě hěn yǒuyìsi. Búguò, tóngshí xuéxí liǎng zhǒng yǔyán kěnéng yǒudiǎnr nán ba……

词语	备忘录
韩语　Hányǔ：韓国語	
西班牙语　Xībānyáyǔ：スペイン語	
德语　Déyǔ：ドイツ語	
葡萄牙语　Pútáoyáyǔ：ポルトガル語	
越南语　Yuènányǔ：ベトナム語	
阿拉伯语　Ālābóyǔ：アラビア語	

Q.104 ．　．　[　　]

你最喜欢的电影是什么？

一番好きな映画は？

Nǐ zuì xǐhuan de diànyǐng shì shénme?

A.

_____

_____

例

我很喜欢东野圭吾的作品，尤其是《嫌疑人X的献身》。这个电影我看了很多遍，不但内容有意思，演员们的演技也十分精彩。

東野圭吾の作品、特に『容疑者Xの献身』が大好き。この映画は何度も見たけど、内容が面白いだけじゃなく、役者たちの演技も本当に素晴らしい。

Wǒ hěn xǐhuan Dōngyě Guīwú de zuòpǐn, yóuqí shì《Xiányírén X de Xiànshēn》. Zhège diànyǐng wǒ kànle hěn duō biàn, búdàn nèiróng yǒuyìsi, yǎnyuánmen de yǎnjì yě shífēn jīngcǎi.

词语

导演　dǎoyǎn：監督
真人版　zhēnrénbǎn：実写版
剧本　jùběn：脚本
打戏　dǎxì：アクション
反派　fǎnpài：悪役
英雄　yīngxióng：ヒーロー

备忘录

. . [ ]

你喜欢的名言是什么?

好きな名言は?

Nǐ xǐhuan de míngyán shì shénme?

A.
_____

_____

_____

例

漫画《宇宙兄弟》中有这样一句台词："我的敌人往往就是我自己。"确实，人一生中会遇到很多困难，但最大的困难就是战胜自己。

漫画『宇宙兄弟』にこんなセリフがある。「俺の敵はだいたい俺です」。たしかに人生には多くの苦難があるけれど、一番難しいのは自分に打ち勝つことだ。

Mànhuà 《Yǔzhòu Xiōngdì》 zhōng yǒu zhèyàng yí jù táicí :"Wǒ de dírén wǎngwǎng jiù shì wǒ zìjǐ." quèshí, rén yìshēng zhōng huì yùdào hěn duō kùnnan, dàn zuì dà de kùnnan jiù shì zhànshèng zìjǐ.

词语	备忘录
鼓励 gǔlì：励ます	
说服力 shuōfúlì：説得力	
打动 dǎdòng：心を揺さぶる	
座右铭 zuòyòumíng：座右の銘	
经典 jīngdiǎn：定番の、名作の	
启示 qǐshì：啓発する	

. . [ ]

你最想见哪个历史人物？

歴史上の人物で会いたい人は？

Nǐ zuì xiǎng jiàn nǎge lìshǐ rénwù?

A.

例

我最想见诸葛亮。我想听他讲我们不知道的三国时代的故事，然后希望他能够留在现代，做我的个人军师，这样我就无敌了！

一番会いたいのは諸葛亮。知られざる三国志の物語を彼から聞きたいし、現代に残って私の個人的な軍師になってほしい。そしたらもう無敵だ！

Wǒ zuì xiǎng jiàn Zhūgě Liàng. Wǒ xiǎng tīng tā jiǎng wǒmen bù zhīdào de Sānguó Shídài de gùshi, ránhòu xīwàng tā nénggòu liúzài xiàndài, zuò wǒ de gèrén jūnshī, zhèyàng wǒ jiù wúdí le!

词语

孔子　Kǒngzǐ：孔子
岳飞　Yuè Fēi：岳飛
克利奥帕特拉　Kèlì'àopàtèlā：クレオパトラ
达芬奇　Dá Fēnqí：ダ・ヴィンチ
爱迪生　Àidíshēng：エジソン
坂本龙马　Bǎnběn Lóngmǎ：坂本龍馬

备忘录

[ ]

你最近哭过吗?

最近、泣いた？

Nǐ zuìjìn kūguo ma?

A.
_____

_____

_____

例

我最近看了一部很感人的连续剧哭了。我觉得我自己是一个不怎么爱哭的人，但是随着年龄的增加，我比以前更容易被感动流泪了。

最近感動的なドラマを見て泣いた。自分は涙もろくないタイプだと思うけど、歳を重ねるにつれて、感動して涙を流すことが以前より増えたと思う。

Wǒ zuìjìn kànle yí bù hěn gǎnrén de liánxùjù kū le. Wǒ juéde wǒ zìjǐ shì yí ge bù zěnme ài kū de rén, dànshì suízhe niánlíng de zēngjiā, wǒ bǐ yǐqián gèng róngyì bèi gǎndòng liúlèi le.

词语	备忘录
不怎么～ bù zěnme～：あまり～でない	
随着 suízhe：～につれて、～とともに	
可怜 kělián：かわいそう	
哇哇大哭 wāwā dà kū：大声で泣く	
委屈 wěiqu：不満である、くやしい、やりきれない	
感动 gǎndòng：感動する	

. . [ ]

有没有令你难忘的一天?

忘れられない一日はある？

Yǒu méiyou lìng nǐ nánwàng de yì tiān?

A.

例

几年前去中国张家界旅游，看到了很多从未见过的美景，感受到了无尽的自由和冒险，那是我人生中最充实和难忘的一天之一。

数年前に中国の張家界に旅行に行って、見たことないような美しい景色をたくさん見て、無限に広がる自由とワクワクを感じた。あれは人生で最も充実した忘れられない一日に入るなぁ。

Jǐ nián qián qù Zhōngguó Zhāngjiājiè lǚyóu, kàndàole hěn duō cóng wèi jiànguo de měijǐng, gǎnshòudàole wújìn de zìyóu hé màoxiǎn, nà shì wǒ rénshēng zhōng zuì chōngshí hé nánwàng de yì tiān zhī yī.

词语

从未 cóng wèi：これまで～したことがない
冒险 mào//xiǎn：冒険的だ、冒険する
成人节 Chéngrénjié：成人の日
表白 biǎobái：告白する
求婚 qiú//hūn：プロポーズする
生孩子 shēng háizi：子供を産む

备忘录

Q.109

_____ . _____ . [ ]

你去过中国吗?

中国に行ったことはある?

Nǐ qùguo Zhōngguó ma?

A.

_____

_____

_____

例

我第一次去中国是十多年前，那时我去了北京。后来我还去过上海和厦门，这些城市都各有特色，给我留下了很深的印象。

初めて中国に行ったのは10年以上前で、そのときは北京に行った。その後、上海とアモイにも行ったけど、どの都市もそれぞれの特色があり、すごく印象深い。

Wǒ dì yī cì qù Zhōngguó shì shí duō nián qián, nà shí wǒ qùle Běijīng. Hòulái wǒ hái qùguo Shànghǎi hé Xiàmén, zhèxiē chéngshì dōu gè yǒu tèsè, gěi wǒ liúxiàle hěn shēn de yìnxiàng.

词语	备忘录
圣地巡礼 shèngdì xúnlǐ：聖地巡礼	
探访 tànfǎng：取材する、訪問する	
高铁 gāotiě：高速鉄道	
大连 Dàlián：大連	
苏州 Sūzhōu：蘇州	
出差 chū//chāi：出張する	

看到红色，你会联想到什么?

赤い色から連想することは何？

Kàndào hóngsè, nǐ huì liánxiǎng dào shénme?

A.

_____

_____

_____

例

看到红色会联想到中国。中国的国旗是红色。除此之外，在中国红色代表喜庆和好运，所以中国的春节和婚礼等很多场合都会用红色。

赤色を見ると中国を連想する。国旗が赤色だし、中国では赤は慶事や幸運を代表する色でもあるから、中国の春節や結婚式などいろんな場面で赤色が使われる。

Kàndào hóngsè huì liánxiǎngdào Zhōngguó. Zhōngguó de guóqí shì hóngsè. Chú cǐ zhīwài, zài Zhōngguó hóngsè dàibiǎo xǐqìng hé hǎoyùn, suǒyǐ Zhōngguó de Chūnjié hé hūnlǐ děng hěn duō chǎnghé dōu huì yòng hóngsè.

词语

联想　liánxiǎng：連想する
喜庆　xǐqìng：慶事、お祝い
夕阳　xīyáng：夕日
热情　rèqíng：情熱
旗袍　qípáo：チャイナドレス
消防车　xiāofángchē：消防車

备忘录

. . [ ]

从你家到最近的车站大概要走多长时间？

家から最寄りの駅まで歩いて何分？

Cóng nǐ jiā dào zuì jìn de chēzhàn dàgài yào zǒu duōcháng shíjiān?

A. _____

_____

_____

例

我家离车站比较远，大约要走十五分钟，而且是坡路，下班回家时上坡很累。我想搬家，搬到离车站近一点儿的地方。

うちは駅から遠くて、徒歩で約15分かかる上に坂道なので、仕事帰りに坂を登るのが疲れる。もう少し駅に近い場所に引っ越したいな。

Wǒ jiā lí chēzhàn bǐjiào yuǎn, dàyuē yào zǒu shíwǔ fēnzhōng, érqiě shì pōlù, xiàbān huí jiā shí shàng pō hěn lèi. Wǒ xiǎng bānjiā, bāndào lí chēzhàn jìn yìdiǎnr de dìfang.

词语	备忘录
分钟　fēnzhōng：～分、～分間	
坡路　pōlù：坂道	
骑自行车　qí zìxíngchē：自転車に乗る	
地铁站　dìtiězhàn：地下鉄の駅	
只需要～　zhǐ xūyào～：～しかかからない	
半天　bàntiān：長い時間	

[   ]

你吃东西吃得快吗？

食べるのは速いほう？

Nǐ chī dōngxi chīde kuài ma?

A.

_____

_____

_____

例

我吃得比较慢。跟别人一起吃饭时，总是我最后一个吃完。其实我觉得我吃得并不太慢，是别人吃得太快了吧？吃得太快对消化不好哦！

食べるのは遅いほう。誰かと食事をするときは、いつも自分が最後に食べ終わる。実は自分が食べるの遅いとは思わないんだけど。他の人が速すぎるのでは？　早食いは消化に良くないよ！

Wǒ chīde bǐjiào màn. Gēn biéren yìqǐ chī fàn shí, zǒngshì wǒ zuìhòu yí ge chīwán. Qíshí wǒ juéde wǒ chīde bìng bú tài màn, shì biéren chīde tài kuài le ba? Chīde tài kuài duì xiāohuà bù hǎo o!

词语

狼吞虎咽 lángtūn-hǔyàn：がつがつ食べる

没时间 méi shíjiān：時間がない

着急 zháo//jí：焦る

慢慢 mànmàn：ゆっくりと

嚼 jiáo：かむ、咀嚼する

匆忙 cōngmáng：あわただしい

备忘录

. . [　　]

你有喜欢的文具吗?

お気に入りの文房具はある?

Nǐ yǒu xǐhuan de wénjù ma?

A.
_____

_____

_____

例

我小时候很喜欢收集橡皮和自动铅笔，当时学校里很流行。长大以后也喜欢逛文具店，看到各种有创意的文具不由自主地就会买。

小さい頃は消しゴムとシャーペンを集めるのが好きで、当時学校ですごく流行ってた。大人になってからも文房具屋さんを見るのが好きで、数々の創意工夫された文房具を見るとついつい買ってしまう。

Wǒ xiǎoshíhou hěn xǐhuan shōují xiàngpí hé zìdòng qiānbǐ, dāngshí xuéxiào li hěn liúxíng. Zhǎngdà yǐhòu yě xǐhuān guàng wénjùdiàn, kàndào gè zhǒng yǒu chuàngyì de wénjù bùyóuzìzhǔ de jiù huì mǎi.

词语

不由自主 bùyóuzìzhǔ：思わず、ついつい
笔记本 bǐjìběn：ノート
铅笔盒 qiānbǐhé：ペンケース
订书机 dìngshūjī：ホチキス
文件夹 wénjiànjiā：ファイル
彩笔 cǎibǐ：色鉛筆

备忘录

如果你一个人去无人岛，会带什么东西去呢？

無人島に行くなら、何を持って行く？

Rúguǒ nǐ yí ge rén qù wúréndǎo, huì dài shénme dōngxi qù ne?

A.
_____

_____

_____

例

应该是生存所需的各种工具吧。比如多用途的瑞士军刀，能够制造淡水的器具等。另外，如果可以的话，我想带自己喜欢的人一起去！

生きるために必要な道具でしょ。例えば多機能なスイス・アーミーナイフとか、水を製造できる器具とか。あとは、できれば好きな人を連れて一緒に行きたい！

Yīnggāi shì shēngcún suǒ xū de gè zhǒng gōngjù ba. Bǐrú duō yòngtú de Ruìshì jūndāo, nénggòu zhìzào dànshuǐ de qìjù děng. Lìngwài, rúguǒ kěyǐ dehuà, wǒ xiǎng dài zìjǐ xǐhuan de rén yìqǐ qù!

词语	备忘录
好用 hǎo yòng：使いやすい	
取暖 qǔnuǎn：暖をとる	
帐篷 zhàngpeng：テント	
捕鱼 bǔ yú：魚をとる	
木筏 mùfá：いかだ	
泳衣 yǒngyī：水着	

Q.115

你是认生的人还是善于社交的人?

人見知りする？ それとも社交的？

Nǐ shì rènshēng de rén háishi shànyú shèjiāo de rén?

A.

例

我觉得自己善于社交。我比较擅长让对方开口说话。即使对方不爱说话，我也会找一些对方可能感兴趣的话题，避免沉默的尴尬。

社交的だと思う。相手に話をさせることが得意かな。たとえ相手が無口でも、興味を持ちそうな話題を探して、気まずい沈黙にならないようにする。

Wǒ juéde zìjǐ shànyú shèjiāo. Wǒ bǐjiào shàncháng ràng duìfāng kāikǒu shuōhuà. Jíshǐ duìfāng bú ài shuō huà, wǒ yě huì zhǎo yìxiē duìfāng kěnéng gǎn xìngqù de huàtí, bìmiǎn chénmò de gāngà.

词语	备忘录
善于 shànyú：～が堪能だ、得意だ	
熟悉 shúxī：よく知っている	
陌生 mòshēng：よく知らない	
自来熟 zìláishú：親しみやすい、気さくな	
话不多 huà bù duō：あまり喋らない	
打招呼 dǎ zhāohu：挨拶をする	

有没有令你难忘的老师?

忘れられない先生はいる?

Yǒu méiyou lìng nǐ nánwàng de lǎoshī?

A.

_____

_____

_____

例

我初中的数学老师说话很幽默，他讲课像脱口秀一样，经常把大家逗得哈哈大笑。学生们都喜欢上他的课，自然数学成绩也都很好。

中学の数学の先生がすごくユーモアのある人だったな。授業がまるでトークショーのようで、よくみんなを大笑いさせてた。生徒たちはみんな彼の授業が好きになって、自然と数学の成績もみんな良かった。

Wǒ chūzhōng de shùxué lǎoshī shuōhuà hěn yōumò, tā jiǎngkè xiàng tuōkǒuxiù yíyàng, jīngcháng bǎ dàjiā dòude hāhā dà xiào. Xuéshengmen dōu xǐhuanshàng tā de kè, zìrán shùxué chéngjì yě dōu hěn hǎo.

词语	备忘录
逗 dòu：人を笑わせる	
风格 fēnggé：スタイル、気質	
人品 rénpǐn：人柄	
受欢迎 shòu huānyíng：人気がある	
严格 yángé：厳しい	
语文 yǔwén：国語	

你经常欣赏话剧和音乐剧吗？

演劇やミュージカルはよく見るほう？

Nǐ jīngcháng xīnshǎng huàjù hé yīnyuèjù ma?

A.

_____

_____

_____

例

我偶尔会去。我觉得话剧和音乐剧的魅力是现场表演很有代入感，能够给观众带来强烈的视觉和听觉体验，对剧情产生共鸣。

たまに行くかな。演劇やミュージカルの魅力は、生パフォーマンスで感情移入しやすく、観客に視覚的にも聴覚的にも強く訴えかけることで、物語への共感を呼ぶところにあると思う。

Wǒ ǒu'ěr huì qù. Wǒ juéde huàjù hé yīnyuèjù de mèilì shì xiànchǎng biǎoyǎn hěn yǒu dàirùgǎn, nénggòu gěi guānzhòng dàilai qiángliè de shìjué hé tīngjué tǐyàn, duì jùqíng chǎnshēng gòngmíng.

词语	备忘录
代入感 dàirùgǎn：感情移入	
共鸣 gòngmíng：共感する	
演出 yǎnchū：公演	
抢票 qiǎng piào：チケットの争奪戦に参加する	
剧场 jùchǎng：劇場	
巡演 xúnyǎn：ツアー	

. . [ ]

你上学的时候最喜欢哪门课？

学生時代、好きだった科目は？

Nǐ shàngxué de shíhou zuì xǐhuan nǎ mén kè?

A. _____

_____

_____

例

我最喜欢上英语课。我觉得英语的发音很好听，而且用外语跟外国人交流非常愉快。不过学习语法有点儿枯燥，我不太喜欢。

英語の授業が一番好きだった。英語は発音がすごくきれいだし、しかも外国語で外国人と交流するのもとても楽しいと思う。でも文法の勉強はちょっと退屈で、あまり好きじゃないな。

Wǒ zuì xǐhuanshang Yīngyǔ kè. Wǒ juéde Yīngyǔ de fāyīn hěn hǎotīng, érqiě yòng wàiyǔ gēn wàiguórén jiāoliú fēicháng yúkuài. Búguò xuéxí yǔfǎ yǒudiǎnr kūzào, wǒ bú tài xǐhuan.

词语

枯燥 kūzào：つまらない、単調だ
擅长 shàncháng：得意とする
感兴趣 gǎn xìngqù：興味がある
期末考试 qīmò kǎoshì：期末試験
文科 wénkē：文系
理科 lǐkē：理系

备忘录

你会怎么度过乘坐飞机的时间?

飛行機の中ではどうやって過ごす?

Nǐ huì zěnme dùguo chéngzuò fēijī de shíjiān?

A.
_____

_____

_____

例

我坐飞机的机会不太多，所以我会好好儿欣赏平时看不到的天空的景色。如果飞行时间比较长的话，我会通过看电影什么的来打发时间。

飛行機に乗る機会があまり多くないから、普段見ることのできない空の景色をじっくり楽しむかな。飛行時間が長かったら、映画を見たりして時間をつぶす。

Wǒ zuò fēijī de jīhui bú tài duō, suǒyǐ wǒ huì hǎohāor xīnshǎng píngshí kànbudào de tiānkōng de jǐngsè. Rúguǒ fēixíng shíjiān bǐjiào cháng dehuà, wǒ huì tōngguò kàn diànyǐng shénmede lái dǎfa shíjiān.

词语	备忘录
欣赏 xīnshǎng：楽しむ、堪能する	
打发时间 dǎfa shíjiān：時間をつぶす	
飞机餐 fēijīcān：機内食	
看书 kàn shū：本を読む	
戴耳机 dài ěrjī：イヤホンをする	
看资料 kàn zīliào：資料を読む	

你为什么学习中文?

なぜ中国語を勉強しているの?
Nǐ wèi shénme xuéxí Zhōngwén?

A.
_____

_____

_____

例

我喜欢看中国的电视连续剧，我是肖战和王一博的粉丝。我还喜欢听中文歌，我觉得中文的发音很好听，所以我决定开始学习中文。

中国の連続ドラマが好きで、肖戦と王一博のファンだし、中国の歌を聞くのも好き。中国語の発音がすごくきれいだと思ったから、中国語の勉強を始めることにした。

Wǒ xǐhuan kàn Zhōngguó de diànshì liánxùjù, wǒ shì Xiāo Zhàn hé Wáng Yībó de fěnsī. Wǒ hái xǐhuan tīng Zhōngwén gē, wǒ juéde Zhōngwén de fāyīn hěn hǎotīng, suǒyǐ wǒ juédìng kāishǐ xuéxí Zhōngwén.

词语

唐诗 tángshī : 唐詩
交朋友 jiāo péngyou : 友達を作る
去留学 qù liúxué : 留学に行く
学语言 xué yǔyán : 語学を学ぶ
唱歌 chàng gē : 歌を歌う
之所以 zhīsuǒyǐ : なぜ〜したかと言うと

备忘录

十年后你觉得你会在哪里，在做什么?

10年後、どこで何してると思う?

Shí nián hòu nǐ juéde nǐ huì zài nǎli, nǐ zài zuò shénme?

A.

_____

_____

_____

例

我不喜欢现在的公司，我打算换工作。十年后，我可能会在另一家公司工作，说不定还会去中国生活。总之，我一定要改变现状。

今の会社が好きじゃないから、転職するつもり。10年後は別の会社で働いているかもしれないし、中国に行って生活するのもありえるね。とにかく絶対に現状は変えたい。

Wǒ bù xǐhuan xiànzài de gōngsī, wǒ dǎsuan huàn gōngzuò. Shí nián hòu, wǒ kěnéng huì zài lìng yì jiā gōngsī gōngzuò, shuōbudìng hái huì qù Zhōngguó shēnghuó. Zǒngzhī, wǒ yídìng yào gǎibiàn xiànzhuàng.

词语

打算 dǎsuàn：～するつもりだ
希望 xīwàng：望む
做生意 zuò shēngyi：商売をする
估计 gūjì：見通しをつける、おそらく
去国外 qù guówài：外国へ行く
从事 cóngshì：携わる

备忘录

[   ]   ·   ·   [   ]

你搬过几次家?

何回引っ越したことがある?

Nǐ bānguo jǐ cì jiā?

A.

_____

_____

_____

例

我搬过六次家。虽然每次搬家都很费事，还要花不少钱，但我喜欢换新的环境。一说到这个话题，我又想搬家了。

引っ越しは6回したことある。引っ越しは毎回大変だしお金もかかるけど、環境を変えるのは好き。この話をしてたら、また引っ越したくなってきた。

Wǒ bānguo liù cì jiā. Suīrán měi cì bānjiā dōu hěn fèishì, hái yào huā bùshǎo qián, dàn wǒ xǐhuan huàn xīn de huánjìng. Yì shuōdào zhège huàtí, wǒ yòu xiǎng bānjiā le.

词语

费事 fèi//shì：手間がかかる
好几次 hǎojǐ cì：何度も
找房子 zhǎo fángzi：家探しをする
扔东西 rēng dōngxi：ものを捨てる
搬家公司 bānjiā gōngsī：引っ越し業者
租金 zūjīn：賃借料、家賃

备忘录

有没有什么事情会让你感到害怕？

何か怖いものはある？

Yǒu méiyou shénme shìqing huì ràng nǐ gǎndào hàipà?

A.
_____

_____

_____

例

我害怕坐飞机。我一上飞机就会很紧张，特别是遇到乱气流，飞机颠簸的时候。好希望能够克服这一点，因为我很喜欢旅游。

飛行機に乗るのが怖くて、飛行機の中だとすごく緊張する。特に乱気流に遭遇した時とか、機体が上下に揺れるときとか。旅行が好きだから、本当に克服したい。

Wǒ hàipà zuò fēijī. Wǒ yí shàng fēijī jiù huì hěn jǐnzhāng, tèbié shì yùdào luànqìliú, fēijī diānbǒ de shíhou. Hǎo xīwàng nénggòu kèfú zhè yì diǎn, yīnwei wǒ hěn xǐhuan lǚyóu.

词语

颠簸 diānbǒ：上下に揺れる
黑暗 hēi'àn：暗い
恐高症 kǒnggāozhèng：高所恐怖症
生病 shēng//bìng：病気になる
打雷 dǎ//léi：雷が鳴る
蟑螂 zhāngláng：ゴキブリ

备忘录

Q.124

[   ]

如果有时光机，你会选择回到过去还是去未来?

タイムマシンがあったら過去に行く? 未来に行く?

Rúguǒ yǒu shíguāngjī, nǐ huì xuǎnzé huídào guòqù háishi qù wèilái?

A.

_____

_____

_____

例

人生中总会有遗憾和后悔的事，所以，如果真的有时光机的话，我想回到过去，改正所有的错误，修正自己的人生轨道。

人生には悲しみと後悔はつきものだから、もしタイムマシンがあったら、過去に行きたい。今までの失敗を正して、人生のルートを修正する。

Rénshēng zhōng zǒng huì yǒu yíhàn hé hòuhuǐ de shì, suǒyǐ, rúguǒ zhēn de yǒu shíguāngjī dehuà, wǒ xiǎng huídào guòqù, gǎizhèng suǒyǒu de cuòwù, xiūzhèng zìjǐ de rénshēng guǐdào.

词语

遗憾　yíhàn：残念だ、無念だ
不可预料　bùkě-yùliào：予測できない
童年　tóngnián：幼少期
珍惜　zhēnxī：大切にする
重来　chónglái：やり直す
时刻　shíkè：時刻、時間

备忘录

你想不想去太空旅行？

宇宙に行ってみたい？

Nǐ xiǎng bu xiǎng qù tàikōng lǚxíng?

A. _____

_____

_____

例

我很喜欢看星星，以前在山里宿营时看到的银河让我至今难忘。宇宙浩瀚无垠，充满神秘。如果可能的话，我一定要去宇宙看看。

星を見るのが好きで、前に山でキャンプをした時に見た天の川が忘れられないな。宇宙は無限に広がっていて神秘に満ちている。もしできるなら、いつか必ず宇宙に行って見てみたい。

Wǒ hěn xǐhuan kàn xīngxing, yǐqián zài shān li sùyíng shí kàndào de yínhé ràng wǒ zhìjīn nánwàng. Yǔzhòu hàohàn wúyín, chōngmǎn shénmì. Rúguǒ kěnéng dehuà, wǒ yídìng yào qù yǔzhòu kànkan.

词语

浩瀚无垠　hàohàn wúyín：広大で果てしない
火箭　huǒjiàn：ロケット
无重力　wúzhònglì：無重力
太空电梯　tàikōng diàntī：宇宙エレベーター
航天员　hángtiānyuán：宇宙飛行士
月亮　yuèliang：月

备忘录

日常生活中，你能为环保做些什么？

日常生活で環境のためにできることは？

Rìcháng shēnghuó zhōng, nǐ néng wèi huánbǎo zuò xiē shénme?

A.

_____

_____

例

去超市买东西的时候，我总是用自己的购物袋。还有，我尽量不使用一次性筷子和餐具。出门时自带水杯，尽量少购买塑料瓶装饮料。

スーパーに買い物に行くときは、いつもマイバッグを使っている。あと、使い捨ての箸や食器もなるべく使わないようにしたり、外出時はマイボトルを持って行って、ペットボトル飲料もなるべく買わないようにしている。

Qù chāoshì mǎi dōngxi de shíhou, wǒ zǒngshì yòng zìjǐ de gòuwùdài. Hái yǒu, wǒ jǐnliàng bù shǐyòng yícìxìng kuàizi hé cānjù. Chūmén shí zì dài shuǐbēi, jǐnliàng shǎo gòumǎi sùliàopíng zhuāng yǐnliào.

词语

一次性 yícìxìng：使い捨て
塑料袋 sùliàodài：ビニール袋
节水 jiéshuǐ：節水する
节电 jiédiàn：節電する
减排 jiǎnpái：（二酸化炭素などの）排出を減らす
垃圾分类 lājī fēnlèi：ゴミの分別

备忘录

Q.127 　　　　　　　　． 　． 　[　　]

你有没有人生目标?

人生の目標はある?

Nǐ yǒu méiyou rénshēng mùbiāo?

A.

_____

_____

_____

例

我的人生目标就是享受人生。我觉得我们的目标会随着人生阶段而改变，所以我想学会享受生活，接受生活的每一天。

人生の目標は、人生を楽しむこと。目標は人生のステージに沿って変わっていくものだと思うから、生活を楽しんで、毎日を受け入れることができたらいいな。

Wǒ de rénshēng mùbiāo jiù shì xiǎngshòu rénshēng. Wǒ juéde wǒmen de mùbiāo huì suízhe rénshēng jiēduàn ér gǎibiàn, suǒyǐ wǒ xiǎng xuéhuì xiǎngshòu shēnghuó, jiēshòu shēnghuó de měi yì tiān .

词语

接受　jiēshòu：受け入れる
笑容　xiàoróng：笑顔
升职　shēng//zhí：昇進する
企业家　qǐyèjiā：企業家
养老　yǎng//lǎo：老後を過ごす
满意　mǎnyì：満足する

备忘录

. . [ ]

你一个人生活过吗？

一人暮らしをしたことはある？

Nǐ yí ge rén shēnghuóguo ma?

A.

___

例

我上大学的时候一个人生活。一开始有点儿想家，但渐渐习惯了。一个人生活很自由，而且可以培养自己独立生活的能力。

大学の頃に一人暮らしをしてた。初めは少しホームシックになったけど、だんだん慣れた。一人暮らしは自由だし、自立して生活する能力も養われる。

Wǒ shàng dàxué de shíhou yí ge rén shēnghuó. Yì kāishǐ yǒudiǎnr xiǎngjiā, dàn jiànjiàn xíguàn le. Yí ge rén shēnghuó hěn zìyóu, érqiě kěyǐ péiyǎng zìjǐ dúlì shēnghuó de nénglì.

词语

电费 diànfèi：電気料金
水费 shuǐfèi：水道料金
寂寞 jìmò：寂しい
啃老族 kěnlǎozú：ニート
孤单 gūdān：孤独
房东 fángdōng：大家

备忘录

你一共去过多少国家?

今まで何力国に行ったことがある?

Nǐ yígòng qùguo duōshao guójiā?

A.

_____

_____

_____

例

我一共去过十五个国家。我很喜欢去国外接触不同的文化，跟当地人交流，拓展自己的视野和认知。这也是我学习外语的一个主要原因。

全部で15力国に行ったことがある。外国に行って異文化に触れたり、現地の人と交流したりして視野を広げるのが好き。それが外国語を学ぶ理由の一つでもある。

Wǒ yígòng qùguo shíwǔ ge guójiā. Wǒ hěn xǐhuan qù guówài jiēchù bù tóng de wénhuà, gēn dāngdìrén jiāoliú, tuòzhǎn zìjǐ de shìyě hé rènzhī. Zhè yě shì wǒ xuéxí wàiyǔ de yí ge zhǔyào yuányīn.

词语

拓展 tuòzhǎn : (視野を) 広げる
欧洲 Ōuzhōu : ヨーロッパ
非洲 Fēizhōu : アフリカ
南亚 Nán Yà : 南アジア
北美 Běi Měi : 北アメリカ
夏威夷 Xiàwēiyí : ハワイ

备忘录

[　　]

推荐一下你喜欢的漫画。

好きな漫画を教えて。

Tuījiàn yíxià nǐ xǐhuan de mànhuà.

A.
_____

_____

_____

例

我很喜欢《王者天下》，一部日本漫画讲述了中国春秋战国时期，秦始皇统一天下的历史故事。故事很精彩，每个角色也很深入人心。

『キングダム』が大好き。中国の春秋戦国時代を舞台に始皇帝の中華統一の歴史を描いた日本の漫画で、ストーリーがすごく面白いし、キャラクターもみんなすごく作り込まれていて魅力的。

Wǒ hěn xǐhuan《Wángzhě Tiānxià》, yí bù Rìběn mànhuà jiǎngshùle Zhōngguó Chūnqiū Zhànguó shíqī, Qínshǐhuáng tǒngyī tiānxià de lìshǐ gùshi. Gùshi hěn jīngcǎi, měi ge juésè yě hěn shēnrù rénxīn.

词语

《名侦探柯南》《Míngzhēntàn Kēnán》:『名探偵コナン』
《进击的巨人》《Jìnjī de Jùrén》:『進撃の巨人』
《龙珠》《Lóngzhū》:『ドラゴンボール』
《全职猎人》《Quánzhí Lièrén》:『HUNTER×HUNTER』
《间谍过家家》《Jiàndié Guò Jiājiā》:『SPY×FAMILY』
《龙猫》《Lóngmāo》:『となりのトトロ』

备忘录

. . [ ]

你被蜜蜂蛰过吗?

ハチに刺されたことはある?

Nǐ bèi mìfēng zhēguo ma?

A.

_____

_____

例

小时候被蜜蜂蛰过一次，被蛰的地方又红又肿，疼得要命。不过幸好只是一般的小蜜蜂，而不是马蜂之类的，所以很快就好了。

小さい頃に一度ハチに刺されたことがあって、刺されたところが赤く腫れて、とにかく痛かった。幸い普通の小さなハチで、スズメバチのようなハチではなかったから、すぐに治ったけどね。

Xiǎoshíhou bèi mìfēng zhēguo yí cì, bèi zhē de dìfang yòu hóng yòu zhǒng, téngde yàomìng. Búguò xìnghǎo zhǐshì yìbān de xiǎo mìfēng, ér bú shì mǎfēng zhīlèi de, suǒyǐ hěn kuài jiù hǎo le.

词语

蛰 zhē:（虫が）刺す
消肿 xiāo//zhǒng:腫れが引く
冰敷 bīngfū:氷で冷やす
药膏 yàogāo:塗り薬
蜂窝 fēngwō:ハチの巣
嗡嗡 wēngwēng:ブンブン（ハチが飛ぶ音）

备忘录

[   ]

你吃过最好吃的东西是什么?

今までで一番おいしかった食べ物は?

Nǐ chīguo zuì hǎochī de dōngxi shì shénme?

A.

_____

_____

_____

例

有很多，但是只能选一个的话是火锅。很喜欢跟朋友或家人围坐在一起吃，每个人可以根据自己的口味选择不同的食材和调味料。

たくさんあるけど、一つしか選べないとしたら火鍋かな。友達や家族と火鍋を囲んで食べるのがすごく好きで、それぞれが自分の好みに合わせて食材やタレを選べるのもいい。

Yǒu hěn duō, dànshì zhǐ néng xuǎn yí ge dehuà shì huǒguō. Hěn xǐhuan gēn péngyou huò jiārén wéizuò zài yìqǐ chī, měi ge rén kěyǐ gēnjù zìjǐ de kǒuwèi xuǎnzé bù tóng de shícái hé tiáowèiliào.

词语

鱼子酱 yúzǐjiàng：キャビア
石锅拌饭 shíguō bànfàn：石焼ビビンバ
广东菜 Guǎngdōngcài：広東料理
大闸蟹 dàzháxiè：上海ガニ
红豆饭 hóngdòufàn：赤飯
担担面 dàndànmiàn：担担麺

备忘录

你最近有没有熬夜？

最近徹夜したのはいつ？

Nǐ zuìjìn yǒu méiyou áoyè?

A. _____

_____

_____

例

我的上班时间很自由，不用早起，所以我几乎每天都熬夜。我知道熬夜对身体很不好，但是还是改不掉这个坏习惯。

仕事の時間が自由で、早起きしなくていいからほぼ毎日夜更かししてる。夜更かしや徹夜は体に悪いって分かってるけど、なかなかこの悪い習慣が抜けなくて。

Wǒ de shàngbān shíjiān hěn zìyóu, búyòng zǎo qǐ, suǒyǐ wǒ jīhū měi tiān dōu áoyè. Wǒ zhīdao áoyè duì shēntǐ hěn bù hǎo, dànshì háishi gǎibudiào zhège huài xíguàn.

词语

熬夜 áo//yè：徹夜する、夜更かしする
清醒 qīngxǐng：頭が冴える、すっきりする
黑眼圈 hēiyǎnquān：（目の下の）くま
天亮 tiān//liàng：夜が明ける
咖啡因 kāfēiyīn：カフェイン
早晨 zǎochen：早朝、朝

备忘录

你常去博物馆和美术馆吗？

美術館や博物館にはよく行く？

Nǐ cháng qù bówùguǎn hé měishùguǎn ma?

A.
_____

_____

_____

例

我偶尔会去。我觉得欣赏各种艺术品可以提高自己的文化修养和审美观。去博物馆和美术馆还可以放松心情，减轻压力，是一种享受。

たまに行くかな。いろんな芸術品を鑑賞することで、文化的な教養や審美眼が磨かれると思う。博物館や美術館に行くと心が落ち着くし、ストレスも軽減されて、贅沢な時間が過ごせる。

Wǒ ǒu'ěr huì qù. Wǒ juéde xīnshǎng gè zhǒng yìshùpǐn kěyǐ tígāo zìjǐ de wénhuà xiūyǎng hé shěnměiguān. Qù bówùguǎn hé měishùguǎn hái kěyǐ fàngsōng xīnqíng, jiǎnqīng yālì, shì yì zhǒng xiǎngshòu.

词语

修养　xiūyǎng：教養
展品　zhǎnpǐn：展示品
雕刻　diāokè：彫刻する
恐龙　kǒnglóng：恐竜
卢浮宫博物馆　Lúfúgōng Bówùguǎn：ルーブル美術館
大都会艺术博物馆　Dàdūhuì Yìshù Bówùguǎn：メトロポリタン美術館

备忘录

[　　]　.　　.　　[　　]

你是一个节省的人，还是爱花钱的人？

あなたは倹約家、それとも浪費家？

Nǐ shì yí ge jiéshěng de rén, háishi ài huā qián de rén?

A.
_____

_____

_____

例

我觉得我是一个比较爱花钱的人。因为我觉得钱就是一张纸，花出去了才有价值。我每次花钱的时候就会这样安慰我自己。

自分は浪費家なほうだと思う。お金はただの紙切れで、使ってこそ価値があると思うから。いつもお金を使うときはそうやって自分を慰めるの。

Wǒ juéde wǒ shì yí ge bǐjiào ài huā qián de rén. Yīnwei wǒ juéde qián jiù shì yì zhāng zhǐ, huāchuqule cái yǒu jiàzhí. Wǒ měi cì huā qián de shíhou jiù huì zhèyàng ānwèi wǒ zìjǐ.

词语

安慰 ānwèi：慰める
小气 xiǎoqi：ケチ
请客 qǐng//kè：ごちそうする
破费 pòfèi：散財する
花光 huāguāng：(お金を) 使い切る
二手 èrshǒu：中古の

备忘录

你有没有无论如何都不能舍弃的东西?

どうしても捨てられないものはある?

Nǐ yǒu méiyou wúlùn rúhé dōu bù néng shěqì de dōngxi?

A. _____

_____

_____

例

我一直保存着家人送给我的生日礼物。尤其是孩子小时候做的"按摩券",我一直都舍不得扔掉,放在一个盒子里像宝贝一样珍藏着。

家族がくれた誕生日プレゼントはずっととってある。特に子供が小さい頃にくれた「マッサージ券」はずっと捨てられなくて、箱に入れて宝物のように大切にしまってある。

Wǒ yìzhí bǎocúnzhe jiārén sònggěi wǒ de shēngrì lǐwù. Yóuqí shì háizi xiǎoshíhou zuò de "ànmóquàn", wǒ yìzhí dōu shěbude rēngdiào, fàngzài yí ge hézi li xiàng bǎobèi yíyàng zhēncángzhe.

词语	备忘录
怀念 huáiniàn:懐かしむ	
情书 qíngshū:ラブレター	
玩具 wánjù:おもちゃ	
纪念品 jìniànpǐn:記念品	
文件 wénjiàn:書類	
遗物 yíwù:形見	

你有驾照吗？如果有的话，你喜欢开车吗？

運転免許証を持ってる？　持ってるなら、運転は好き？

Nǐ yǒu jiàzhào ma? Rúguǒ yǒu dehuà, nǐ xǐhuan kāichē ma?

A.
_____

_____

_____

例

我有驾照，不过不太喜欢开车。我开车的技术不太好，而且常常走错路，所以开车的时候很紧张。我很羡慕能享受开车乐趣的人。

免許は持ってるけど、運転はあまり好きじゃない。私の運転技術はあまり良くないし、よく道を間違えるから、運転する時はすごく緊張する。運転の楽しさを味わえる人がうらやましいなぁ。

Wǒ yǒu jiàzhào, búguò bú tài xǐhuan kāichē. Wǒ kāichē de jìshù bú tài hǎo, érqiě chángcháng zǒucuò lù, suǒyǐ kāichē de shíhou hěn jǐnzhāng. Wǒ hěn xiànmù néng xiǎngshòu kāichē lèqù de rén.

词语

驾照　jiàzhào：運転免許証
路痴　lùchī：方向音痴
导航　dǎoháng：ナビゲーション
兜风　dōu//fēng：ドライブする
堵车　dǔ//chē：渋滞する
停车场　tíngchēchǎng：駐車場

备忘录

你最喜欢的便利店是哪一家？

一番好きなコンビニは？

Nǐ zuì xǐhuan de biànlìdiàn shì nǎ yì jiā?

A.

_____

_____

_____

例

其实我觉得哪家便利店都差不多，但我最喜欢 7-ELEVEN，因为那里的肉包子特别好吃，新商品 也好像比较多一些。

まぁどのコンビニも大差ないと思うけど、セブンイレブンが一番好きかな。肉まんがすごくおいしいし、新商品も多めな気がする。

Qíshí wǒ juéde nǎ jiā biànlìdiàn dōu chàbuduō, dàn wǒ zuì xǐhuan Qīyāoyāo, yīnwei nàli de ròu bāozi tèbié hǎochī, xīn shāngpǐn yě hǎoxiàng bǐjiào duō yìxiē.

词语

罗森 Luósēn：ローソン
全家 Quánjiā：ファミリーマート
甜品 tiánpǐn：スイーツ
关东煮 guāndōngzhǔ：おでん
复印机 fùyìnjī：コピー機
泡面 pàomiàn：インスタントラーメン

备忘录

你会游泳吗?

泳げる?

Nǐ huì yóuyǒng ma?

A.

——————————————————

——————————————————

例

我小时候有一次差点儿溺水，以后一直很怕水，所以到现在还不会游泳。我知道游泳是非常好的运动，但还是不敢游，真是太遗憾了。

子供の頃に溺れかけたことがあって、それからずっと水が怖いから、いまだに泳げない。水泳がすごくいい運動だってことは知ってるけど、やっぱり泳ぐ勇気はない。本当に残念だなぁ。

Wǒ xiǎoshíhou yǒu yí cì chàdiǎnr nìshuǐ, yǐhòu yìzhí hěn pà shuǐ, suǒyǐ dào xiànzài hái bú huì yóuyǒng. Wǒ zhīdao yóuyǒng shì fēicháng hǎo de yùndòng, dàn háishi bùgǎn yóu, zhēnshi tài yíhàn le.

词语

蝶泳 diéyǒng：バタフライ
蛙泳 wāyǒng：平泳ぎ
仰泳 yǎngyǒng：背泳ぎ
漂浮板 piāofúbǎn：ビート板
游泳圈 yóuyǒngquān：浮き輪
海滩 hǎitān：浜辺、ビーチ

备忘录

你爬过富士山吗?

富士山に登ったことはある？

Nǐ páguo Fùshìshān ma?

A.

_____

_____

例

我喜欢富士山，但其实我并没有爬过富士山。说实在的，我不太喜欢户外运动，所以比起爬山，我更喜欢从远处眺望富士山的美景。

富士山は好きだけど、実は登ったことはない。正直アウトドアなタイプではないから、登山するより遠くから美しい富士山を眺めるほうが好きだな。

Wǒ xǐhuan Fùshìshān, dàn qíshí wǒ bìng méiyou páguo Fùshìshān. Shuō shízài de, wǒ bú tài xǐhuan hùwài yùndòng, suǒyǐ bǐqǐ páshān, wǒ gèng xǐhuan cóng yuǎnchù tiàowàng Fùshìshān de měijǐng.

词语

眺望 tiàowàng：眺める
雄伟 xióngwěi：雄大だ
日出 rìchū：日の出
大巴 dàbā：大型バス
路线 lùxiàn：ルート
积雪 jīxuě：積雪

备忘录

. . [   ]

你理想中的假日是怎样过的?

理想の休日の過ごし方は?

Nǐ lǐxiǎng zhōng de jiàrì shì zěnyàng guò de?

A.

_____

_____

例

我理想中的假日是去一个我从来没有去过的地方，事先不做任何旅游攻略，随心所欲地玩儿。我觉得这种冒险的感觉很有意思。

理想の休日は、行ったことのない場所に行って、事前に旅行の計画も全く立てずに、気のおもむくままに遊ぶこと。冒険みたいですごく楽しそう。

Wǒ lǐxiǎng zhōng de jiàrì shì qù yí ge wǒ cónglái méiyou qùguo de dìfang, shìxiān bú zuò rènhé lǚyóu gōnglüè , suíxīnsuǒyù de wánr. Wǒ juéde zhè zhǒng màoxiǎn de gǎnjué hěn yǒu yìsi.

词语

假日 jiàrì：休日
做攻略 zuò gōnglüè：(旅行の) 計画を立てる
随心所欲 suíxīnsuǒyù：思うままにする
闲待着 xiándāizhe：(することがなく) ぼーっとする
泡澡 pào//zǎo：お風呂につかる
烧烤 shāokǎo：バーベキュー

备忘录

你中过彩票吗?

宝くじに当たったことはある?

Nǐ zhòngguo cǎipiào ma?

A.

_____

_____

_____

例

我以前买过几次彩票，但一次也没中过，后来就再也没买过。真羡慕那些中大奖的幸运者，可以一辈子不用工作就能生活。

以前何度か宝くじを買ったことはあるけど、一度も当たったことなくて、それからはもう買ってない。当選した幸運な人たちが本当にうらやましい。一生働かずに暮らせるじゃん。

Wǒ yǐqián mǎiguo jǐ cì cǎipiào, dàn yí cì yě méi zhòngguo, hòulái jiù zài yě méi mǎiguo. Zhēn xiànmù nàxiē zhòng dàjiǎng de xìngyùnzhě, kěyǐ yíbèizi búyòng gōngzuò jiù néng shēnghuó.

词语

彩票　cǎipiào：宝くじ
中奖　zhòng//jiǎng：くじに当たる
开奖　kāijiǎng：当選発表をする
运气　yùnqi：運
激动　jīdòng：興奮する、高ぶる
年底　niándǐ：年末

备忘录

你喜欢吃什么菜？

何料理が好き？

Nǐ xǐhuan chī shénme cài?

A.
_____

_____

_____

例

除了日本菜以外，我还喜欢吃中国菜、韩国菜和意大利菜等等。法国菜虽然很有名，但说实话，法国菜不太适合我的口味。

日本料理以外に、中国料理、韓国料理、イタリア料理なども好き。フランス料理はよく知られているけど、正直自分の口にはあまり合わないな。

Chúle rìběncài yǐwài, wǒ hái xǐhuan chī zhōngguócài, hánguócài hé yìdàlìcài děngděng. Fǎguócài suīrán hěn yǒumíng, dàn shuō shíhuà, fǎguócài bú tài shìhé wǒ de kǒuwèi.

词语

口味　kǒuwèi：味
忌口　jì//kǒu：（病気などで）特定の食べ物を避ける
油腻　yóunì：脂っこい
正宗　zhèngzōng：本場の
清淡　qīngdàn：あっさりしている
咸　xián：塩辛い

备忘录

・ ・ [ ]

你有没有想从事的职业？

やってみたい職業はある？

Nǐ yǒu méiyou xiǎng cóngshì de zhíyè?

A.

_____

_____

_____

例

我喜欢做菜，做得也还不错。别人吃我做的菜说好吃的时候，我特别高兴。所以我觉得自己适合当一个厨师，并且开一家餐馆。

料理を作るのが好きで、腕前も悪くないと思う。誰かが自分の作った料理を食べておいしいと言ってくると、すごく嬉しい。だから自分は料理人になってレストランを開くのに向いてる気がする。

Wǒ xǐhuan zuò cài, zuòde yě hái búcuò. Biéren chī wǒ zuò de cài shuō hǎochī de shíhou, wǒ tèbié gāoxìng. Suǒyǐ wǒ juéde zìjǐ shìhé dāng yí ge chúshī, bìngqiě kāi yì jiā cānguǎn.

词语

成为　chéngwéi：～になる
美甲师　měijiǎshī：ネイリスト
甜品师　tiánpǐnshī：パティシエ
推销员　tuīxiāoyuán：セールスマン
博主　bózhǔ：配信者、ブロガー
程序员　chéngxùyuán：プログラマー

备忘录

你露营过吗?

キャンプしたことはある?

Nǐ lùyíngguo ma?

A. _____

_____

_____

例

上大学的时候，我跟朋友去过几次。我们在野外搭起帐篷，点起篝火，看着美丽的星空一边烧烤一边聊天，玩儿得开心极了。

大学のとき、友達と何度か行ったことある。野外にテントを張って焚き火をしたり、美しい星空を見て、バーベキューをしながらおしゃべりをしたりして、めちゃくちゃ楽しかった。

Shàng dàxué de shíhou, wǒ gēn péngyou qùguo jǐ cì. Wǒmen zài yěwài dāqǐ zhàngpeng, diǎnqǐ gōuhuǒ, kànzhe měilì de xīngkōng yìbiān shāokǎo yìbiān liáotiān, wánrde kāixīn jíle.

词语

虫子 chóngzi : 虫
灯火 dēnghuǒ : 明かり
生火 shēng//huǒ : 火をおこす
湖边 húbiān : 湖のほとり
野花 yěhuā : 野生の花
烧水 shāo shuǐ : 湯を沸かす

备忘录

当你遇到困难的时候，会怎样控制情绪？

つらいときは、どうやって心を落ち着かせる？

Dāng nǐ yùdào kùnnan de shíhou, huì zěnyàng kòngzhì qíngxù?

A.

___

例

我首先会深呼吸，让自己冷静下来，然后从各种不同的角度看问题，寻找解决方案。同时我也会找我信任的人诉说，尽量释放压力。

まずは深呼吸して冷静になってから、違う角度から問題を見つめ直して、解決策を探す。同時に誰か信頼してる人に話して、溜め込まないようにもしてる。

Wǒ shǒuxiān huì shēnhūxī, ràng zìjǐ lěngjìngxiàlai, ránhòu cóng gè zhǒng bù tóng de jiǎodù kàn wèntí, xúnzhǎo jiějué fāng'àn. Tóngshí wǒ yě huì zhǎo wǒ xìnrèn de rén sùshuō, jǐnliàng shìfàng yālì.

词语		备忘录
诉说 sùshuō：(思いを込めて) 語る		
释放压力 shìfàng yālì：ストレスを発散する		
发牢骚 fā láosao：愚痴を言う		
跑步 pǎo//bù：ジョギングする		
见朋友 jiàn péngyou：友人に会う		
运动 yùndòng：スポーツ		

你喜欢跳舞吗?

踊るのは好き?

Nǐ xǐhuan tiàowǔ ma?

A.

_____

_____

_____

例

我节奏感差，运动神经也不强，所以跳舞对我来说简直是赶鸭子上架。不过我喜欢看别人跳舞，尤其是偶像天团边唱边跳，太酷了!

リズム感が悪いし運動神経も良くないから、自分にはダンスなんて無理難題。でも他の人のダンスを見るのは好きで、特に歌いながら踊るアイドルグループがかっこよすぎる!

Wǒ jiézòugǎn chà, yùndòng shénjīng yě bù qiáng, suǒyǐ tiàowǔ duì wǒ lái shuō jiǎnzhí shì gǎn yāzi shàng jià. Búguò wǒ xǐhuan kàn biéren tiàowǔ, yóuqí shì ǒuxiàng tiāntuán biān chàng biān tiào, tài kù le!

词语

赶鸭子上架　gǎn yāzi shàng jià：無理強いする
酷　kù：かっこいい
街舞　jiēwǔ：ストリートダンス
节奏感　jiézòugǎn：リズム感
芭蕾舞　bālěiwǔ：バレエ
广场舞　guǎngchǎngwǔ：広場等で行われる集団ダンス

备忘录

你去过哪些名胜古迹？

どんな名所旧跡を訪れたことがある？

Nǐ qùguo nǎxiē míngshèng gǔjì?

A.

_____

_____

_____

例

我去过埃及的金字塔、法国的埃菲尔铁塔等。中国的名胜古迹也去过不少，我最喜欢故宫，壮丽又神秘的建筑给我留下了很深的印象。

エジプトのピラミッド、フランスのエッフェル塔とかは行ったことある。中国の名所旧跡もたくさん行ったな。故宮が一番好きで、壮麗で神秘的な建物が印象的だった。

Wǒ qùguo Āijí de Jīnzìtǎ, Fǎguó de Āifēi'ěr Tiětǎ děng. Zhōngguó de míngshèng gǔjì yě qùguo bùshǎo, wǒ zuì xǐhuan Gùgōng, zhuànglì yòu shénmì de jiànzhù gěi wǒ liúxiàle hěn shēn de yìnxiàng.

词语

遗迹 yíjì：遺跡
坟墓 fénmù：墓
城墙 chéngqiáng：城壁
建筑 jiànzhù：建築物
参观 cānguān：見学する
兵马俑 Bīngmǎyǒng：兵馬俑

备忘录

你平时的睡姿是什么样的?

普段どんな姿勢で寝る?

Nǐ píngshí de shuìzī shì shénmeyàng de?

A.

_____

_____

_____

例

我一般是朝左侧着睡，这样觉得很踏实，能比较快地进入睡眠。另外，我睡不惯软枕头，用荞麦皮枕头才能睡好。

だいたい左を向いて横向きで寝てる。それがしっくりくるし、比較的早く眠れる気がする。あとは、柔らかい枕は慣れなくて、蕎麦殻の枕じゃないとよく眠れない。

Wǒ yìbān shì cháo zuǒ cèzhe shuì, zhèyàng juéde hěn tāshi, néng bǐjiào kuài de jìnrù shuìmián. Lìngwài, wǒ shuìbuguàn ruǎn zhěntou, yòng qiáomàipí zhěntou cái néng shuìhǎo.

词语

侧着睡　cèzhe shuì：横向きで寝る
枕头　zhěntou：枕
仰着睡　yǎngzhe shuì：仰向けに寝る
趴着睡　pāzhe shuì：うつ伏せで寝る
打呼噜　dǎ hūlu：いびきをかく
疲惫　píbèi：疲れ切っている

备忘录

[   ]

你有没有令你感到后悔的事情?

後悔していることはある?

Nǐ yǒu méiyou lìng nǐ gǎndào hòuhuǐ de shìqing?

A.
_____

_____

_____

例

小时候我跟一个朋友玩儿，他不小心摔倒把头碰出血了，我很害怕，没有帮他就逃走了。现在想起来也后悔得不得了，真对不起他……

子供の頃にある友達と遊んでいて、その子がうっかり転んで頭をぶつけて血が出た時に、怖くなって助けずに逃げてしまった。今思い出しても後悔しきりだ。本当に申し訳ないことをしたなぁ……。

Xiǎoshíhou wǒ gēn yí ge péngyou wánr, tā bù xiǎoxīn shuāidǎo bǎ tóu pèng chū xiě le, wǒ hěn hàipà, méiyou bāng tā jiù táozǒu le. Xiànzài xiǎngqǐlai yě hòuhuǐde bùdéliǎo, zhēn duìbuqǐ tā……

词语

放弃　fàngqì：放棄する
分手　fēn//shǒu：別れる
表达　biǎodá：(気持ちを) 表わす、伝える
浪费　làngfèi：浪費する
错过机会　cuòguò jīhuì：チャンスを逃す
一辈子　yíbèizi：一生

备忘录

Q.151

现在有没有什么想吃的东西?

今、何か食べたいものはある？

Xiànzài yǒu méiyou shénme xiǎng chī de dōngxi?

A.
_____

_____

_____

例

现在是晚上十二点，该睡觉了，可我现在很想吃一碗泡面。我知道现在吃泡面有害无益，但还是很想吃。我该怎么办?

今は夜12時。もう寝る時間だけど、無性にインスタントラーメンが食べたい。今ラーメンを食べるなんて、百害あって一利なしなのはわかってるけど、それでも食べたい。どうすべき？

Xiànzài shì wǎnshang shí'èr diǎn, gāi shuìjiào le, kě wǒ xiànzài hěn xiǎng chī yì wǎn pàomiàn. Wǒ zhīdao xiànzài chī pàomiàn yǒu hài wú yì, dàn háishi hěn xiǎng chī. Wǒ gāi zěnme bàn?

词语

豆沙　dòushā：あんこ、こしあん
果冻　guǒdòng：ゼリー
薯条　shǔtiáo：フライドポテト
零食　língshí：おやつ
卡路里　kǎlùlǐ：カロリー
巧克力　qiǎokèlì：チョコレート

备忘录

. . [ ]

你有兄弟姐妹吗？

きょうだいはいる？

Nǐ yǒu xiōngdì jiěmèi ma?

A.
_____

_____

_____

例

我有一个姐姐，她比我大四岁。我姐姐从小就对我非常好。现在我们住得很远，但我们经常用视频电话联系，逢年过节总是互送礼物。

4歳年上の姉が一人いて、小さい頃から本当によくしてくれた。今は遠くに住んでるけど、よくテレビ電話で連絡を取り合ってるし、新年やイベントごとのときにはいつもプレゼントを送りあってる。

Wǒ yǒu yí ge jiějie, tā bǐ wǒ dà sì suì. Wǒ jiějie cóng xiǎo jiù duì wǒ fēicháng hǎo. Xiànzài wǒmen zhùde hěn yuǎn, dàn wǒmen jīngcháng yòng shìpín diànhuà liánxì, féngnián-guòjié zǒngshì hù sòng lǐwù.

词语

独生子　dúshēngzǐ：（男性の）一人っ子
独生女　dúshēngnǚ：（女性の）一人っ子
老大　lǎodà：一番上の子供
老二　lǎo'èr：二番目の子供
老小　lǎoxiǎo：末っ子
吵架　chǎo//jià：口げんかする

备忘录

Q.153

——————————— · · [   ]

最近有没有经常去的地方？

最近よく行く所はある？

Zuìjìn yǒu méiyou jīngcháng qù de dìfang?

A.
_____

_____

_____

例

我经常去我家附近的书店，里面还有一家星巴克。我每次都会选三本书，然后在星巴克点一杯咖啡，边喝咖啡边看书。

家の近所の本屋さんによく行く。店内にスタバもあるから、いつも本を3冊選んで、スタバでコーヒーを一杯頼んで飲みながら読書してる。

Wǒ jīngcháng qù wǒ jiā fùjìn de shūdiàn, lǐmiàn hái yǒu yì jiā Xīngbākè. Wǒ měi cì dōu huì xuǎn sān běn shū, ránhòu zài Xīngbākè diǎn yì bēi kāfēi, biān hē kāfēi biān kàn shū.

词语

奥特莱斯　Àotèláisī：アウトレット
宜家　Yíjiā：イケア（IKEA）
开市客　Kāishìkè：コストコ（Costco）
回转寿司店　huízhuǎn shòusīdiàn：回転寿司店
宠物店　chǒngwùdiàn：ペットショップ
咖啡馆　kāfēiguǎn：喫茶店

备忘录

. . [   ]

你会弹什么乐器吗?

何か楽器を弾ける?

Nǐ huì tán shénme yuèqì ma?

A.

_____

_____

_____

例

我小时候学过钢琴，曾经练习过很多曲子，弹得还不错。上中学以后我就不弹钢琴了。很遗憾，我现在什么曲子都不会弹了。

小さい頃にピアノを習っていて、曲もたくさん練習したし、弾くのも結構上手だった。中学に上がってからはピアノは弾かなくなったな。残念ながら、今はどの曲も弾けなくなってしまった。

Wǒ xiǎoshíhou xuéguo gāngqín, céngjīng liànxíguo hěn duō qǔzi, tánde hái búcuò. Shàng zhōngxué yǐhòu wǒ jiù bù tán gāngqín le. Hěn yíhàn, wǒ xiànzài shénme qǔzi dōu bú huì tán le.

词语

拉小提琴　lā xiǎotíqín：バイオリンを弾く
打鼓　dǎ//gǔ：太鼓やドラムを叩く
吹长笛　chuī chángdí：フルートを吹く
弹吉他　tán jítā：ギターを弾く
曲子　qǔzi：曲
乐谱　yuèpǔ：楽譜

备忘录

你晕车吗?

車酔いをすることはある?

Nǐ yùnchē ma?

A.
_____

_____

_____

例

我小时候经常晕车，坐车出门时必须得吃晕车药。
现在基本上没问题了，不过坐着车看书或手机的时
候会有点儿难受。

子供の頃はよく車酔いをしてて、車で出かけるときは酔い止めを飲むのが必須だった。今は基本的には
大丈夫になったけど、車に乗りながら本や携帯を見るとちょっと気持ち悪くなる。

Wǒ xiǎoshíhou jīngcháng yùnchē, zuò chē chūmén shí bìxū děi chī yùnchē yào. Xiànzài jīběnshang méi
wèntí le, búguò zuòzhe chē kàn shū huò shǒujī de shíhou huì yǒudiǎnr nánshòu.

词语

吃药 chī//yào：薬を飲む
晕车药 yùnchē yào：酔い止め薬
晕船 yùn//chuán：船酔いする
后座 hòuzuò：後部座席
呕吐袋 ǒutùdài：エチケット袋
车窗 chēchuāng：車の窓

备忘录

你最近剪头发了吗?

最近、髪切った?

Nǐ zuìjìn jiǎn tóufa le ma?

A.
_____

_____

_____

例

我昨天刚剪过头，大概每两个月去一次理发店。我一直都留长发，每次剪头只是修一修，不会剪短，没有勇气尝试新的发型。

昨日切ったばかりで、だいたい2カ月に一回美容院に行ってる。ずっとロングヘアだから、毎回髪を切りに行っても整える程度で短くはしないな。なかなか新しい髪型に挑戦できない。

Wǒ zuótiān gāng jiǎnguo tóu, dàgài měi liǎng ge yuè qù yí cì lǐfàdiàn. Wǒ yìzhí dōu liú chángfà, měi cì jiǎntóu zhǐshì xiū yi xiū , bú huì jiǎnduǎn, méiyou yǒngqì chángshì xīn de fàxíng.

词语

直发　zhífà：ストレートヘア
洗头发　xǐ tóufa：髪を洗う
鬓角　bìnjiǎo：もみあげ
自然卷　zìránjuǎn：くせ毛
光头　guāngtóu：スキンヘッド
鸡冠头　jīguāntóu：モヒカン

备忘录

你最喜欢的宝石是什么？

一番好きな宝石は？

Nǐ zuì xǐhuan de bǎoshí shì shénme?

A. _____

_____

_____

例

我对宝石没有什么研究，要选的话应该是钻石吧。我喜欢钻石独特的闪光，在不同的角度和光线下会呈现出不同的美，很有魅力。

宝石にはあまり詳しくないけど、強いて言うならダイヤモンドかな。あの独特な輝きが好きで、角度や光の当たり方によって違った美しさがあるのが魅力的。

Wǒ duì bǎoshí méiyou shénme yánjiū, yào xuǎn dehuà yīnggāi shì zuànshí ba. Wǒ xǐhuan zuànshí dútè de shǎnguāng, zài bù tóng de jiǎodù hé guāngxiàn xià huì chéngxiànchū bù tóng de měi, hěn yǒu mèilì.

词语

闪光 shǎnguāng：輝き、閃光
呈现 chéngxiàn：現れる
红宝石 hóngbǎoshí：ルビー
蓝宝石 lánbǎoshí：サファイヤ
翡翠 fěicuì：翡翠
祖母绿 zǔmǔlǜ：エメラルド

备忘录

Q.158

. . [ ]

你会说几门外语？

何力国語話せる？

Nǐ huì shuō jǐ mén wàiyǔ?

A.

_____

_____

_____

例

我懂中文和英语，读文章基本上没什么问题，但因为没有练习的机会，听说能力很差。以后我想多练习会话，说一口流利的中文和英语。

中国語と英語が分かるから、文章を読むのは基本的に問題ないけど、練習する機会が少ないから聞いたり話したりする能力は低い。今後は会話をもっと練習して、流暢な中国語と英語を話せるようになりたいな。

Wǒ dǒng Zhōngwén hé Yīngyǔ, dú wénzhāng jīběnshang méi shénme wèntí, dàn yīnwei méiyou liànxí de jīhui, tīng shuō nénglì hěn chà. Yǐhòu wǒ xiǎng duō liànxí huìhuà, shuō yì kǒu liúlì de Zhōngwén hé Yīngyǔ.

词语

流利　liúlì：流暢だ
听得懂　tīngdedǒng：聞いて分かる
看得懂　kàndedǒng：見て分かる
提高　tí//gāo：（レベルなどを）高める
水平　shuǐpíng：レベル
除了～以外　chúle～yǐwài：～以外では

备忘录

你还记得你小时候的事情吗?

子供の頃のことを覚えてる?

Nǐ hái jìde nǐ xiǎoshíhou de shìqing ma?

A. _____

_____

_____

例

我几乎什么都不记得了。我记性很差,小时候的事情都是我父母说给我听的。我很喜欢边看小时候的照片边听那个时候的故事。

ほとんど覚えてないな。記憶力が悪くて、子供の頃の話は両親から聞いたものばかり。小さい頃の写真を見ながら、その頃のことを聞くのが好き。

Wǒ jīhū shénme dōu bú jìde le. Wǒ jìxìng hěn chà, xiǎoshíhou de shìqing dōu shì wǒ fùmǔ shuōgěi wǒ tīng de. Wǒ hěn xǐhuan biān kàn xiǎoshíhou de zhàopiàn biān tīng nàge shíhou de gùshi.

词语

入学典礼 rùxué diǎnlǐ:入学式
幼儿园 yòu'éryuán:幼稚園
托儿所 tuō'érsuǒ:保育園
玩儿沙子 wánr shāzi:砂遊び
玩儿水 wánr shuǐ:水遊び
时间胶囊 shíjiān jiāonáng:タイムカプセル

备忘录

· · [   ]

你经常戴帽子吗?

帽子はよくかぶる？

Nǐ jīngcháng dài màozi ma?

A.

_____

_____

_____

例

我只有懒得弄头发的时候才会戴帽子。晚上想去附近的便利店，但是头发很乱又没化妆，这个时候我就会戴上帽子和口罩出门。

髪のセットが面倒なときしか帽子はかぶらないな。夜に近所のコンビニに行きたいけど髪がボサボサで化粧もしてないときは、帽子をかぶってマスクをして出かける。

Wǒ zhǐyǒu lǎnde nòng tóufa de shíhou cái huì dài màozi. Wǎnshang xiǎng qù fùjìn de biànlìdiàn, dànshì tóufa hěn luàn yòu méi huàzhuāng, zhège shíhou wǒ jiù huì dàishang màozi hé kǒuzhào chūmén.

词语

弄头发 nòng tóufa：髪をセットする
针织帽 zhēnzhīmào：ニット帽
棒球帽 bàngqiúmào：キャップ
草帽 cǎomào：麦わら帽子
贝雷帽 bèiléimào：ベレー帽
太阳伞 tàiyángsǎn：日傘

备忘录

说起夏天，你会联想到什么?

夏といえば思い浮かぶものは？

Shuōqǐ xiàtiān, nǐ huì liánxiǎngdào shénme?

A.
_____

_____

_____

例

说起夏天，我会首先想到西瓜，还会想到大家在海边打西瓜的游戏。西瓜水分很多，又可口又解渴，还可以防止中暑。

夏といえば、まずはスイカが思い浮かぶ。あとは海辺でみんなでやるスイカ割りも。スイカは水分が多くて、おいしい上に喉も潤してくれるし、熱中症の防止にもなる。

Shuōqǐ xiàtiān, wǒ huì shǒuxiān xiǎngdào xīgua, hái huì xiǎngdào dàjiā zài hǎibiān dǎ xīgua de yóuxì. Xīgua shuǐfèn hěn duō, yòu kěkǒu yòu jiěkě, hái kěyǐ fángzhǐ zhòngshǔ.

词语

向日葵　xiàngrìkuí：ヒマワリ
放暑假　fàng shǔjià：夏休みになる
凉鞋　liángxié：サンダル
刨冰　bàobīng：かき氷
知了　zhīliǎo：セミ
蝉鸣　chánmíng：セミの鳴き声

备忘录

你想对小时候的自己说什么?

子供の頃の自分に言いたいことはある?

Nǐ xiǎng duì xiǎoshíhou de zìjǐ shuō shénme?

A.

_____

_____

_____

例

我小时候数学成绩很差，常被老师批评，自己也很苦恼。现在我可以告诉小时候的自己："别担心，你长大以后用不到这些东西。"

子供の頃算数（数学）の成績が悪くて、よく先生に叱られて悩んでた。今なら小さい頃の自分に言える。「心配しないで、大人になったらこんなの使わないよ」って。

Wǒ xiǎoshíhou shùxué chéngjì hěn chà, cháng bèi lǎoshī pīpíng, zìjǐ yě hěn kǔnǎo. Xiànzài wǒ kěyǐ gàosu xiǎoshíhou de zìjǐ : "Bié dānxīn, nǐ zhǎngdà yǐhòu yòngbudào zhèxiē dōngxi."

词语

长大　zhǎngdà：成長する
多看书　duō kàn shū：本をたくさん読む
后悔　hòuhuǐ：後悔する
不然　bùrán：さもないと
放心　fàngxīn：安心する
劝　quàn：勧める、なだめる、忠告する

备忘录

你跳过伞吗？你想不想试一试？

スカイダイビングをしたことはある？　やってみたい？

Nǐ tiàoguo sǎn ma? Nǐ xiǎng bu xiǎng shì yi shì?

A.

_____

_____

_____

例

我不敢玩儿蹦极，但我想试一次跳伞。跳下去的时候需要勇气，但降落伞打开后，速度应该不会太快，可以体验在空中飞行的感觉。

バンジージャンプをする勇気はないけど、スカイダイビングは一回やってみたい。飛び降りるときは勇気がいるけど、パラシュートが開いた後は、スピードもそんなに速くないだろうし、空を飛ぶ感覚を味わえるだろうな。

Wǒ bù gǎn wánr bèngjí, dàn wǒ xiǎng shì yí cì tiàosǎn. Tiàoxiàqu de shíhou xūyào yǒngqì, dàn jiàngluòsǎn dǎkāi hòu, sùdù yīnggāi bú huì tài kuài, kěyǐ tǐyàn zài kōngzhōng fēixíng de gǎnjué.

词语		备忘录
不敢 bù gǎn：〜する勇気がない		
蹦极 bèngjí：バンジージャンプ		
降落伞 jiàngluòsǎn：パラシュート		
危险 wēixiǎn：危険		
直升机 zhíshēngjī：ヘリコプター		
打死也不〜 dǎsǐ yě bù〜：絶対に〜しない		

你得到过明星或名人的签名吗?

芸能人や有名人からサインをもらったことはある?

Nǐ dédàoguo míngxīng huò míngrén de qiānmíng ma?

A.
_____

_____

_____

.

例

我得到过我很喜欢的一位F1赛车手的签名。当时在赛车场见到了本人，还在自己的眼前得到了签名，真是又兴奋又开心。

好きなF1ドライバーのサインをもらったことがある。その時はサーキットで本人に会えて、しかも目の前でサインしてもらえたから、嬉しくて大興奮だった。

Wǒ dédàoguo wǒ hěn xǐhuan de yí wèi Fyī sàichēshǒu de qiānmíng. Dāngshí zài sàichēchǎng jiàndàole běnrén, hái zài zìjǐ de yǎnqián dédàole qiānmíng, zhēn shì yòu xīngfèn yòu kāixin.

词语

模特儿 mótèr：ファッションモデル
足球选手 zúqiú xuǎnshǒu：サッカー選手
签名会 qiānmínghuì：サイン会
亲笔 qīnbǐ：手書き
粉丝 fěnsī：ファン
搞笑艺人 gǎoxiào yìrén：コメディアン

备忘录

Q.165

_____ · · [   ]

你喜欢的演员是谁?

好きな俳優は誰?

Nǐ xǐhuan de yǎnyuán shì shéi?

A.

_____

_____

_____

例

我没有特别喜欢的演员，很难选出一个。我平时经常看电影和连续剧，不管男女老少，演技好的演员我都很喜欢。

特別好きな俳優がいないから、一人を選ぶのは難しいな。普段よく映画やドラマを見るけど、性別や年齢関係なく演技が良い役者さんはみんな好き。

Wǒ méiyou tèbié xǐhuan de yǎnyuán, hěn nán xuǎnchū yí ge. Wǒ píngshí jīngcháng kàn diànyǐng hé liánxùjù, bùguǎn nánnǚ lǎoshào, yǎnjì hǎo de yǎnyuán wǒ dōu hěn xǐhuan.

词语

角色 juésè：役柄
主角 zhǔjué：主役
配角 pèijué：脇役、共演者
饰演 shìyǎn：役を演じる
喜剧 xǐjù：コメディ
音乐剧 yīnyuèjù：ミュージカル

备忘录

. . [ ]

你看过的最恐怖的电影是什么?

今まで見た中で一番怖かった映画は？

Nǐ kànguo de zuì kǒngbù de diànyǐng shì shénme?

A.

例

《午夜凶铃》是我觉得最恐怖的电影。这部电影不是仅仅在视觉上惊吓观众，而是从心理上让人感到毛骨悚然，而且越想越害怕。

『リング』が一番怖いと思った映画。この映画はただ観客を視覚的に怖がらせるのではなく、心理的にぞっとさせ、考えれば考えるほど怖いと感じさせる。

《Wǔyè Xiōnglíng》shì wǒ juéde zuì kǒngbù de diànyǐng. Zhè bù diànyǐng bú shì jǐnjǐn zài shìjué shang jīngxià guānzhòng, ér shì cóng xīnlǐ shang ràng rén gǎndào máogǔ-sǒngrán, érqiě yuè xiǎng yuè hàipà.

词语

惊吓 jīngxià：驚かせる、怖がらせる
毛骨悚然 máogǔ-sǒngrán：ぞっとする
血腥 xuèxīng：血生臭い、グロテスクだ
恶魔 èmó：悪魔
怪物 guàiwu：モンスター
僵尸 jiāngshī：ゾンビ

备忘录

你是个守时的人吗?

あなたは時間を守るほう?

Nǐ shì ge shǒushí de rén ma?

A. _____

_____

_____

例

我应该算是比较守时的人，如果没有特别情况，基本上不会迟到。我一般最少提前五分钟到达集合地点，免得让对方等待。

時間は守るほうだと思う。特別な事情がなければ、基本的に遅刻はしないな。相手を待たせないように、少なくとも5分前には集合場所に着くようにしてる。

Wǒ yīnggāi suànshì bǐjiào shǒushí de rén, rúguǒ méiyou tèbié qíngkuàng, jīběnshang bú huì chídào. Wǒ yìbān zuìshǎo tíqián wǔ fēnzhōng dàodá jíhé dìdiǎn, miǎnde ràng duìfāng děngdài.

词语	备忘录
守时　shǒu//shí：時間を守る	
提前　tíqián：事前に	
耽误　dānwu：遅らせる	
准时　zhǔnshí：時間どおり	
放鸽子　fàng gēzi：すっぽかす	
大概　dàgài：だいたいの、おおよその	

你住过体验最好的酒店是哪一家?

今まで泊まった中で一番良かったホテルは?

Nǐ zhùguo tǐyàn zuì hǎo de jiǔdiàn shì nǎ yì jiā?

A.
_____

_____

_____

例

是新加坡的滨海湾金沙酒店。房间设备很豪华,酒店内有很多娱乐设施。我特别喜欢仿佛浮在空中、没有边界的空中游泳池。

シンガポールのマリーナベイ・サンズ。部屋の設備も豪華だし、ホテル内の娯楽施設も豊富で、空との境界線がなく浮いてるかのようなインフィニティプールがすごくお気に入り。

Shì Xīnjiāpō de Bīnhǎiwān Jīnshā Jiǔdiàn. Fángjiān shèbèi hěn háohuá, jiǔdiàn nèi yǒu hěn duō yúlè shèshī. Wǒ tèbié xǐhuan fǎngfú fúzài kōngzhōng, méiyou biānjiè de kōngzhōng yóuyǒngchí.

词语

边界 biānjiè:境界
窗外 chuāngwài:窓の外
服务 fúwù:サービス
周到 zhōudào:行き届いている
观光地 guānguāngdì:観光地
黄金周 huángjīnzhōu:ゴールデンウィーク

备忘录

你小时候的零花钱，都花在什么地方？

子供の頃、お小遣いは何に使ってた？

Nǐ xiǎoshíhou de línghuāqián, dōu huāzài shénme dìfang?

A.

_____

_____

_____

例

我从小学高年级开始有零花钱，大部分都花在放学后跟同学一起去便利店买零食上。感觉小时候用有限的零花钱买的食品特别好吃。

小学校高学年からお小遣いをもらうようになって、ほとんど放課後に同級生とコンビニでお菓子を買うのに使ってた。小さい頃の限られたお小遣いで買うお菓子って、特別おいしい気がする。

Wǒ cóng xiǎoxué gāo niánjí kāishǐ yǒu línghuāqián, dàbùfen dōu huāzài fàngxué hòu gēn tóngxué yìqǐ qù biànlìdiàn mǎi língshí shang. Gǎnjué xiǎoshíhou yòng yǒuxiàn de línghuāqián mǎi de shípǐn tèbié hǎochī.

词语

杂志　zázhì：雑誌
贴纸　tiēzhǐ：シール
每个月　měi ge yuè：毎月
不够　búgòu：足りない
饮料　yǐnliào：飲み物
橡皮　xiàngpí：消しゴム

备忘录

你昨晚睡得好吗？

昨夜はよく眠れた？

Nǐ zuówǎn shuìde hǎo ma?

A. _____

_____

_____

例

昨天我睡得有点儿晚，躺下后翻来覆去地一直睡不着。好不容易睡着了，又做了很多梦，睡得一点儿也不熟。现在困得不得了。

昨日は寝たのが少し遅くて、横になってからもあっち向いたりこっち向いたりでずっと眠れなかった。やっと眠れたのに、いろんな夢を見て、まったく熟睡できなかったし。今眠くてしょうがない。

Zuótiān wǒ shuìde yǒudiǎnr wǎn, tǎngxià hòu fānlái-fùqù de yìzhí shuìbuzháo. Hǎobù róngyì shuìzháo le, yòu zuòle hěn duō mèng, shuìde yìdiǎnr yě bù shú. Xiànzài kùnde bùdéliǎo.

词语	备忘录
躺 tǎng：横になる	
翻来覆去 fānlái-fùqù：何度も寝返りをうつ、何度も繰り返す	
没睡好 méi shuìhǎo：よく眠れなかった	
做噩梦 zuò èmèng：悪夢を見る	
醒来 xǐnglai：目が覚める	
困 kùn：眠い	

・ ・ [ ]

你出生在哪里?

生まれたところはどこ？

Nǐ chūshēngzài nǎli?

A.

例

我出生在中国黑龙江省哈尔滨市。哈尔滨的冬天非常寒冷，因此有"冰城"之称。每年冬天都会举办世界著名的冰雪节。

中国の黒竜江省ハルビン市生まれ。ハルビンの冬は本当に寒くて、「氷の都市」と呼ばれるほど。毎年冬に世界有数の雪まつりも開催される。

Wǒ chūshēngzài Zhōngguó Hēilóngjiāng shěng Hā'ěrbīn shì. Hā'ěrbīn de dōngtiān fēicháng hánlěng, yīncǐ yǒu "Bīngchéng" zhī chēng. Měi nián dōngtiān dōu huì jǔbàn shìjiè zhùmíng de bīngxuějié .

词语

家乡　jiāxiāng：ふるさと、故郷
外地　wàidì：よその土地
亲戚　qīnqi：親戚
爷爷　yéye：（父方の）祖父
奶奶　nǎinai：（父方の）祖母
土生土长　tǔshēng-tǔzhǎng：生粋の、その地で生まれ育った

备忘录

你喜欢旅游吗?

旅行をするのは好き?

Nǐ xǐhuan lǚyóu ma?

A. _____

_____

_____

例

说实在的，我这个人比较懒，别说出去旅游了，放假时我都懒得出门。对我来说，在家里闲待着是最好的休闲方式。

正直なところ、怠けものだから旅行どころか休日に外に出るのも面倒。自分にとっては何もせずに家でゴロゴロすることが一番のリラックス法だな。

Shuō shízài de, wǒ zhège rén bǐjiào lǎn, bié shuō chūqu lǚyóu le, fàngjià shí wǒ dōu lǎnde chūmén. Duì wǒ lái shuō, zài jiā li xiándāizhe shì zuì hǎo de xiūxián fāngshì.

词语

当地 dāngdì：現地
导游 dǎoyóu：ガイド
名胜古迹 míngshèng gǔjì：名所旧跡
人山人海 rénshān-rénhǎi：人だかり
蜜月 mìyuè：ハネムーン
体验 tǐyàn：体験する

备忘录

Q.173 ___ . . [ ]

你经常散步吗?

散歩はよくする？

Nǐ jīngcháng sànbù ma?

A. _____

_____

_____

例

我经常散步，特别是早上起来感到没有精神，或者身体乏累的时候。每次走着走着就渐渐地感到身体变轻松了，心情也舒畅了。

散歩はよくする。特に朝起きていまいち調子が出ない時とか、体が疲れてる時とか。いつも歩いてるうちにだんだん身体が軽くなってきて、気分も良くなる。

Wǒ jīngcháng sànbù, tèbié shì zǎoshang qǐlai gǎndào méiyou jīngshen, huòzhě shēntǐ fálèi de shíhou. Měi cì zǒuzhe zǒuzhe jiù jiànjiàn de gǎndào shēntǐ biànqīngsōng le, xīnqíng yě shūchàng le.

词语

身体乏累 shēntǐ fálèi：体が疲れている
公里 gōnglǐ：キロメートル
河边 hébiān：川辺
赏花 shǎng huā：花見をする
路 lù：道
景观 jǐngguān：景観

备忘录

你玩儿游戏吗?

ゲームはする？

Nǐ wánr yóuxì ma?

A.

例

我不擅长玩儿游戏，所以平时很少玩儿。我对无法加入到这个流行文化中感到有些自卑，但是我会积极尝试更多其他的事情。

ゲームは苦手だから、普段はめったにやらない。はやりの文化についていけないのは残念だけど、他のことには積極的に挑戦するようにしてる。

Wǒ bú shàncháng wánr yóuxì, suǒyǐ píngshí hěn shǎo wánr. Wǒ duì wúfǎ jiārùdào zhège liúxíng wénhuà zhōng gǎndào yǒuxiē zìbēi, dànshì wǒ huì jījí chángshì gèng duō qítā de shìqing.

词语

自卑 zìbēi：残念だ、情けない、引け目を感じる
上瘾 shàng//yǐn：ハマる
网络游戏 wǎngluò yóuxì：ネットゲーム
动作游戏 dòngzuò yóuxì：アクションゲーム
格斗游戏 gédòu yóuxì：格闘ゲーム
沙盒游戏 shāhé yóuxì：サンドボックスゲーム

备忘录

你最喜欢的中文是什么？

一番好きな中国語は？

Nǐ zuì xǐhuan de Zhōngwén shì shénme?

A.

___

___

___

例

我很喜欢"活到老，学到老"这句话。这句话提醒我应该始终保持学习和探索的心态，不断增加自己的知识，追求进步和成长。

「学問に終わりはなく、生きている限り学び続ける」という言葉が好き。常に学び、探求心を忘れず、叡智を養いながら進歩と成長を追い求めることの大切さに気づかせてくれる言葉だ。

Wǒ hěn xǐhuan "Huódào lǎo, xuédào lǎo" zhè jù huà. Zhè jù huà tíxǐng wǒ yīnggāi shǐzhōng bǎochí xuéxí hé tànsuǒ de xīntài, búduàn zēngjiā zìjǐ de zhīshi, zhuīqiú jìnbù hé chéngzhǎng.

词语

提醒 tí//xǐng：気づかせる、リマインドする
成语 chéngyǔ：成語
俗话 súhuà：ことわざ
歇后语 xiēhòuyǔ：かけことば
绕口令 ràokǒulìng：早口言葉
和平 hépíng：平和

备忘录

你的生活中有足够的自由时间吗?

生活の中で、自由にできる時間は十分にある?

Nǐ de shēnghuó zhōng yǒu zúgòu de zìyóu shíjiān ma?

A.

_____

_____

_____

例

我工作比较忙,平时每天下班后去超市买东西、吃晚饭、收拾餐具、洗澡之后就很晚了。周末多少有一些自由时间,但我觉得远远不够。

仕事がかなり忙しくて、普段は毎日仕事が終わってからスーパーに買い物に行って、夕食を食べ、食器を片付けてお風呂に入ったらもう遅い時間になってる。週末は多少自由時間はあるけど、まだまだ足りないなあ。

Wǒ gōngzuò bǐjiào máng, píngshí měi tiān xiàbān hòu qù chāoshì mǎi dōngxi, chī wǎnfàn, shōushi cānjù, xǐzǎo zhīhòu jiù hěn wǎn le. Zhōumò duōshǎo yǒu yìxiē zìyóu shíjiān, dàn wǒ juéde yuǎnyuǎn búgòu.

词语	备忘录
放学 fàng//xué:学校が終わる	
爱好 àihào:趣味	
长假 chángjià:長期休暇	
忙死了 máng sǐle:忙しくてたまらない、死ぬほど忙しい	
孩子 háizi:子供	
几乎 jīhū:ほとんど	

[ ]

日出和日落你更喜欢哪个？

日の出と日の入り、どちらが好き？

Rìchū hé rìluò nǐ gèng xǐhuan nǎge?

A.

___

例

日出和日落都很美。我觉得比起日落，看日出时会有一种诞生希望的感觉。不过，要想看日出就得早早起来，所以看日落的机会更多。

日の出も日の入りも美しいけど、日の入りより日の出を見たときのほうが、希望が芽生える感覚がある気がする。ただ、日の出を見るには早く起きなければいけないから、日の入りを見る機会のほうが多いね。

Rìchū hé rìluò dōu hěn měi. Wǒ juéde bǐqǐ rìluò, kàn rìchū shí huì yǒu yì zhǒng dànshēng xīwàng de gǎnjué. Búguò, yào xiǎng kàn rìchū jiù děi zǎozǎo qǐlai, suǒyǐ kàn rìluò de jīhui gèng duō.

词语

夏天　xiàtiān：夏
冬天　dōngtiān：冬
光芒　guāngmáng：光、光芒
云彩　yúncai：雲
凌晨　língchén：夜明け前
颜色　yánsè：色

备忘录

有哪些你小时候会做而现在却做不到的事？

子供の頃できたのに、できなくなってしまったことは？

Yǒu nǎxiē nǐ xiǎoshíhou huì zuò ér xiànzài què zuòbudào de shì?

A. _____

_____

_____

例

我小时候会背好几百首唐诗，现在除了几首有名的
以外几乎都忘了。唐诗的语言精炼，押韵和节奏也
特别优美，很适合练习中文的发音。

小さい頃は漢詩を何百首も暗唱してたけど、今は有名ないくつか以外はほとんど忘れてしまった。漢詩
は言葉に無駄がなく、韻の踏み方やリズムがすごく美しいから、中国語の発音練習にぴったり。

Wǒ xiǎoshíhou huì bèi hǎojǐ bǎi shǒu tángshī, xiànzài chúle jǐ shǒu yǒumíng de yǐwài jīhū dōu wàng le.
Tángshī de yǔyán jīngliàn, yāyùn hé jiézòu yě tèbié yōuměi, hěn shìhé liànxí Zhōngwén de fāyīn.

词语

做不到　zuòbudào：できない
背　bèi：暗誦する
押韵　yā//yùn：韻を踏む
跳绳　tiàoshéng：縄跳びをする
抓虫子　zhuā chóngzi：虫をとる
爬树　pá//shù：木に登る

备忘录

你喜欢变化吗？

変化は好き？

Nǐ xǐhuan biànhuà ma?

A.

_____

_____

_____

例

我是一个容易厌倦的人，所以不喜欢一成不变的生活，我希望每一天都过得不一样。我希望常常出现新的变化，迎接新的挑战。

飽きっぽいタイプだから、変化のない生活は好きじゃない。毎日変化があってほしいな。だから、頻繁に変化があって新しい挑戦ができるのが理想。

Wǒ shì yí ge róngyì yànjuàn de rén, suǒyǐ bù xǐhuan yìchéng-búbiàn de shēnghuó, wǒ xīwàng měi yì tiān dōu guòde bù yíyàng. Wǒ xīwàng chángcháng chūxiàn xīn de biànhuà, yíngjiē xīn de tiǎozhàn.

词语

厌倦 yànjuàn：飽き飽きする
一成不变 yìchéng-búbiàn：（少しも）変わらない
单调 dāndiào：単調だ
无聊 wúliáo：つまらない
主动 zhǔdòng：自発的だ
改变 gǎibiàn：変わる

备忘录

和你关系好的朋友都有什么共同点?

あなたと仲の良い友達の共通点は？

Hé nǐ guānxi hǎo de péngyou dōu yǒu shénme gòngtóngdiǎn?

A.
_____

_____

_____

例

跟我关系好的朋友，性格都比较开朗，说话直来直往。我自己也是这样的性格，所以喜欢跟性格相似的人打交道。

仲の良い友達は、みんな明るい性格で、話し方もサバサバしてる。自分もそういうタイプだから、似た感じの人と付き合いがち。

Gēn wǒ guānxi hǎo de péngyou, xìnggé dōu bǐjiào kāilǎng, shuōhuà zhílái zhíwǎng. Wǒ zìjǐ yě shì zhèyàng de xìnggé, suǒyǐ xǐhuan gēn xìnggé xiāngsì de rén dǎ jiāodao.

词语

直来直往　zhílái zhíwǎng：(性格が) ストレートだ
打交道　dǎ jiāodao：付き合う
价值观　jiàzhíguān：価値観
大方　dàfang：気前が良い、けち臭くない
类型　lèixíng：タイプ
爱笑　ài xiào：よく笑う

备忘录

. . [   ]

你喜欢自己的声音吗?

自分の声は好き?

Nǐ xǐhuan zìjǐ de shēngyīn ma?

A.

_____

_____

_____

例

平时没什么感觉，但听到录像或录音中自己的声音时，我会觉得很别扭，甚至讨厌自己的声音。可能很多人都有这样的感觉吧。

普段は何とも思わないけど、録画や録音された自分の声を聞くと、変な感じがして、自分の声が嫌になる。こういうふうに感じる人って多いんじゃないかな。

Píngshí méi shénme gǎnjué, dàn tīngdào lùxiàng huò lùyīn zhōng zìjǐ de shēngyīn shí, wǒ huì juéde hěn bièniu, shènzhì tǎoyàn zìjǐ de shēngyīn. Kěnéng hěn duō rén dōu yǒu zhèyàng de gǎnjué ba.

词语

<u>别扭</u> bièniu：不自然だ、違和感がある
麦克风 màikèfēng：マイク
假声 jiǎshēng：ファルセット
声优 shēngyōu：声優
甜 tián：(声が) 甘い
怪怪的 guàiguàide：変だ、おかしい

备忘录

你想去看的世界遗产有哪些?

訪れてみたい世界遺産はある?

Nǐ xiǎng qù kàn de shìjiè yíchǎn yǒu nǎxiē?

A.

_____

_____

例

我听说位于四川省的九寨沟很有名，就在谷歌上查了一下，发现那里的湖水和树林像画一样美丽。我以后一定要去那里亲眼看一看!

四川省にある九寨溝が有名だと聞いて、Googleで調べてみたら、湖や木々が絵のようにきれいだった。いつか必ず行って自分の目で見てみたい!

Wǒ tīngshuō wèiyú Sìchuān shěng de Jiǔzhàigōu hěn yǒumíng, jiù zài Gǔgē shang chále yíxià, fāxiàn nàli de húshuǐ hé shùlín xiàng huà yíyàng měilì. Wǒ yǐhòu yídìng yào qù nàli qīnyǎn kàn yi kàn!

词语

谷歌 Gǔgē：Google
亲眼 qīnyǎn：自分の目で
金字塔 Jīnzìtǎ：ピラミッド
吴哥寺 Wúgēsì：アンコール・ワット
马丘比丘 Mǎqiūbǐqiū：マチュ・ピチュ
圣家堂 Shèngjiātáng：サグラダ・ファミリア

备忘录

. . [ ]

你最喜欢的数字是什么?

一番好きな数字は？

Nǐ zuì xǐhuan de shùzì shì shénme?

A.

_____

_____

_____

例

我最喜欢的数字是8。数字8的中文发音和汉字"发"的发音很相似，所以在中国被认为是一个带来好运和财富的数字。

一番好きな数字は8。8の中国語の発音は漢字の「発（儲かる）」の発音と似てるから、中国では幸運と富をもたらす数字とされてる。

Wǒ zuì xǐhuan de shùzì shì bā. Shùzì bā de Zhōngwén fāyīn hé Hànzì "fā" de fāyīn hěn xiāngsì, suǒyǐ zài Zhōngguó bèi rènwéi shì yí ge dàilai hǎoyùn hé cáifù de shùzì.

词语

财富　cáifù：富
电话号码　diànhuà hàomǎ：電話番号
车牌　chēpái：ナンバープレート
密码　mìmǎ：パスワード
单数　dānshù：奇数
双数　shuāngshù：偶数

备忘录

. . [   ]

你能保守秘密吗?

秘密は守れる?

Nǐ néng bǎoshǒu mìmì ma?

A.

_____

_____

_____

例

我是一个心里有话就想说出来的人，如果有需要保密的事情，我会憋得很辛苦，总有一天会说出来。所以我很佩服能保守秘密的人。

思ってることは口に出したいタイプだから、秘密にしなければいけないことがあると黙ってるのがつらくなって、いつかは言ってしまう。だから秘密を守れる人には尊敬しかない。

Wǒ shì yí ge xīnli yǒu huà jiù xiǎng shuōchūlai de rén, rúguǒ yǒu xūyào bǎomì de shìqing, wǒ huì biēde hěn xīnkǔ, zǒng yǒu yì tiān huì shuōchūlai. Suǒyǐ wǒ hěn pèifu néng bǎoshǒu mìmì de rén.

词语	备忘录
憋 biē：我慢する、息が詰まる	
佩服 pèifu：感心する	
不小心 bù xiǎoxīn：うっかり	
说漏嘴 shuō lòu//zuǐ：口を滑らす	
嘴快 zuǐ//kuài：口が軽い	
嘴紧 zuǐ//jǐn：口が堅い	

你上过电视吗?

テレビに出たことはある？

Nǐ shàngguo diànshì ma?

A.

_____

_____

_____

例

我上过一次很有名的综艺节目的采访镜头。当时正在跟朋友逛街，节目组在做街头采访，让我们回答对一位艺人嘉宾的印象。

有名なバラエティ番組のインタビューシーンに映ったことがある。友達と買い物をしてるところに、番組スタッフが街頭インタビューをしていて、ある芸能人ゲストのイメージについて答えた。

Wǒ shàngguo yí cì hěn yǒumíng de zōngyì jiémù de cǎifǎng jìngtóu. Dāngshí zhèngzài gēn péngyou guàngjiē, jiémùzǔ zài zuò jiētóu cǎifǎng, ràng wǒmen huídá duì yí wèi yìrén jiābīn de yìnxiàng.

词语	备忘录
采访 cǎifǎng：インタビューする	
嘉宾 jiābīn：ゲスト	
电视台 diànshìtái：テレビ局	
唱歌比赛 chànggē bǐsài：歌のコンクール	
观众 guānzhòng：観客	
现场录制 xiànchǎng lùzhì：生収録	

你相信迷信吗?

迷信は信じる?

Nǐ xiāngxìn míxìn ma?

A.
_____

_____

_____

例

我不相信迷信，所以对算卦、看手相什么的不感兴趣。虽然有时会听说一些不可思议的事情，但我自己从来没有经历过。

迷信は信じてないから、占いや手相などにも興味がない。信じられないような出来事を聞くこともあるけど、自分で体験したことはないな。

Wǒ bù xiāngxìn míxìn, suǒyǐ duì suànguà、kàn shǒuxiàng shénmede bù gǎn xìngqù. Suīrán yǒushí huì tīngshuō yìxiē bùkě-sīyì de shìqing, dàn wǒ zìjǐ cónglái méiyou jīnglìguo.

词语	备忘录
算卦　suàn//guà：占う、八卦を見る	
不可思议　bùkě-sīyì：不思議だ、信じがたい、理解できない	
本命年　běnmìngnián：自分の干支の年	
风水　fēngshui：風水	
不吉利　bù jílì：縁起が悪い	
科学依据　kēxué yījù：科学的根拠	

Q.187

你对什么过敏吗?

何かアレルギーはある？

Nǐ duì shénme guòmǐn ma?

A.
_____

_____

_____

例

我有花粉症，一到春天就难受得不得了。尽管在服用预防花粉症的药，而且一直戴着口罩，但还是经常打喷嚏，眼睛也很痒。

花粉症だから、春になるとつらくてしょうがない。花粉症の薬を飲んで、常にマスクをしていてもしょっちゅうくしゃみが出るし、目が痒くなる。

Wǒ yǒu huāfěnzhèng, yí dào chūntiān jiù nánshòude bùdéliǎo. Jǐnguǎn zài fúyòng yùfáng huāfěnzhèng de yào, érqiě yìzhí dàizhe kǒuzhào, dàn háishi jīngcháng dǎ pēntì, yǎnjing yě hěn yǎng.

词语	备忘录
过敏 guòmǐn：アレルギー	
甲壳类 jiǎqiào lèi：甲殻類	
花生 huāshēng：落花生	
皮肤 pífū：皮膚	
发痒 fā//yǎng：かゆくなる	
灰尘 huīchén：ほこり	

你觉得最无聊的日常任务是什么?

日々やらなければいけないことで、一番つまらないのは何?

Nǐ juéde zuì wúliáo de rìcháng rènwu shì shénme?

A.

_____

_____

_____

例

我觉得是吹头发。我是长发，所以吹头发需要很长时间。再加上因为吹风机的噪音，很难同时做其他的事情，每次都觉得很枯燥。

髪を乾かすことかな。髪が長いから、乾かすのにすごく時間がかかる。しかも、ドライヤーの音がうるさくて同時に他のことをやるのも難しいから、いつもつまらないなと思ってる。

Wǒ juéde shì chuī tóufa. Wǒ shì chángfà, suǒyǐ chuī tóufa xūyào hěn cháng shíjiān. Zài jiāshàng yīnwei chuīfēngjī de zàoyīn, hěn nán tóngshí zuò qítā de shìqing, měi cì dōu juéde hěn kūzào.

词语	备忘录
吹风机 chuīfēngjī：ドライヤー	
刷牙 shuā//yá：歯を磨く	
洗澡 xǐ//zǎo：風呂に入る	
剪指甲 jiǎn zhǐjia：爪を切る	
梳头发 shū tóufa：髪をとかす	
洗脸 xǐ liǎn：顔を洗う	

你喜欢看月亮吗?

月を眺めるのは好き?

Nǐ xǐhuan kàn yuèliang ma?

A.

_____

_____

_____

例

我很喜欢看月亮。太阳不能直视但是月亮可以。月亮的光芒很温柔但是又很强大，能够照亮整个夜空，令人感到神秘和浪漫。

月を観るのはすごく好き。太陽と違って直視できるからね。月明かりは優しげでありながら強さもあって、広い夜空を明るく照らしてくれる。神秘とロマンを感じるなあ。

Wǒ hěn xǐhuan kàn yuèliang. Tàiyang bù néng zhíshì dànshì yuèliang kěyǐ. Yuèliang de guāngmáng hěn wēnróu dànshì yòu hěn qiángdà, nénggòu zhàoliàng zhěnggè yèkōng, lìng rén gǎndào shénmì hé làngmàn.

词语	备忘录
照亮 zhàoliàng：照らす	
行星 xíngxīng：惑星	
中秋节 Zhōngqiūjié：中秋節	
月牙 yuèyá：三日月	
上弦月 shàngxiányuè：上弦の月	
赏月 shǎng//yuè：月見をする	

[   ]

你喜欢聊天吗?

おしゃべりは好き?

Nǐ xǐhuan liáotiān ma?

A.

_____

_____

_____

例

那要看跟谁聊。跟性格合得来的人在一起，话题很多，聊得也开心，会觉得时间过得很快。相反，跟没有共同语言的人聊天是一种痛苦。

それは誰と話すかによるね。気が合う人とのおしゃべりは話題も多くて楽しいから、時間が経つのが早く感じられる。逆に、共通の話題がない相手とのおしゃべりは苦痛とも言える。

Nà yào kàn gēn shéi liáo. Gēn xìnggé hédelái de rén zài yìqǐ, huàtí hěn duō, liáode yě kāixīn, huì juéde shíjiān guòde hěn kuài. Xiāngfǎn, gēn méiyou gòngtóng yǔyán de rén liáotiān shì yì zhǒng tòngkǔ.

词语	备忘录
看 kàn：～による	
倾听 qīngtīng：耳を傾ける	
对方 duìfāng：相手	
冷场 lěng//chǎng：場がしらける	
笑话 xiàohua：笑い話	
没完没了 méi wán méi liǎo：きりがない、終わらない	

你对恐龙感兴趣吗?

恐竜に興味はある?

Nǐ duì kǒnglóng gǎn xìngqù ma?

A.

———————————————————————

———————————————————————

———————————————————————

例

我虽然对恐龙了解不深，但是我觉得恐龙的神秘感很吸引人。对于我们现代人类来说，是一个既有科学价值又有娱乐价值的存在。

恐竜についての知識は浅いけど、その神秘的な感じが人々を引きつけるんだと思う。私たち現代人にとって、科学的な価値と娯楽的な価値を併せ持つ存在。

Wǒ suīrán duì kǒnglóng liǎojiě bù shēn, dànshì wǒ juéde kǒnglóng de shénmìgǎn hěn xīyǐn rén. Duìyú wǒmen xiàndài rénlèi lái shuō, shì yí ge jì yǒu kēxué jiàzhí yòu yǒu yúlè jiàzhí de cúnzài.

词语	备忘录
吸引 xīyǐn：引きつける	
霸王龙 bàwánglóng：ティラノサウルス	
三角龙 sānjiǎolóng：トリケラトプス	
剑龙 jiànlóng：ステゴサウルス	
灭绝 mièjué：絶滅する	
陨石 yǔnshí：隕石	

你参加过慈善活动吗?

ボランティアをしたことはある？

Nǐ cānjiāguo císhàn huódòng ma?

A.

_____

_____

_____

例

我在新西兰留学的时候，参加过几次海边捡垃圾的环保活动。第一次参加的时候令我感到又惊讶又心痛，因为海边的垃圾实在太多了。

ニュージーランドで留学をしていた頃に、海辺のゴミ拾いをする環境保護ボランティアに参加したことがある。初めて参加したときは、海辺のゴミのあまりの多さに驚いたし、胸が痛んだな。

Wǒ zài Xīnxīlán liúxué de shíhou, cānjiāguo jǐ cì hǎibiān jiǎn lājī de huánbǎo huódòng. Dì yī cì cānjiā de shíhou lìng wǒ gǎndào yòu jīngyà yòu xīntòng, yīnwei hǎibiān de lājī shízài tài duō le.

词语	备忘录
捡 jiǎn：拾う	
环保 huánbǎo：環境保護	
捐钱 juān//qián：募金する	
保护 bǎohù：保護する、守る	
报名 bào//míng：申し込む、応募する	
帮忙 bāng//máng：手伝う	

Q.193

[   ]

你喜欢拍照吗?

写真を撮るのは好き？
Nǐ xǐhuan pāizhào ma?

A.
_____

_____

_____

例

我很喜欢拍照，买过两台单反相机。不过单反相机太重，而且手机的拍照性能也越来越好，所以现在不怎么用单反相机了。

写真を撮るのはすごく好きで、一眼レフも2台買ったことある。でも、一眼レフは重すぎるし、スマホのカメラの性能がどんどん良くなってるのもあって、今は一眼レフはあまり使わなくなったな。

Wǒ hěn xǐhuan pāizhào, mǎiguo liǎng tái dānfǎn xiàngjī. Búguò dānfǎn xiàngjī tài zhòng, érqiě shǒujī de pāizhào xìngnéng yě yuè lái yuè hǎo, suǒyǐ xiànzài bù zěnme yòng dānfǎn xiàngjī le.

词语	备忘录
单反相机 dānfǎn xiàngjī：一眼レフカメラ	
自拍 zìpāi：自撮りする	
P图 P tú：写真を修正・加工する	
风景 fēngjǐng：風景	
镜头 jìngtóu：レンズ	
拍立得 pāilìdé：チェキ（ポラロイドカメラ）	

. . [ ]

你最近写过信吗?

最近、手紙を書いたことはある?

Nǐ zuìjìn xiěguo xìn ma?

A.
_____

_____

_____

例

前几天，姥姥给我寄来了很多水果。为表示感谢，我给她写了一封信。很久没有写信了，字写得很难看，但我想还是写信最能传达心意。

数日前、祖母がフルーツをたくさん送ってくれたから、お礼の手紙を書いた。手紙を書くのは久しぶりで、字が汚かったけど、気持ちを伝えるには手紙が一番だと思う。

Qián jǐ tiān, lǎolao gěi wǒ jìlai le hěn duō shuǐguǒ. Wèi biǎoshì gǎnxiè, wǒ gěi tā xiěle yì fēng xìn. Hěn jiǔ méiyou xiě xìn le, zì xiěde hěn nánkàn, dàn wǒ xiǎng háishi xiě xìn zuì néng chuándá xīnyì.

词语	备忘录
传达心意 chuándá xīnyì：気持ちを伝える	
明信片 míngxìnpiàn：はがき	
信封 xìnfēng：封筒	
邮票 yóupiào：切手	
贺年卡 hèniánkǎ：年賀状	
生日卡 shēngrìkǎ：バースデーカード	

Q.195

你擅长画画儿吗?

絵を描くのは得意?

Nǐ shàncháng huà huàr ma?

A.
_____

_____

_____

例

我的绘画才能为零，还不如幼儿园的小孩子。我画
出来的东西总是被别人笑，所以不喜欢画画儿。我
真羡慕那些会画画儿的人。

絵の才能はゼロで、幼稚園児のほうがまだマシだと思う。何を描いても笑われるから、絵を描くのは好きじゃない。絵を描ける人が本当にうらやましい。

Wǒ de huìhuà cáinéng wéi líng, hái bùrú yòu'éryuán de xiǎo háizi. Wǒ huàchūlai de dōngxi zǒngshì bèi biéren xiào, suǒyǐ bù xǐhuan huà huàr. Wǒ zhēn xiànmù nàxiē huì huà huàr de rén.

词语	备忘录
不如 bùrú：〜にも及ばない	
羡慕 xiànmù：うらやましい	
图画 túhuà：絵	
素描 sùmiáo：デッサン	
天赋 tiānfù：センス、才能、生まれつきの資質	
蜡笔 làbǐ：クレヨン	

[ ]

你有喜欢的游乐园吗?

好きな遊園地はある？

Nǐ yǒu xǐhuan de yóulèyuán ma?

A.

_____

_____

_____

例

我最喜欢迪士尼乐园。我们在生活中都面临着很大的压力，但是只要进了迪士尼乐园就能忘掉烦恼，体验无忧无虑、充满欢乐的感觉。

ディズニーランドが一番好き。日常生活ではみんなプレッシャーに立ち向かわなければいけないけど、ディズニーランドに足を踏み入れた瞬間悩みを忘れて、一切の憂いも心配もなく楽しむことができるんだ。

Wǒ zuì xǐhuan Díshìní Lèyuán. Wǒmen zài shēnghuó zhōng dōu miànlínzhe hěn dà de yālì, dànshì zhǐyào jìnle Díshìní Lèyuán jiù néng wàngdiào fánnǎo, tǐyàn wú yōu wú lǜ, chōngmǎn huānlè de gǎnjué.

词语	备忘录
面临 miànlín：〜に直面する	
无忧无虑 wú yōu wú lǜ：何の憂いも心配もない	
迪士尼海洋 Díshìní Hǎiyáng：ディズニーシー	
神奇王国 Shénqí Wángguó：マジックキングダム	
过山车 guòshānchē：ジェットコースター	
鬼屋 guǐwū：お化け屋敷	

Q.197

你最常用的支付方式是什么?

一番よく使う決済方法は?

Nǐ zuì chángyòng de zhīfù fāngshì shì shénme?

A.
_____

_____

_____

例

我现在主要用手机支付，很少用现金了。用手机支付又方便又安全，还能积分。前几天，我忘了带钱包，但完全没有问题。

今はもっぱらスマホ決済で、現金はめったに使わなくなった。スマホ決済は便利だし安全だし、ポイントも貯まるし。先日財布を忘れたけど、まったく問題なかった。

Wǒ xiànzài zhǔyào yòng shǒujī zhīfù, hěn shǎo yòng xiànjīn le. Yòng shǒujī zhīfù yòu fāngbiàn yòu ānquán, hái néng jīfēn. Qián jǐ tiān, wǒ wàngle dài qiánbāo, dàn wánquán méiyou wèntí.

词语	备忘录
信用卡 xìnyòngkǎ：クレジットカード	
账户 zhànghù：口座	
水电费 shuǐdiànfèi：水道光熱費	
优惠 yōuhuì：値引き、優待	
扫二维码 sǎo èrwéimǎ：QR コードをスキャンする	
账单 zhàngdān：明細書	

. . [   ]

你减过肥吗?

ダイエットしたことある?

Nǐ jiǎnguo féi ma?

A.

_____

_____

_____

例

我是那种嘴上一直都说要减肥，但是没有实际行动的人。每次都能找到各种理由逃避，然后告诉自己明天再开始减肥。

口ではいつもダイエットすると言いつつ、実行には移さないタイプ。いつも色んな理由をつけて逃げては、ダイエットは明日からと自分に言い聞かせてる。

Wǒ shì nà zhǒng zuǐ shang yìzhí dōu shuō yào jiǎnféi, dànshì méiyou shíjì xíngdòng de rén. Měi cì dōu néng zhǎodào gè zhǒng lǐyóu táobì, ránhòu gàosu zìjǐ míngtiān zài kāishǐ jiǎnféi.

词语

体重秤　tǐzhòng chèng：体重計
节食　jiéshí：食事量を減らす
减肥食谱　jiǎnféi shípǔ：ダイエットレシピ
营养均衡　yíngyǎng jūnhéng：栄養バランス
低卡路里　dī kǎlùlǐ：低カロリー
公斤　gōngjīn：キログラム

备忘录

你喜欢邀请朋友来家里吗?

友人を家に招待するのは好き？

Nǐ xǐhuan yāoqǐng péngyou lái jiā li ma?

A.

_____

_____

_____

例

我经常邀请朋友来我家玩儿。虽然在朋友来之前得打扫房间，准备饭菜，但我喜欢做饭，并不觉得辛苦。而且，在家里吃饭聊天很自在。

よく友達を家に招待してる。部屋を掃除したり、料理を準備する必要はあるけど、料理は好きだから苦にならない。それに、家で食事をしながらおしゃべりして気兼ねなく過ごせるし。

Wǒ jīngcháng yāoqǐng péngyou lái wǒ jiā wánr. Suīrán zài péngyou lái zhīqián děi dǎsǎo fángjiān, zhǔnbèi fàncài, dàn wǒ xǐhuan zuòfàn, bìng bù juéde xīnkǔ. Érqiě, zài jiā li chī fàn liáotiān hěn zìzai.

词语	备忘录
邀请 yāoqǐng：招待する	
辛苦 xīnkǔ：つらい	
干杯 gān//bēi：乾杯する	
生日派对 shēngrì pàiduì：誕生日パーティー	
客人 kèren：客、ゲスト	
厨房 chúfáng：キッチン	

你每天上几个小时网？

あなたは毎日何時間インターネットを使う？

Nǐ měi tiān shàng jǐ ge xiǎoshí wǎng?

A.

例

每天至少5个小时以上。除了上网看一些社交媒体之外，我的工作也需要上网，所以我觉得我的上网时间应该会比平常人要长。

毎日少なくとも5時間以上。SNSとかを見る以外に、仕事でもネットが必要だから、普通の人よりもネットの使用時間は長いと思う。

Měi tiān zhìshǎo wǔ ge xiǎoshí yǐshàng. Chúle shàngwǎng kàn yìxiē shèjiāo méitǐ zhīwài, wǒ de gōngzuò yě xūyào shàngwǎng, suǒyǐ wǒ juéde wǒ de shàngwǎng shíjiān yīnggāi huì bǐ píngcháng rén yào cháng.

词语	备忘录
离不开 líbukāi：離れられない	
控制 kòngzhì：コントロールする	
手机依赖症 shǒujī yīlàizhèng：スマホ依存症	
查看邮件 chákàn yóujiàn：メールをチェックする	
大约 dàyuē：おおよそ	
磨磨蹭蹭 mómócèngcèng：ぐずぐずする	

[   ]

你打过耳洞吗?

ピアスを開けたことはある?

Nǐ dǎguo ěrdòng ma?

A.

_____

_____

_____

例

我打过三次耳洞。因为我对金属过敏，所以每次打完耳洞耳朵都会发炎，然后就合上了。尝试了三次都不行，最后放弃了。

ピアスの穴は3回開けたことがある。金属アレルギーだから、ピアスを開けるたびに耳が炎症を起こして、その後すぐふさがっちゃう。3回試したけどダメで、最終的に諦めた。

Wǒ dǎguo sān cì ěrdòng. Yīnwei wǒ duì jīnshǔ guòmǐn, suǒyǐ měi cì dǎwán ěrdòng ěrduo dōu huì fāyán, ránhòu jiù héshàng le. Chángshìle sān cì dōu bùxíng, zuìhòu fàngqì le.

词语	备忘录
耳洞 ěrdòng : ピアスの穴	
发炎 fāyán : 炎症を起こす	
合上 héshàng : 閉じる	
耳夹 ěrjiā : イヤリング	
耳钉 ěrdīng : ピアス	
穿搭 chuāndā : コーディネート	

. . [ ]

你喜欢什么蔬菜?

どんな野菜が好き？

Nǐ xǐhuan shénme shūcài?

A.

例

我最喜欢吃圆白菜。圆白菜可以生吃，也可以炒菜、做汤等，怎么做都好吃。而且圆白菜维生素含量高，营养丰富，对肠胃也很好。

キャベツが一番好き。生でも、炒めものでも、スープでも、どんな調理法でもおいしい。しかもキャベツはビタミンを多く含んでいて、栄養豊富で胃腸にも良い。

Wǒ zuì xǐhuan chī yuánbáicài. Yuánbáicài kěyǐ shēng chī, yě kěyǐ chǎocài, zuò tāng děng, zěnme zuò dōu hǎochī. Érqiě yuánbáicài wéishēngsù hánliàng gāo, yíngyǎng fēngfù, duì chángwèi yě hěn hǎo.

词语	备忘录
圆白菜　yuánbáicài：キャベツ	
生吃　shēng chī：生で食べる	
维生素　wéishēngsù：ビタミン	
食物纤维　shíwù xiānwéi：食物繊維	
沙拉　shālā：サラダ	
沙拉汁　shālāzhī：ドレッシング	

你平时听广播吗？

普段ラジオは聞く？

Nǐ píngshí tīng guǎngbō ma?

A.
_____

_____

_____

例

我最近开始喜欢听广播了。跟看视频相比，听广播可以更有效地利用时间，同时进行其他的事情，例如工作、做家务或者开车等等。

最近ラジオを聞くのが好きになった。動画を見るより、ラジオを聞くほうが同時に他のことができて時間を有効活用できる。例えば仕事とか、家事とか運転とか。

Wǒ zuìjìn kāishǐ xǐhuan tīng guǎngbō le. Gēn kàn shìpín xiāngbǐ, tīng guǎngbō kěyǐ gèng yǒuxiào de lìyòng shíjiān, tóngshí jìnxíng qítā de shìqing, lìrú gōngzuò, zuò jiāwù huòzhě kāichē děngděng.

词语	备忘录
主持人 zhǔchírén：司会者、パーソナリティ	
听众 tīngzhòng：リスナー	
收音机 shōuyīnjī：ラジオ（受信機）	
声音 shēngyīn：声、音	
频道 píndào：チャンネル	
耳朵 ěrduo：耳	

Q.204

你最理想的工作是什么?

あなたにとって理想の仕事とは？

Nǐ zuì lǐxiǎng de gōngzuò shì shénme?

A.

___

例

当然工资越高越好，但更重要的是有意义、有乐趣。另外，能够发挥自身价值，为社会做贡献也是很重要的。啊～，真想换工作啊!

もちろん給料は多ければ多いほどいいけど、有意義で楽しいことであるほうが重要かな。あとは、自分の価値を発揮できて、社会に貢献できるかどうかも大事。あ〜、転職したい！

Dāngrán gōngzi yuè gāo yuè hǎo, dàn gèng zhòngyào de shì yǒu yìyì、yǒu lèqù. Lìngwài, nénggòu fāhuī zìshēn jiàzhí, wèi shèhuì zuò gòngxiàn yě shì hěn zhòngyào de. Ā～, zhēn xiǎng huàn gōngzuò a!

词语

贡献 gòngxiàn：貢献する
董事长 dǒngshìzhǎng：代表取締役
成名 chéng//míng：名を成す
朝九晚五 zhāo jiǔ wǎn wǔ：朝9時から夜5時まで
加班 jiā//bān：残業する
远程工作 yuǎnchéng gōngzuò：リモートワーク

备忘录

最让你感到生气的事情是什么?

あなたを一番怒らせることは何?

Zuì ràng nǐ gǎndào shēngqì de shìqing shì shénme?

A.

_____

_____

_____

例

最让我无法忍受的事情是听到别人说我的家人或者朋友的坏话。比听到自己的坏话还要生气,忍不住会跟对方辩论起来。

一番我慢できないのは、誰かに自分の家族や友達の悪口を言われること。自分を悪く言われるより腹が立つし、我慢できずに言い返してしまう。

Zuì ràng wǒ wúfǎ rěnshòu de shìqing shì tīngdào biéren shuō wǒ de jiārén huòzhě péngyou de huàihuà. Bǐ tīngdào zìjǐ de huàihuà hái yào shēngqì, rěnbuzhù huì gēn duìfāng biànlùnqǐlai.

词语	备忘录
无法忍受 wúfǎ rěnshòu:堪え難い	
坏话 huàihuà:悪口	
辩论 biànlùn:論争する	
不认错 bú rèn//cuò:非を認めない	
说谎 shuō//huǎng:うそをつく	
欺负 qīfu:いじめる	

你最经常跟谁吵架？

誰と一番口げんかをする？

Nǐ zuì jīngcháng gēn shéi chǎojià?

A.

_____

_____

_____

例

小时候偶尔会跟家人吵架，因为最亲近的人往往是交往最频繁的，容易产生冲突。长大之后就很少吵架了，慢慢学会控制自己的情绪了。

小さい頃はたまに家族と口げんかしてた。親しい人とは交流も多くて、意見がぶつかりやすいから。大きくなってからはだんだん感情のコントロールができるようになって、けんかは減ったな。

Xiǎoshíhou ǒu'ěr huì gēn jiārén chǎojià, yīnwei zuì qīnjìn de rén wǎngwǎng shì jiāowǎng zuì pínfán de, róngyì chǎnshēng chōngtū. Zhǎngdà zhīhòu jiù hěn shǎo chǎojià le, mànmàn xuéhuì kòngzhì zìjǐ de qíngxù le.

词语	备忘录
亲近 qīnjìn：親しい	
冲突 chōngtū：衝突する	
夫妻吵架 fūqī chǎo//jià：夫婦げんかをする	
爱人 àiren：配偶者	
兄弟姐妹 xiōngdì jiěmèi：兄弟姉妹	
和好 héhǎo：仲直りする	

外星人真的存在吗?

宇宙人は本当にいる？

Wàixīngrén zhēn de cúnzài ma?

A.
_____

_____

_____

例

宇宙这么大，我觉得外星人是存在的。对于外星人来说，我们地球人就是外星人。在他们的世界可能也在问同一个问题吧。

宇宙はこんなに広いんだから、宇宙人はいると思う。宇宙人からしたら、私たち地球人が宇宙人。あっちの世界でも同じ質問をしてるんだろうな。

Yǔzhòu zhème dà, wǒ juéde wàixīngrén shì cúnzài de. Duìyú wàixīnrén lái shuō, wǒmen dìqiúrén jiù shì wàixīngrén. Zài tāmen de shìjiè kěnéng yě zài wèn tóng yí ge wèntí ba.

词语	备忘录
外星人　wàixīngrén：宇宙人	
太阳系　tàiyángxì：太陽系	
银河系　yínhéxì：銀河系	
证据　zhèngjù：証拠	
探测器　tàncèqì：探査機	
《星球大战》《Xīngqiú Dàzhàn》：『スター・ウォーズ』	

你喜欢泡澡吗?

お風呂につかるのは好き?

Nǐ xǐhuan pàozǎo ma?

A.

_____

_____

_____

例

我非常喜欢泡澡。泡澡的时候可以想事情,也可以什么都不用想,是最放松的时间。泡完澡以后觉得一天的疲劳都会消失。

お風呂につかるのは大好き。お風呂につかっているときは、考え事をするのも良し、何も考えないのも良しで、一番リラックスできる時間。お風呂上がりには、一日の疲れが全部とれたような気分になる。

Wǒ fēicháng xǐhuan pàozǎo. Pàozǎo de shíhou kěyǐ xiǎng shìqing, yě kěyǐ shénme dōu búyòng xiǎng, shì zuì fàngsōng de shíjiān. Pàowán zǎo yǐhòu juéde yì tiān de píláo dōu huì xiāoshī.

词语

泡温泉 pào wēnquán:温泉につかる

浴缸 yùgāng:バスタブ

洗浴中心 xǐyù zhōngxīn:銭湯

补充水分 bǔchōng shuǐfèn:水分補給する

放松 fàngsōng:リラックスする

热腾腾 rèténgténg:ほかほかと熱い

备忘录

最近买的家电是什么?

最近買った家電は何？

Zuìjìn mǎi de jiādiàn shì shénme?

A.
_____

_____

_____

例

我家的电视前几天坏了，买了一台新的。虽然现在什么都能在手机上看，但是我还是喜欢用大屏幕看电影。无法想象没有电视的生活。

数日前にテレビが壊れたから新調した。今は何でもスマホで見れるけど、やっぱり大きな画面で映画を見るのが好き。テレビがない生活なんて考えられないな。

Wǒ jiā de diànshì qián jǐ tiān huài le, mǎile yì tái xīn de. Suīrán xiànzài shénme dōu néng zài shǒujī shang kàn, dànshì wǒ háishi xǐhuan yòng dà píngmù kàn diànyǐng. Wúfǎ xiǎngxiàng méiyou diànshì de shēnghuó.

词语

屏幕 píngmù：ディスプレイ、スクリーン、画面
电饭煲 diànfànbāo：電気炊飯器
微波炉 wēibōlú：電子レンジ
洗衣机 xǐyījī：洗濯機
烘干机 hōnggānjī：乾燥機
果汁机 guǒzhījī：ジューサー

备忘录

你手巧吗?

手先は器用?

Nǐ shǒuqiǎo ma?

A.

_____

_____

_____

例

我觉得我算手巧的。小时候父母和老师都夸我手巧,经常鼓励我,让我感到很开心。我也因此更加热爱手工和画画儿了。

手先は器用なほうだと思う。小さい頃は両親も先生もよく器用だと褒めてくれて、すごく嬉しかったな。それでさらにハンドメイドや絵を描くのが好きになった。

Wǒ juéde wǒ suàn shǒuqiǎo de. Xiǎoshíhou fùmǔ hé lǎoshī dōu kuā wǒ shǒuqiǎo, jīngcháng gǔlì wǒ, ràng wǒ gǎndào hěn kāixīn. Wǒ yě yīncǐ gèngjiā rè'ài shǒugōng hé huà huàr le.

词语	备忘录
手工 shǒugōng:手作り	
笨手笨脚 bènshǒu-bènjiǎo:不器用	
织毛线 zhī máoxiàn:編み物をする	
魔术 móshù:手品	
陶艺 táoyì:陶芸	
缝纫 féngrèn:縫い物をする	

[   ]

你喜欢的电视节目是什么？

好きなテレビ番組は？

Nǐ xǐhuan de diànshì jiémù shì shénme?

A.

_____

_____

_____

例

我很喜欢一部叫做《老友记》的美国连续剧。自从我的高中英语老师推荐我看以后，一直到现在都会反复看，连台词都全部会背了。

「フレンズ」というアメリカの連続ドラマが大好き。高校の英語の先生に勧められて以来、今でも繰り返し見てて、セリフも全部暗記してしまったほど。

Wǒ hěn xǐhuan yí bù jiàozuò《Lǎoyǒujì》de Měiguó liánxùjù. Zìcóng wǒ de gāozhōng Yīngyǔ lǎoshī tuījiàn wǒ kàn yǐhòu, yìzhí dào xiànzài dōu huì fǎnfù kàn, lián táicí dōu quánbù huì bèi le.

词语	备忘录
爱情剧 àiqíngjù：恋愛ドラマ	
武侠剧 wǔxiájù：武侠ドラマ	
偶像剧 ǒuxiàngjù：アイドルドラマ	
悬疑剧 xuányíjù：サスペンスドラマ	
古装剧 gǔzhuāngjù：時代劇	
选秀节目 xuǎnxiù jiémù：オーディション番組	

[　　]

学习中文的难点在哪里?

中国語学習のどんなところが難しい?

Xuéxí Zhōngwén de nándiǎn zài nǎli?

A.

_____

_____

_____

例

对我来说，听力和会话最难。读文章基本上没有问题，但跟中国朋友聊天的时候，对方说的话我很多都听不懂，想说的话也说不出来。

自分にとっては、リスニングと会話が一番難しい。文章を読むのは基本的に問題ないけど、中国人の友達と話すときは相手が言っていることをあまり理解できなかったり、自分が言いたいこともうまく伝えられなかったりする。

Duì wǒ lái shuō, tīnglì hé huìhuà zuì nán. Dú wénzhāng jīběnshang méiyou wèntí, dàn gēn Zhōngguó péngyou liáotiān de shíhou, duìfāng shuō de huà wǒ hěn duō dōu tīngbudǒng, xiǎng shuō de huà yě shuōbuchūlái.

词语	备忘录
说不出来 shuōbuchūlái：言えない、言葉が出ない	
声调 shēngdiào：声調	
发音 fāyīn：発音	
多音字 duōyīnzì：複数の読み方がある字	
简体字 jiǎntǐzì：簡体字	
词汇 cíhuì：語彙	

Q.213

今天吃了什么好吃的东西吗？

今日、何かおいしいもの食べた？

Jīntiān chīle shénme hǎochī de dōngxi ma?

A.

_____

_____

例

今天去了我最喜欢的一家蛋糕店，买了几块蛋糕犒劳自己。这家蛋糕店的奶油一点儿也不油腻，水果也很新鲜，边喝咖啡边吃太幸福了。

今日は一番好きなケーキ屋さんに行って、自分へのご褒美にケーキを何個か買った。その店の生クリームは全然くどくないし、フルーツも新鮮で、コーヒーを飲みながら食べるのが最高に幸せ。

Jīntiān qùle wǒ zuì xǐhuan de yì jiā dàngāodiàn, mǎile jǐ kuài dàngāo kàolao zìjǐ. Zhè jiā dàngāodiàn de nǎiyóu yìdiǎnr yě bù yóunì, shuǐguǒ yě hěn xīnxian, biān hē kāfēi biān chī tài xìngfú le.

词语	备忘录
犒劳 kàolao：ねぎらう	
奶油 nǎiyóu：生クリーム	
牛排 niúpái：ステーキ	
火锅 huǒguō：火鍋	
炸猪排 zhá zhūpái：トンカツ	
～菜 ～cài：～料理	

你去KTV必唱的歌是哪一首?

カラオケで必ず歌う曲は？

Nǐ qù KTV bì chàng de gē shì nǎ yì shǒu?

A.

_____

_____

_____

例

我很喜欢"五月天"，去KTV时一定会点《干杯》这 首歌。不过，这首歌太快了，我练习了很多遍还是 跟不上歌词。

五月天が大好きで、カラオケに行くと必ず「乾杯」という曲を入れる。でもこの曲は速すぎて、何度練 習しても歌詞に追いつけない。

Wǒ hěn xīhuan "Wǔyuètiān", qù KTV shí yídìng huì diǎn 《Gānbēi》 zhè shǒu gē. Búguò, zhè shǒu gē tài kuài le, wǒ liànxíle hěn duō biàn háishi gēnbushàng gēcí.

词语	备忘录
点　diǎn：(曲を) 入れる	
五音不全　wǔyīn bùquán：音痴	
嗓子哑了　sǎngzi yǎ le：声がかれた	
抒情歌曲　shūqíng gēqǔ：バラード曲	
动漫歌曲　dòngmàn gēqǔ：アニメソング	
周华健的《朋友》Zhōu Huájiàn de《Péngyou》：周華健の「朋友」	

Q.215

今天的午餐和谁一起吃的?

今日のランチは誰と食べた？

Jīntiān de wǔcān hé shéi yìqǐ chī de?

A.

_____

_____

_____

例

今天和我朋友一起去了一家意大利餐厅吃午餐。我很喜欢跟朋友一起吃饭，聊一些无关紧要的事情，每次都觉得很放松。

今日は友達とイタリアンレストランでランチをした。たわいもない話をしながら友達と一緒にご飯を食べるのが大好きで、いつもすごく心が落ち着く。

Jīntiān hé wǒ péngyou yìqǐ qùle yì jiā Yìdàlì cāntīng chī wǔcān. Wǒ hěn xǐhuan gēn péngyou yìqǐ chī fàn, liáo yìxiē wúguān jǐnyào de shìqing, měi cì dōu juéde hěn fàngsōng.

词语	备忘录
无关紧要 wúguān jǐnyào：大したことではない	
带走 dàizǒu：テイクアウトする	
饭团 fàntuán：おにぎり	
冰咖啡 bīngkāfēi：アイスコーヒー	
乌冬面 wūdōngmiàn：うどん	
盒饭 héfàn：弁当	

你最近有没有尝试过什么新的事情？

最近新しく始めたことはある？

Nǐ zuìjìn yǒu méiyou chángshìguo shénme xīn de shìqing?

A. _____

_____

_____

例

我最近想做点儿运动，但是又不想做太激烈的运动，所以选择了练瑜伽。听说瑜伽不仅能锻炼身体，还能缓解压力，提高睡眠质量等等。

最近ちょっと運動したくて、でもあまり激しい運動もしたくないから、ヨガをすることにした。ヨガは身体を鍛えられるだけじゃなくて、ストレスを軽減させたり、睡眠の質を上げたりすることもできるらしい。

Wǒ zuìjìn xiǎng zuò diǎnr yùndòng, dànshì yòu bù xiǎng zuò tài jīliè de yùndòng, suǒyǐ xuǎnzéle liàn yújiā. Tīngshuō yújiā bùjǐn néng duànliàn shēntǐ, hái néng huǎnjiě yālì, tígāo shuìmián zhìliàng děngděng.

词语	备忘录
激烈 jīliè：激しい	
拳击 quánjī：ボクシング	
线上学习 xiànshàng xuéxí：オンライン学習	
摄影 shèyǐng：撮影する	
烹饪班 pēngrènbān：料理教室	
乐器 yuèqì：楽器	

你最近做过什么样的梦？

最近どんな夢を見た？

Nǐ zuìjìn zuòguo shénmeyàng de mèng?

A.
_____

_____

_____

例

我几乎每天都会做梦。我的梦就像好莱坞电影一样，场面很大，剧情很复杂。每次都希望在梦里多待一会儿，因为睡醒了就全都忘了。

ほぼ毎日夢を見てる。まるでハリウッド映画のように壮大で、ストーリーも複雑な夢。目が覚めたら全部忘れちゃうから、いつももう少し夢の中にいたいなと思ってる。

Wǒ jīhū měi tiān dōu huì zuòmèng. Wǒ de mèng jiù xiàng Hǎoláiwù diànyǐng yíyàng, chǎngmiàn hěn dà, jùqíng hěn fùzá. Měi cì dōu xīwàng zài mèng li duō dāi yíhuìr, yīnwei shuìxǐngle jiù quán dōu wàng le.

词语	备忘录
好莱坞 Hǎoláiwù：ハリウッド 彩色 cǎisè：着色された、カラーの 惊醒 jīngxǐng：飛び起きる 梦见～ mèngjiàn～：～の夢を見る 入睡 rùshuì：眠りにつく 预兆 yùzhào：予兆	

你喜欢看什么样的风景?

あなたの好きな風景は？

Nǐ xǐhuan kàn shénmeyàng de fēngjǐng?

A.

_____

_____

_____

例

我很喜欢富士山，一年四季富士山的景色各有不同，都非常美。我尤其喜欢富士山倒映在湖面上的景色，那简直就像一幅画一样。

富士山が好き。富士山の景色は四季折々に変化し、どれもすごく美しい。特に好きなのは富士山が湖面に逆さまに映っている光景で、それはもうまるで絵画のようだ。

Wǒ hěn xǐhuan Fùshìshān, yì nián sìjì Fùshìshān de jǐngsè gè yǒu bù tóng, dōu fēicháng měi. Wǒ yóuqí xǐhuan Fùshìshān dàoyìngzài húmiàn shang de jǐngsè, nà jiǎnzhí jiù xiàng yì fú huà yíyàng.

词语		备忘录
倒映	dàoyìng：逆さに映る	
云海	yúnhǎi：雲海	
瀑布	pùbù：滝	
寺庙	sìmiào：寺	
美景	měijǐng：美しい景色	
宁静	níngjìng：静かな	

你经常说的一句话是什么?

いつも言うようにしている言葉は何？

Nǐ jīngcháng shuō de yí jù huà shì shénme?

A.

_____

_____

_____

例

我觉得我们很容易忘记感谢身边的人，觉得很多事情都是理所当然的。所以我每天都会提醒我自己说谢谢，今天也说了。

みんな、周りの人への感謝を忘れてなんでも当たり前と思ってしまいがちだと思うから、毎日ありがとうと言うように意識してる。今日も言った。

Wǒ juéde wǒmen hěn róngyì wàngjì gǎnxiè shēnbiān de rén, juéde hěn duō shìqing dōu shì lǐsuǒdāngrán de. Suǒyǐ wǒ měi tiān dōu huì tíxǐng wǒ zìjǐ shuō xièxie, jīntiān yě shuō le.

词语	备忘录
理所当然 lǐsuǒdāngrán：当たり前	
不好意思 bù hǎoyìsi：きまりが悪い	
客气 kèqi：遠慮する	
口头禅 kǒutóuchán：口癖	
表示感谢 biǎoshì gǎnxiè：感謝を表す	
衷心 zhōngxīn：心からの	

为了成长，你需要做什么?

あなたが成長するために必要なものは?

Wèile chéngzhǎng, nǐ xūyào zuò shénme?

A.

例

我觉得成长需要好奇心和学习的意愿，不断地探索新事物和新体验。保持好奇心并持续学习可以帮我们增加知识和技能，使我们成长。

成長には好奇心と学ぶ意欲、新しい物事や体験への探究心が必要だと思う。好奇心を持って学び続けることで教養や技能を身につけ、成長することができる。

Wǒ juéde chéngzhǎng xūyào hàoqíxīn hé xuéxí de yìyuàn, búduàn de tànsuǒ xīn shìwù hé xīn tǐyàn. Bǎochí hàoqíxīn bìng chíxù xuéxí kěyǐ bāng wǒmen zēngjiā zhīshi hé jìnéng, shǐ wǒmen chéngzhǎng.

词语	备忘录
意愿 yìyuàn：願い	
挑战自我 tiǎozhàn zìwǒ：自分に挑戦する	
回顾 huígù：振り返る	
耐心 nàixīn：辛抱強い	
积极 jījí：ポジティブ	
不断 búduàn：絶えず	

你以前都打过什么工？

これまでどんなアルバイトをしたことがある？

Nǐ yǐqián dōu dǎguo shénme gōng?

A.

_____

_____

_____

例

上大学的时候，我做过家教，还在咖啡店打过工。打工虽然有点儿累，但通过打工，我学到了很多东西，也积累了不少社会经验。

大学時代、家庭教師やカフェでアルバイトをしてた。ちょっと疲れるけど、アルバイトを通してたくさんのことを学んだし、いろいろと社会経験も積めたな。

Shàng dàxué de shíhou, wǒ zuòguo jiājiào, hái zài kāfēidiàn dǎguo gōng. Dǎgōng suīrán yǒudiǎnr lèi, dàn tōngguò dǎgōng, wǒ xuédàole hěn duō dōngxi, yě jīlěile bùshǎo shèhuì jīngyàn.

词语	备忘录
家教 jiājiào：家庭教師	
工资 gōngzī：賃金	
日结 rìjié：日雇い、日払い	
工地 gōngdì：工事現場	
工厂 gōngchǎng：工場	
责任感 zérèngǎn：責任感	

Q.222

. . [　　]

有没有让你难忘的歌曲?

忘れられない曲はある?

Yǒu méiyou ràng nǐ nánwàng de gēqǔ?

A.

_____

_____

_____

例

水木年华的《一生有你》。这是我在中国读高中的时候班上流行的一首歌。休息时间经常有同学会用教室的电脑播放,印象很深刻。

水木年華の「一生有你」。中国で高校に通っていた頃にクラスではやった曲で、休み時間によくクラスメイトが教室にあるパソコンで流してたから、すごく印象に残ってる。

Shuǐmù Niánhuá de《Yìshēng yǒu nǐ》. Zhè shì wǒ zài Zhōngguó dú gāozhōng de shíhou bān shang liúxíng de yì shǒu gē. Xiūxi shíjiān jīngcháng yǒu tóngxué huì yòng jiàoshì de diànnǎo bōfàng, yìnxiàng hěn shēnkè.

词语	备忘录
邓丽君 Dèng Lìjūn：テレサ・テン	
莫文蔚 Mò Wénwèi：カレン・モク	
王菲 Wáng Fēi：フェイ・ウォン	
陈慧琳 Chén Huìlín：ケリー・チャン	
崔健 Cuī Jiàn：ツイ・ジェン	
80 年代 bāshí niándài：1980 年代	

你今天说的第一句话是什么?

今日一番最初に話した言葉は？

Nǐ jīntiān shuō de dì yī jù huà shì shénme?

A.
_____

_____

_____

例

我想不起来今天第一句话说了什么了。我平时起床后都是一个人在家里工作，所以没有跟人说话的机会。可能跟电视说了几句话吧。

今日の一言目に何て言ったか思い出せないな。いつも起きたら家で一人で仕事をしてるから、人と話す機会がない。テレビに向かって何か言ったかも。

Wǒ xiǎngbuqǐlái jīntiān dì yī jù huà shuōle shénme le. Wǒ píngshí qǐchuáng hòu dōu shì yí ge rén zài jiā li gōngzuò, suǒyǐ méiyou gēn rén shuōhuà de jīhui. Kěnéng gēn diànshì shuōle jǐ jù huà ba.

词语	备忘录
可能 kěnéng：～かもしれない、もしかすると	
早啊！ Zǎo a!：おはよう！	
早上好！ Zǎoshang hǎo!：おはよう！	
困死了 kùn sǐle：眠くてたまらない	
遭了！ Zāole!：しまった！	
要迟到了！ Yào chídào le!：遅刻する！	

Q.224

最近让你难过的事情是什么?

最近、悲しかったことは?

Zuìjìn ràng nǐ nánguò de shìqing shì shénme?

A.

_____

_____

_____

例

两个月前，我小时候的一个好朋友因病去世了。这件事让我十分震惊和难过。他还很年轻，到现在我也不敢相信这是事实。

2カ月前、子供の頃の親友が病気で亡くなって、すごくショックを受けたし、つらかった。彼はまだ若くて、今でもその事実を受け入れられないでいる。

Liǎng ge yuè qián, wǒ xiǎoshíhou de yí ge hǎo péngyou yīn bìng qùshì le. Zhè jiàn shì ràng wǒ shífēn zhènjīng hé nánguò. Tā hái hěn niánqīng, dào xiànzài wǒ yě bù gǎn xiāngxìn zhè shì shìshí.

词语	备忘录
震惊 zhènjīng：驚く、衝撃を受ける	
痛苦 tòngkǔ：苦しい、つらい	
伤心 shāng//xīn：悲しい	
哭 kū：泣く	
接受不了 jiēshòubuliǎo：受け入れられない	
失去 shīqù：失う	

写出你想要的10件东西。

欲しいものを10個書き出して。

Xiěchū nǐ xiǎng yào de shí jiàn dōngxi.

A.

例

我想要的东西很多，只能选十样的话我想要房子、电脑、手机、包、戒指、眼镜、沙发、冰箱、假期和坚持减肥的毅力。

欲しいものはたくさんあるけど、10個しか選べないなら、家、パソコン、携帯、バッグ、指輪、メガネ、ソファ、冷蔵庫、休暇、それからダイエットを続ける根気が欲しいな。

Wǒ xiǎng yào de dōngxi hěn duō, zhǐ néng xuǎn shí yàng dehuà wǒ xiǎng yào fángzi, diànnǎo, shǒujī, bāo, jièzhi, yǎnjìng, shāfā, bīngxiāng, jiàqī hé jiānchí jiǎnféi de yìlì.

词语

毅力 yìlì：根気
摩托车 mótuōchē：バイク
环球旅行 huánqiú lǚxíng：世界一周旅行
别墅 biéshù：別荘
指甲油 zhǐjiayóu：ネイルポリッシュ、マニキュア
新款 xīnkuǎn：(服などの) 新作

备忘录

Q.226

. . [ ]

你今天去哪里了?

今日はどこに行った?

Nǐ jīntiān qù nǎli le?

A.
_____

_____

_____

例

今天和几个好朋友一起去打高尔夫球了。我觉得打高尔夫球不仅能锻炼身体，还能学习社交能力和心态管理，是一个很有魅力的运动。

今日は仲良しの友達何人かとゴルフに行った。ゴルフをするのは身体のトレーニングだけでなく、さらにコミニュケーション能力向上やメンタル管理を学ぶこともできて、すごく魅力的なスポーツだと思う。

Jīntiān hé jǐ ge hǎo péngyou yìqǐ qù dǎ gāo'ěrfūqiú le. Wǒ juéde dǎ gāo'ěrfūqiú bùjǐn néng duànliàn shēntǐ, hái néng xuéxí shèjiāo nénglì hé xīntài guǎnlǐ, shì yí ge hěn yǒu mèilì de yùndòng.

词语

心态 xīntài：気持ち、心理状態
便利店 biànlìdiàn：コンビニエンスストア
机场 jīchǎng：空港
餐厅 cāntīng：レストラン
超市 chāoshì：スーパーマーケット
邮局 yóujú：郵便局

备忘录

Q.227

如果能奖励你一样东西，你想要什么？

自分にご褒美をあげるとしたら、何が欲しい？

Rúguǒ néng jiǎnglì nǐ yí yàng dōngxi, nǐ xiǎng yào shénme?

A.

_____

_____

_____

例

我现在用的电脑太旧了，反应变得越来越慢，所以我想要一台新电脑。不过这份奖励有点儿贵，我还得好好儿考虑考虑。

今使ってるパソコンが古すぎて反応がどんどん遅くなってるから、新しいパソコンが欲しい。でもこのご褒美はちょっと高いから、もう少しよく考えないと。

Wǒ xiànzài yòng de diànnǎo tài jiù le, fǎnyìng biànde yuè lái yuè màn, suǒyǐ wǒ xiǎng yào yì tái xīn diànnǎo. Búguò zhè fèn jiǎnglì yǒudiǎnr guì, wǒ hái děi hǎohāor kǎolùkaolü.

词语	备忘录
化妆品　huàzhuāngpǐn：化粧品	
发饰　fàshì：髪飾り	
美食　měishí：グルメ	
按摩　ànmó：マッサージする	
智能手表　zhìnéng shǒubiǎo：スマートウォッチ	
时间　shíjiān：時間	

什么时候会让你觉得想花钱?

お金を使いたくなるのはどんなとき?

Shénme shíhou huì ràng nǐ juéde xiǎng huā qián?

A.

_____

_____

_____

例

当我感到压力大的时候会花钱来缓解负面情绪。虽然觉得这不是一个很好的习惯，但是有时候还是需要用这种方法来发泄一下的。

ストレスを感じたときに、お金を使ってネガティブな感情を払拭してる。あまり良い習慣ではないけど、時にはこういう方法で発散することも必要だよね。

Dāng wǒ gǎndào yālì dà de shíhou huì huā qián lái huǎnjiě fùmiàn qíngxù. Suīrán juéde zhè bú shì yí ge hěn hǎo de xíguàn, dànshì yǒushíhou háishi xūyào yòng zhè zhǒng fāngfǎ lái fāxiè yíxià de.

词语	备忘录
礼物 lǐwù：プレゼント	
奖励 jiǎnglì：ご褒美	
大减价 dàjiǎnjià：大安売り	
冲动 chōngdòng：衝動的に	
打折 dǎ//zhé：割引する	
发工资 fā gōngzī：給料が出る	

[   ]

你的宝贝是什么?

あなたの宝物は何?

Nǐ de bǎobei shì shénme?

A.
_____

_____

_____

例

我的宝贝是我养了十年的小狗。这是我第一次养宠物，它给我带来了很多令我意想不到的乐趣，让我的生活变得更快乐和幸福。

宝物は10年飼ってる愛犬。初めて飼うペットで、想像もしてなかった喜びをたくさんもたらしてくれたし、生活がより楽しく幸せになった。

Wǒ de bǎobei shì wǒ yǎngle shí nián de xiǎo gǒu. Zhè shì wǒ dì yī cì yǎng chǒngwù, tā gěi wǒ dàilaile hěn duō lìng wǒ yìxiǎngbudào de lèqù, ràng wǒ de shēnghuó biànde gèng kuàilè hé xìngfú.

词语	备忘录
意想不到 yìxiǎngbudào：思いがけない	
信 xìn：手紙	
照片 zhàopiàn：写真	
签名 qiānmíng：サイン	
钱 qián：お金	
房子 fángzi：家	

.   .   [   ]

你今天身体怎么样？

今日の体調は？

Nǐ jīntiān shēntǐ zěnmeyàng?

A.
_____

_____

_____

例

今天起床后感到身体很乏累，没有什么精神和动力去做事情。这种时候我都会吃点儿好吃的，尽量什么都不做。自己的心情不好时还是要自己哄。

今日は起きたら身体が疲れてて、元気もやる気も起きなかった。こういう時はいつもおいしいものを食べて、なるべく何もしないようにしてる。自分の機嫌は自分でとらないとね。

Jīntiān qǐchuáng hòu gǎndào shēntǐ hěn fálèi, méiyou shénme jīngshen hé dònglì qù zuò shìqing. Zhè zhǒng shíhou wǒ dōu huì chī diǎnr hǎochī de, jǐnliàng shénme dōu bú zuò. zìjǐ de xīnqíng bù hǎo shí háishi yào zìjǐ hǒng.

词语	备忘录
哄 hǒng：機嫌をとる、あやす	
头晕 tóuyūn：目眩がする	
难受 nánshòu：つらい	
心情好 xīnqíng hǎo：気分がいい	
不错！ Búcuò!：いいね！	
不舒服 bù shūfu：気分が悪い	

Q.231

在过去的一年里，你受过伤吗?

この一年でケガをしたことはある?

Zài guòqù de yì nián li, nǐ shòuguo shāng ma?

A.
_____

_____

_____

例

上个月我不小心把脚崴了，脚脖子肿得很厉害，疼得不得了。现在虽然已经不太疼了，但走起路来还是有些不得劲儿。

先月うっかり足をくじいてしまって、足首の腫れがひどくてすごく痛かった。今はそんなに痛くなくなったけど、歩くとまだ少し違和感がある。

Shàng ge yuè wǒ bù xiǎoxīn bǎ jiǎo wǎi le, jiǎobózi zhǒngde hěn lìhai, téngde bùdéliǎo. Xiànzài suīrán yǐjīng bú tài téng le, dàn zǒuqǐ lù lai háishi yǒuxiē bù déjìnr.

词语	备忘录
摔倒 shuāidǎo：転ぶ	
留疤 liú bā：傷跡が残る	
治疗 zhìliáo：治す	
烫伤 tàngshāng：やけどをする	
车祸 chēhuò：交通事故	
缝针 féng zhēn：傷を縫う	

如果你要养一只猫，你会给它取什么名字？

猫を飼うとしたらどんな名前をつける？

Rúguǒ nǐ yào yǎng yì zhī māo, nǐ huì gěi tā qǔ shénme míngzi?

A.

___

___

例

我会给它取一个很有日本风格的名字，比如说"きなこ"。我觉得这样的名字很可爱，叫起来很顺口，而且有一种温馨的感觉。

日本風の名前をつけてあげるかな。例えば「きなこ」とか。こういう名前は可愛いし、呼びやすいし、何だかあたたかみも感じる。

Wǒ huì gěi tā qǔ yí ge hěn yǒu Rìběn fēnggé de míngzi, bǐrú shuō "kinako". wǒ juéde zhèyàng de míngzi hěn kě'ài, jiàoqǐlai hěn shùnkǒu, érqiě yǒu yì zhǒng wēnxīn de gǎnjué.

词语	备忘录
顺口 shùnkǒu：口にしやすい、語呂がいい	
温馨 wēnxīn：（気持ちが）あたたかい	
含意 hányì：含まれている意味や意図	
谐音 xiéyīn：音をかける	
猫咪 māomī：にゃんこ	
胖乎乎 pànghūhū：まるまると太っている	

今天的气温怎么样?

今日の気温はどうだった?

Jīntiān de qìwēn zěnmeyàng?

A.
_____

_____

_____

例

今天天气很好，气温很舒适，穿一件薄薄的长袖衣服刚好。这种天气我很喜欢准备一些好吃的，跟家人或朋友一起去公园野餐。

今日は天気がすごく良くて、気温も快適で、薄手の長袖でちょうど良かった。こんな天気の日はおいしいものを用意して、家族や友達と一緒に公園でピクニックがしたくなる。

Jīntiān tiānqì hěn hǎo, qìwēn hěn shūshì, chuān yí jiàn báobáo de chángxiù yīfu gāng hǎo. Zhè zhǒng tiānqì wǒ hěn xǐhuan zhǔnbèi yìxiē hǎochī de, gēn jiārén huò péngyou yìqǐ qù gōngyuán yěcān.

词语	备忘录
野餐 yěcān : ピクニックをする	
冷 lěng : 寒い	
满头大汗 mǎntóu dàhàn : 汗びっしょり	
下大雨 xià dàyǔ : 大雨が降る	
零下 língxià : 零下	
台风 táifēng : 台風	

你会送朋友什么礼物?

友達へのプレゼントには何をあげる?

Nǐ huì sòng péngyou shénme lǐwù?

A.

_____

_____

_____

例

我平时选礼物的时候会选一个朋友自己不会买，但是又需要的东西。上次送了一个高级洗手液给闺蜜，她收到后很喜欢。

普段プレゼントを買うときは、友達が自分では買わないけど必要なものを選んでる。この前は親友にちょっといいハンドソープをあげたら、すごく喜んでくれた。

Wǒ píngshí xuǎn lǐwù de shíhou huì xuǎn yí ge péngyou zìjǐ bú huì mǎi, dànshì yòu xūyào de dōngxi. Shàng cì sòngle yí ge gāojí xǐshǒuyè gěi guīmì, tā shōudào hòu hěn xǐhuan.

词语	备忘录
洗手液 xǐshǒuyè：ハンドソープ	
犹豫 yóuyù：迷う	
葡萄酒 pútaojiǔ：ワイン	
护手霜 hùshǒushuāng：ハンドクリーム	
合适 héshì：似合う	
领带 lǐngdài：ネクタイ	

你最能放松的地方是哪里?

あなたが一番落ち着く場所はどこ?

Nǐ zuì néng fàngsōng de dìfang shì nǎli?

A.
_____

_____

_____

例

最能够让我放松的地方是我家的客厅。我很喜欢坐在客厅的沙发上看电视、看书、睡午觉。太放松了,每次时间都过得很快。

一番リラックスできるのは家のリビング。リビングのソファでテレビを見たり、読書をしたり、お昼寝をするのが好き。心地良すぎて、いつも時間が過ぎるのがすごく早い。

Zuì nénggòu ràng wǒ fàngsōng de dìfang shì wǒ jiā de kètīng. Wǒ hěn xǐhuan zuòzài kètīng de shāfā shang kàn diànshì, kàn shū, shuì wǔjiào. Tài fàngsōng le, měi cì shíjiān dōu guòde hěn kuài.

词语	备忘录
书房 shūfáng:書斎	
卧室 wòshì:ベッドルーム	
房间 fángjiān:部屋	
卫生间 wèishēngjiān:トイレ	
烦恼 fánnǎo:悩む	
安静 ānjìng:静かだ	

你今天本来想做而没能做的事是什么?

今日したかったけどできなかったことは?

Nǐ jīntiān běnlái xiǎng zuò ér méi néng zuò de shì shì shénme?

A.

_____

_____

例

今天本来想打扫房间，可一打开电脑就没完没了地看起视频来，一直懒得动。结果到了晚上也没打扫。真想改掉这个拖拖拉拉的坏习惯。

今日はもともと部屋の掃除をするつもりだったけど、パソコンを開いたら延々と動画を見てしまって、一向に動けなかった。結果、夜になっても掃除はせず。このだらだらしてしまう悪い癖をなんとかしたいものだ。

Jīntiān běnlái xiǎng dǎsǎo fángjiān, kě yì dǎkāi diànnǎo jiù méi wán méi liǎo de kànqǐ shìpín lai, yìzhí lǎnde dòng. Jiéguǒ dàole wǎnshang yě méi dǎsǎo. Zhēn xiǎng gǎidiào zhège tuōtuōlālā de huài xíguàn.

词语	备忘录
背单词 bèi dāncí：単語を覚える	
自制力 zìzhìlì：自制心	
晒被子 shài bèizi：布団を干す	
健身房 jiànshēnfáng：ジム	
颓废 tuífèi：やる気が起きない、意気消沈している	
打疫苗 dǎ yìmiáo：ワクチンを打つ	

你主要用什么方法获取信息？

あなたの主な情報源は？

Nǐ zhǔyào yòng shénme fāngfǎ huòqǔ xìnxī?

A.

例

现在看报纸的人越来越少，看网络新闻的人越来越多了，我也是其中之一。虽然有时也会看电视新闻，但主要通过网络获取信息。

今は新聞を読む人がどんどん減って、ネットニュースを見る人が増えてきた。自分もその一人で、テレビのニュースを見ることもあるけど、主にインターネットから情報を得ている。

Xiànzài kàn bàozhǐ de rén yuè lái yuè shǎo, kàn wǎngluò xīnwén de rén yuè lái yuè duō le, wǒ yě shì qízhōng zhī yī. Suīrán yǒushí yě huì kàn diànshì xīnwén, dàn zhǔyào tōngguò wǎngluò huòqǔ xìnxī.

词语	备忘录
社交媒体 shèjiāo méitǐ：ソーシャルメディア、SNS	
推特 Tuītè：Twitter（現在の X）	
抖音 Dǒuyīn：TikTok	
网站 wǎngzhàn：Web サイト	
热搜 rèsōu：トレンドワード	
博客 bókè：ブログ	

. . [　　]

如果能请一周假，你会做什么?

一週間休みが取れたら、何をする?

Rúguǒ néng qǐng yì zhōu jià, nǐ huì zuò shénme?

A.
_____

_____

_____

例

我会用四天的时间去旅游，剩下的三天在家里放松。出去玩儿很开心，但是也很累，所以安排什么也不做的时间对我来说很重要。

4日間は旅行に行って、残りの3日間は家でくつろぐ。遊びに出かけるのは楽しいけど、その分疲れるから、何もしない時間をつくるのも自分にとってはすごく大事。

Wǒ huì yòng sì tiān de shíjiān qù lǚyóu, shèngxià de sān tiān zài jiā li fàngsōng. Chūqu wánr hěn kāixīn, dànshì yě hěn lèi, suǒyǐ ānpái shénme yě bú zuò de shíjiān duì wǒ lái shuō hěn zhòngyào.

词语	备忘录
安排　ānpái：手配する	
演唱会　yǎnchànghuì：コンサート	
大扫除　dàsǎochú：大掃除をする	
假期　jiàqī：休暇	
宝贵　bǎoguì：貴重だ	
自驾游　zìjiàyóu：ドライブ旅行	

你给今天的自己打多少分？

今日の自分に点数をつけるとしたら、何点？

Nǐ gěi jīntiān de zìjǐ dǎ duōshǎo fēn?

A.

_____

_____

_____

例

今天也是平平凡凡的一天，没做什么特别的事，所以应该打六十到七十分吧。今天应该做的事都做了，但仅此而已。

今日も平凡な一日で、特別なことはしてないから、60点から70点かな。今日やるべきことは全部やったけど、それだけだから。

Jīntiān yě shì píngpíngfánfán de yì tiān, méi zuò shénme tèbié de shì, suǒyǐ yīnggāi dǎ liùshí dào qīshí fēn ba. Jīntiān yīnggāi zuò de shì dōu zuò le, dàn jǐn cǐ éryǐ.

词语	备忘录
打分 dǎfēn：採点する	
表现 biǎoxiàn：パフォーマンス	
马马虎虎 mǎmǎhūhū：まあまあ	
充实 chōngshí：充実している	
一般 yìbān：普通	
满分 mǎnfēn：満点	

[   ]

一天当中你最喜欢哪个时间段?

一日の中で一番好きな時間帯は？

Yì tiān dāngzhōng nǐ zuì xǐhuan nǎge shíjiānduàn?

A.

_____

_____

_____

例

我最喜欢早上，特别是天气好的时候，打开窗户晒太阳，吸新鲜空气，心情会很舒畅。我很享受早上喝咖啡看书的时间。

朝が一番好き。特に天気がいい時は、窓を開けて陽を浴びて、新鮮な空気を吸うとすごく気持ちがいい。朝にコーヒーを飲みながら読書をするのが至福の時。

Wǒ zuì xǐhuan zǎoshang, tèbié shì tiānqì hǎo de shíhou, dǎkāi chuānghu shài tàiyang, xī xīnxiān kōngqì, xīnqíng huì hěn shūchàng. Wǒ hěn xiǎngshòu zǎoshang hē kāfēi kàn shū de shíjiān.

词语	备忘录
业余时间　yèyú shíjiān：仕事の余暇	
清晨　qīngchén：早朝	
白天　báitiān：昼間	
乐趣　lèqù：楽しみ	
回家　huí jiā：家に帰る	
傍晚　bàngwǎn：夕方	

今天你在网上搜索过什么?

今日、ネットで検索したことは？

Jīntiān nǐ zài wǎng shang sōusuǒguo shénme?

A.

_____

_____

_____

例

刚才上网搜索了电影院的电影上映时间表。我很喜欢去电影院看电影，一个月至少会去看一次。看完电影每次都会感到很充实。

さっきネットで映画館の上映スケジュールを検索した。映画館で映画を見るのが好きで、月に少なくとも一回は見に行ってる。映画を見た後はいつも充実感に包まれる。

Gāngcái shàngwǎng sōusuǒle diànyǐngyuàn de diànyǐng shàngyìng shíjiān biǎo. Wǒ hěn xǐhuan qù diànyǐngyuàn kàn diànyǐng, yí ge yuè zhìshǎo huì qù kàn yí cì. Kànwán diànyǐng měi cì dōu huì gǎndào hěn chōngshí.

词语	备忘录
明星 míngxīng：有名人	
图片 túpiàn：画像	
娱乐 yúlè：娱楽、楽しみ	
购物 gòuwù：ショッピングする	
菜谱 càipǔ：メニュー	
意思 yìsi：意味	

Q.242

.   .   [   ]

回顾今天，你最先想到的是什么?

今日を振り返って、一番最初に頭に浮かぶのは？

Huígù jīntiān, nǐ zuì xiān xiǎngdào de shì shénme?

A.

_____

_____

_____

例

最先想到的是烤面包。今天我第一次尝试了烤牛角面包，整个过程非常有趣也很有挑战性。虽然说不上很成功，但是还是挺满意的。

最初に思い浮かぶのはパンを焼いたこと。今日初めてクロワッサン作りに挑戦したんだけど、作る工程がすごく楽しくて、挑戦のしがいがあった。大成功とまでは言えないけど、まぁまぁ満足の出来栄えかな。

Zuì xiān xiǎngdào de shì kǎo miànbāo. Jīntiān wǒ dì yī cì chángshìle kǎo niújiǎo miànbāo, zhěnggè guòchéng fēicháng yǒuqù yě hěn yǒu tiāozhànxìng. Suīrán shuōbushàng hěn chénggōng, dànshì háishi tǐng mǎnyì de.

词语

牛角面包 niújiǎo miànbāo：クロワッサン
顺利 shùnlì：うまくいく
健忘 jiànwàng：忘れっぽい
反思 fǎnsī：反省する
睡过头 shuìguòtóu：寝坊する
会议 huìyì：会議

备忘录

最近有没有发生过令你觉得不可思议的事情？

最近、何か不思議なことはあった？

Zuìjìn yǒu méiyou fāshēngguo lìng nǐ juéde bùkě-sīyì de shìqing?

A.
_____

_____

_____

例

我经常会丢东西，明明刚才还有的，下一秒就找不到了。有时候怎么找都找不到，就会觉得很不可思议。这个坏毛病一直改不掉。

よく物を失くしちゃう。さっきまであったはずなのに、次の瞬間にはもう見つからない。どう探しても見つからないときはすごく不思議に感じる。なかなか直せない悪い癖だ。

Wǒ jīngcháng huì diū dōngxi, míngmíng gāngcái hái yǒu de, xià yì miǎo jiù zhǎobudào le. Yǒushíhou zěnme zhǎo dōu zhǎobudào, jiù huì juéde hěn bùkě-sīyì. Zhège huài máobing yìzhí gǎibudiào.

词语	备忘录
明明 míngmíng：明らかに	
遇到 yùdào：遭遇する	
稀奇 xīqí：珍しい、不思議な	
从来 cónglái：今までに、これまで	
难以置信 nányǐ zhìxìn：信じられない	
既视感 jìshìgǎn：既視感	

有什么事情是你不愿意看到的?

目の前で起きたら嫌なことは?

Yǒu shénme shìqing shì nǐ bú yuànyì kàndào de?

A.
_____

_____

_____

例

有一次我在一家快餐店吃饭的时候,一个店员在客人面前大声地批评一个新人,店里的气氛变得很尴尬,我觉得食物的味道也变糟了。

ファストフード店で食事をしてたときに、ある店員がお客さんの前で新人を大声で叱っていて、店内の雰囲気が気まずくなった。食べ物の味までまずくなった気分だったな。

Yǒu yí cì wǒ zài yì jiā kuàicāndiàn chī fàn de shíhou, yí ge diànyuán zài kèren miànqián dàshēng de pīpíng yí ge xīnrén, diàn li de qìfen biànde hěn gāngà, wǒ juéde shíwù de wèidao yě biànzāo le.

词语	备忘录
气氛 qìfen:雰囲気	
打架 dǎ//jià:けんかをする	
偷东西 tōu dōngxi:ものを盗む	
吐痰 tǔ tán:たんを吐く	
没素质 méi sùzhì:教養に欠ける	
爆发 bàofā:爆発する	

Q.245

你今天吃了什么零食？

今日食べたおやつは？

Nǐ jīntiān chīle shénme língshí?

A.

_____

_____

_____

例

我今天吃了巧克力和软糖。我的工作需要长时间使用电脑，为了集中精力经常会吃甜食。我的办公桌上永远少不了零食。

今日はチョコレートとグミを食べた。仕事で長時間パソコンを使うから、集中力を上げるためによくお菓子を食べてる。デスクの上にはおやつが絶対欠かせない。

Wǒ jīntiān chīle qiǎokèlì hé ruǎntáng. Wǒ de gōngzuò xūyào cháng shíjiān shǐyòng diànnǎo, wèile jízhōng jīnglì jīngcháng huì chī tiánshí. Wǒ de bàngōngzhuō shang yǒngyuǎn shǎobuliǎo língshí.

词语	备忘录
少不了 shǎobuliǎo：なくてはならない	
糖 táng：飴	
爆米花 bàomǐhuā：ポップコーン	
薯片 shǔpiàn：ポテトチップス	
发胖 fāpàng：太る	
节制 jiézhì：制限する、控える	

[   ]

你想要推荐给外国游客的日本美食是什么?

海外旅行客におすすめしたい日本食は?

Nǐ xiǎng yào tuījiàn gěi wàiguó yóukè de Rìběn měishí shì shénme?

A. _____

_____

_____

例

我会推荐吃生鱼片和寿司，又新鲜又好吃。日本的卫生管理做得特别好，可以放心地吃生食。这不是在哪个国家都能实现的事情。

新鮮でおいしいお刺身とお寿司をおすすめする。日本は衛生管理がしっかりしてるから、安心して生物を食べられる。これはどの国でもできることじゃない。

Wǒ huì tuījiàn chī shēngyúpiàn hé shòusī, yòu xīnxiān yòu hǎochī. Rìběn de wèishēng guǎnlǐ zuòde tèbié hǎo, kěyǐ fàngxīn de chī shēngshí. Zhè bú shì zài nǎge guójiā dōu néng shíxiàn de shìqing.

词语	备忘录
天妇罗 tiānfùluó：てんぷら	
居酒屋 jūjiǔwū：居酒屋	
传统 chuántǒng：伝統的な	
讲究 jiǎngjiu：こだわる、重んじる	
鳗鱼饭 mányúfàn：鰻丼	
日式牛肉火锅 rìshì niúròu huǒguō：すき焼き	

Q.247

你推荐的动画片是什么?

おすすめのアニメは何？

Nǐ tuījiàn de dònghuàpiàn shì shénme?

A.
_____

_____

_____

例

我推荐《鬼灭之刃》。它的画面、音乐、人物塑造等方面都有着非常高的水准，每集都有精彩的动作场面和感人的情感描写。

『鬼滅の刃』がおすすめ。映像、音楽、キャラクター制作などすべてにおいてレベルが高くて、どの話にも見応え充分なアクションシーンや感動的なシーンがある。

Wǒ tuījiàn《Guǐmiè zhī Rèn》. Tā de huàmiàn, yīnyuè, rénwù sùzào děng fāngmiàn dōu yǒuzhe fēicháng gāo de shuǐzhǔn, měi jí dōu yǒu jīngcǎi de dòngzuò chǎngmiàn hé gǎnrén de qínggǎn miáoxiě.

词语	备忘录
感人 gǎnrén：人を感動させる 动漫 dòngmàn：アニメとマンガ 吉卜力 Jíbǔlì：ジブリ 火 huǒ：はやっている、人気がある 排行榜 páihángbǎng：ランキング 系列 xìliè：シリーズ	

＿＿＿ ・ ・ [ ]

今天你运动了吗?

今日、体を動かした？

Jīntiān nǐ yùndòng le ma?

A.

＿＿＿＿＿＿＿＿＿＿＿＿＿＿＿＿＿＿＿＿＿

＿＿＿＿＿＿＿＿＿＿＿＿＿＿＿＿＿＿＿＿＿

＿＿＿＿＿＿＿＿＿＿＿＿＿＿＿＿＿＿＿＿＿

例

我今天没有做任何运动，除了吃饭，一整天都坐在电脑前工作。最近身体很酸痛，所以尽量逼自己多运动，但是偶尔还是会偷懒。

今日はまったく運動してない。食事のとき以外は、ずっとパソコンの前に座って仕事をしてた。最近身体がバキバキだからなるべく運動するようにしてるけど、たまにはさぼっちゃうこともある。

Wǒ jīntiān méiyou zuò rènhé yùndòng, chúle chī fàn, yì zhěngtiān dōu zuòzài diànnǎo qián gōngzuò. Zuìjìn shēntǐ hěn suāntòng, suǒyǐ jǐnliàng bī zìjǐ duō yùndòng, dànshì ǒu'ěr háishi huì tōulǎn.

词语

逼 bī：〜を強いる
热身运动 rèshēn yùndòng：ウォーミングアップ
打网球 dǎ wǎngqiú：テニスをする
规则 guīzé：ルール
身材 shēncái：(体の) スタイル
肌肉 jīròu：筋肉

备忘录

Q.249

你喜欢听什么音乐?

好きな音楽のジャンルは？

Nǐ xǐhuan tīng shénme yīnyuè?

A.

_____

_____

例

各种风格的音乐我都喜欢，但我尤其喜欢听摇滚乐、爵士乐和流行歌曲等。我最近经常听中文歌，虽然唱得不太好，但很喜欢唱。

どのジャンルの音楽も好きだけど、特に好きなのはロック、ジャズ、ポップスなど。最近は中国語の歌をよく聴いていて、あまり上手ではないけど歌うのも好き。

Gè zhǒng fēnggé de yīnyuè wǒ dōu xǐhuan, dàn wǒ yóuqí xǐhuan tīng yáogǔnyuè, juéshìyuè hé liúxíng gēqǔ děng. Wǒ zuìjìn jīngcháng tīng Zhōngwén gē, suīrán chàngde bú tài hǎo, dàn hěn xǐhuan chàng.

词语

尤其 yóuqí：特に、とりわけ
摇滚乐 yáogǔnyuè：ロック
爵士乐 juéshìyuè：ジャズ
古典音乐 gǔdiǎn yīnyuè：クラシック音楽
说唱 shuōchàng：ラップ
小众 xiǎozhòng：マイナー

备忘录

. . [ ]

如果可以给一颗星星起名，你会起什么名字？

ある星に名前をつけるとしたら、何と名づける？

Rúguǒ kěyǐ gěi yì kē xīngxing qǐmíng, nǐ huì qǐ shénme míngzi?

A.

_____

_____

_____

例

我会用自己的名字当中的一个汉字，组合星星的形状或颜色等特点来命名。我觉得这样的名字具有特殊的意义和纪念价值。

自分の名前に使われてる漢字一文字と、星の形や色などの特徴を合わせて名前をつけるかな。こういう名前なら特別な意味も持たせられるし、記念にもなるし。

Wǒ huì yòng zìjǐ de míngzi dāngzhōng de yí ge Hànzì, zǔhé xīngxing de xíngzhuàng huò yánsè děng tèdiǎn lái mìngmíng. Wǒ juéde zhèyàng de míngzi jùyǒu tèshū de yìyì hé jìniàn jiàzhí.

词语

颗 kē : 星の量詞
象征 xiàngzhēng : シンボル
有意义 yǒu yìyì : 深い意味のある、有意義な
好运 hǎoyùn : 幸運
独一无二 dúyī-wú'èr : 唯一無二の
伟人 wěirén : 偉人

备忘录

你人生中最早的记忆是什么?

人生で一番古い記憶はどんなもの?

Nǐ rénshēng zhōng zuì zǎo de jìyì shì shénme?

A.
_____

_____

_____

例

我最早的记忆是机场。我跟妈妈从冲绳坐飞机到东京,离开了一直生活在一起的外公外婆。我哭得很伤心,现在也记得那个场景。

一番古い記憶は空港だな。ずっと一緒に住んでた祖父母の元を離れて、母と沖縄から飛行機に乗って東京へ行った。悲しくて大泣きしたのを今でも覚えてる。

Wǒ zuì zǎo de jìyì shì jīchǎng. Wǒ gēn māma cóng Chōngshéng zuò fēijī dào Dōngjīng, líkāile yìzhí shēnghuó zài yìqǐ de wàigōng wàipó. Wǒ kūde hěn shāngxīn, xiànzài yě jìde nàge chǎngjǐng.

词语

场景 chǎngjǐng:シーン
岁 suì:歳
记不清 jìbuqīng:はっきり覚えていない
牵手 qiānshǒu:手を繋ぐ
第一次 dì-yī cì:初めて
三轮车 sānlúnchē:三輪車

备忘录

Q.252

上个周末你做什么了?

こないだの週末は何をしていた？

Shàng ge zhōumò nǐ zuò shénme le?

A.

_____

_____

_____

例

上周末跟朋友去京都玩儿了两天，玩儿得很开心。我很喜欢京都街道的氛围，可以感受到日本独特的传统文化和历史魅力。

先週末は友達と京都で2日間遊んで、すごく楽しかった。京都の街並みの雰囲気が大好き。日本特有の伝統文化と歴史の魅力が感じられる。

Shàng zhōumò gēn péngyou qù Jīngdū wánrle liǎng tiān, wánrde hěn kāixīn. Wǒ hěn xǐhuan Jīngdū jiēdào de fēnwéi, kěyǐ gǎnshòudào Rìběn dútè de chuántǒng wénhuà hé lìshǐ mèilì.

词语

氛围 fēnwéi：雰囲気
约 yuē：約束する
聚会 jùhuì：集まり、パーティー
酒吧 jiǔbā：バー
疲劳 píláo：疲れている
冲浪 chōnglàng：サーフィンをする

备忘录

．　　　．　［　　　］

你平时怎么找好吃的餐厅?

普段おいしいレストランはどうやって見つけてる？

Nǐ píngshí zěnme zhǎo hǎochī de cāntīng?

A.

_____

_____

_____

例

现在主要靠上网搜索，然后看照片和口碑等进行选择。不过，网上的信息不一定可靠，合不合自己的口味，还得亲自去尝尝看才知道。

今は主にインターネットで検索して、写真や口コミなどを見て選んでる。でもネットの情報は必ずしも信頼できるわけではなくて、自分の好みに合うかどうかは、やっぱり自分で行って食べてみないと分からないね。

Xiànzài zhǔyào kào shàngwǎng sōusuǒ, ránhòu kàn zhàopiàn hé kǒubēi děng jìnxíng xuǎnzé. Búguò, wǎng shang de xìnxī bù yídìng kěkào, hé bu hé zìjǐ de kǒuwèi, hái děi qīnzì qù chángchang kàn cái zhīdao.

词语

搜索 sōusuǒ：検索する
口碑 kǒubēi：口コミ
排队 pái//duì：列に並ぶ
网红 wǎnghóng：ワンホン、インフルエンサー
推荐 tuījiàn：おすすめ
预约 yùyuē：予約する

备忘录

． ． [　]

今天说了多少次谢谢?

今日、ありがとうを何回言った?

Jīntiān shuōle duōshao cì xièxie?

A.

例

今天说了很多次谢谢。我经常提醒自己，不管跟对方的关系多熟，也不要忘记说谢谢。不能觉得对方的付出是理所当然的。

今日はたくさん、ありがとうと言った。たとえどんなに親しい相手でも、ありがとうと言うのを忘れないようにいつも意識してる。相手が自分にしてくれることを当たり前だと思っちゃいけない。

Jīntiān shuōle hěn duō cì xièxie. Wǒ jīngcháng tíxǐng zìjǐ, bùguǎn gēn duìfāng de guānxi duō shú, yě búyào wàngjì shuō xièxie. Bù néng juéde duìfāng de fùchū shì lǐsuǒdāngrán de.

词语

付出 fùchū : してくれたこと、捧げたもの
公司 gōngsī : 会社
礼仪 lǐyí : マナー
买单 mǎidān : 勘定する
家人 jiārén : 家族
数不清 shǔbuqīng : 数えきれない

备忘录

你身上有没有感到疼痛的地方？

体にどこか痛いところはある？

Nǐ shēn shang yǒu méiyou gǎndào téngtòng de dìfang?

A. _____

_____

_____

例

可能是吃得不太合适，今天肚子有点儿疼。我的中国朋友让我多喝热水。中国人好像经常说"多喝热水"，好像热水是万能的药一样。

食べたものが良くなかったのか、今日はおなかが少し痛い。中国人の友達にはお湯をたくさん飲むよう言われたけど、中国人はよく「お湯をたくさん飲め」と言うみたいだ。まるでお湯が万能薬かのように。

Kěnéng shì chīde bú tài héshì, jīntiān dùzi yǒudiǎnr téng. Wǒ de Zhōngguó péngyou ràng wǒ duō hē rèshuǐ. Zhōngguórén hǎoxiàng jīngcháng shuō "duō hē rèshuǐ", hǎoxiàng rèshuǐ shì wànnéng de yào yíyàng.

词语

肩膀 jiānbǎng：肩
脖子 bózi：首
膝盖 xīgài：膝
止痛药 zhǐtòngyào：鎮痛剤
牙疼 yá téng：歯が痛い
拉肚子 lā dùzi：腹を下す

备忘录

最近你买了什么新衣服？

最近どんな服を買った？

Zuìjìn nǐ mǎile shénme xīn yīfu?

A.

___

例

最近天气暖和起来了，买了几件春天穿的衬衫。我很喜欢这种不冷不热的气候，穿一件薄薄的长袖衬衫，下面配一条宽松的牛仔裤。

最近暖かくなってきたから、春用のブラウスを何枚か買った。こういう暑すぎず寒すぎずな気候がすごく好き。薄手の長袖ブラウスに、下はゆったりとしたデニムを合わせて。

Zuìjìn tiānqì nuǎnhuoqǐlai le, mǎile jǐ jiàn chūntiān chuān de chènshān. Wǒ hěn xǐhuan zhè zhǒng bù lěng bú rè de qìhòu, chuān yí jiàn báobáo de chángxiù chènshān, xiàmiàn pèi yì tiáo kuānsōng de niúzǎikù.

词语

配　pèi：(色などを) 組み合わせる
质量　zhìliàng：品質
卫衣　wèiyī：パーカー
连衣裙　liányīqún：ワンピース
修身　xiūshēn：細見え、スタイルアップ
试穿　shì chuān：試着する

备忘录

Q.257

分享一下最近发现的可爱的东西。

最近見つけた可愛いものをシェアして。

Fēnxiǎng yíxià zuìjìn fāxiàn de kě'ài de dōngxi.

A.

例

我喜欢买杯子，最近在店里看到了一个小兔子的玻璃杯很可爱。正好今年是兔年，就把它买下来了。就这样，我家的杯子已经用不过来了。

コップを買うのが好きで、最近お店で見つけたうさぎのグラスが可愛かった。ちょうど今年は卯年だし、買っちゃった。こんな調子で、家には使い切れないほどのコップが。

Wǒ xǐhuan mǎi bēizi, zuìjìn zài diàn li kàndàole yí ge xiǎo tùzǐ de bōlibēi hěn kě'ài. Zhènghǎo jīnnián shì tù nián, jiù bǎ tā mǎixiàlai le. Jiù zhèyàng, wǒ jiā de bēizi yǐjīng yòngbuguòlái le.

词语

用不过来 yòngbuguòlai：使い切れない
玩偶 wán'ǒu：人形
摆件 bǎijiàn：置物
仙人掌 xiānrénzhǎng：サボテン
婴儿 yīng'ér：赤ちゃん
迷你 mínǐ：小型の

备忘录

什么可以成为你的动力?

モチベーションを上げてくれるものは何?

Shénme kěyǐ chéngwéi nǐ de dònglì?

A.

_____

_____

_____

例

当我感受到自己在某件事情上取得了一定的成就时,
会激发出动力去保持这种成就感和自信心,继续努
力和坚持,尝试更多的挑战。

何かにおいてある程度の結果が出せた時に、その達成感や自信を維持しようとするモチベーションが湧
いてくる。引き続き努力し続けるし、新しいことにもチャレンジする。

Dāng wǒ gǎnshòudào zìjǐ zài mǒu jiàn shìqing shang qǔdéle yídìng de chéngjiù shí, huì jīfāchū dònglì qù
bǎochí zhè zhǒng chéngjiùgǎn hé zìxìnxīn, jìxù nǔlì hé jiānchí, chángshì gèng duō de tiǎozhàn.

词语

激发 jīfā:かき立てる
找 zhǎo:探す
目标 mùbiāo 目標
表扬 biǎoyáng:ほめる
加薪 jiā xīn:給料が上がる
实现 shíxiàn:実現する、叶える

备忘录

Q.259

今天做了什么菜?

今日はどんな料理を作った?

Jīntiān zuòle shénme cài?

A.

_____

_____

_____

例

今天回家比较晚，没有很多时间做饭，所以做了炒面。做炒面很简单，先把猪肉和蔬菜炒熟，最后把面条和调味料加进去就行了。

今日は帰宅が遅めで、ご飯を作る時間があまりなかったから、焼きそばを作った。作り方は簡単で、まず豚肉と野菜を炒めて、火が通ったら最後に麺と調味料を加えるだけでOK。

Jīntiān huí jiā bǐjiào wǎn, méiyou hěn duō shíjiān zuò fàn, suǒyǐ zuòle chǎomiàn. Zuò chǎomiàn hěn jiǎndàn, xiān bǎ zhūròu hé shūcài chǎoshú, zuìhòu bǎ miàntiáo hé tiáowèiliào jiājìnqu jiù xíng le.

词语

蔬菜　shūcài：野菜
蛋包饭　dànbāofàn：オムライス
酱汤　jiàngtāng：みそ汁
家常菜　jiāchángcài：家庭料理
下饭　xiàfàn：おかずにする、ご飯がすすむ
三文鱼　sānwényú：サーモン

备忘录

你喜欢什么形状的云？

好きな雲の形は？

Nǐ xǐhuan shénme xíngzhuàng de yún?

A.
_____

_____

_____

例

我喜欢像大大的棉花糖一样的云，看起来很柔软，很好吃的样子。在日落或日出时，会变成不同的颜色，那个景色太美了。

大きな綿菓子みたいな雲が好き。柔らかそうで、おいしそうな。日没や日の出のときには色が変わって、その景色が本当にきれい。

Wǒ xǐhuan xiàng dàdà de miánhuātáng yíyàng de yún, kànqǐlai hěn róuruǎn, hěn hǎochī de yàngzi. Zài rìluò huò rìchū shí, huì biànchéng bù tóng de yánsè, nàge jǐngsè tài měi le.

词语

像 xiàng：〜のようだ
柔软 róuruǎn：柔らかい
飘 piāo：はためく、ひらひらと舞う
云朵 yúnduǒ：雲
蓝天 lántiān：青空
飞机云 fēijīyún：飛行機雲

备忘录

Q.261

. . [   ]

你现在有什么想告诉别人的事情吗?

今、誰かに教えたいことはある?

Nǐ xiànzài yǒu shénme xiǎng gàosu biéren de shìqing ma?

A.

_____

_____

例

今天在电视上听说蜂蜜永远不会过期，考古学家发现了数千年前的蜂蜜，仍然可以食用。我很想跟朋友分享这个有趣的知识。

今日、テレビではちみつは永遠に賞味期限が切れないと言っていた。考古学者が数千年前のはちみつでもまだ食べられることを発見したらしい。こういう面白い知識は友達に教えたくなるな。

Jīntiān zài diànshì shang tīngshuō fēngmì yǒngyuǎn bú huì guòqī, kǎogǔxuéjiā fāxiànle shù qiān nián qián de fēngmì, réngrán kěyǐ shíyòng. Wǒ hěn xiǎng gēn péngyou fēnxiǎng zhège yǒuqù de zhīshi.

词语		备忘录
仍然	réngrán：依然として	
分享	fēnxiǎng：シェアする	
传说	chuánshuō：伝説	
常识	chángshí：常識	
神奇	shénqí：不思議な	
悄悄话	qiāoqiāohuà：ひそひそ話	

你最喜欢的地方是哪里？

あなたの一番好きな場所は？

Nǐ zuì xǐhuan de dìfang shì nǎli?

A. _____

_____

_____

例

我最喜欢东京的吉祥寺，那里有很多时尚的商店和餐厅，附近还有美丽的井之头公园。我很想在吉祥寺住，可是房价太贵了。

東京の吉祥寺が一番好き。おしゃれな店やレストランがたくさんあって、近くには美しい井の頭公園も。吉祥寺に住みたいけど、家が高すぎるんだよなぁ。

Wǒ zuì xǐhuan Dōngjīng de Jíxiángsì, nàli yǒu hěn duō shíshàng de shāngdiàn hé cāntīng, fùjìn hái yǒu měilì de Jǐngzhītóu Gōngyuán. Wǒ hěn xiǎng zài Jíxiángsì zhù, kěshì fángjià tài guì le.

词语

时尚 shíshàng：おしゃれだ
房价 fángjià：住宅価格
热闹 rènao：にぎやかだ
年轻人 niánqīngrén：若者
古老 gǔlǎo：古い
发达 fādá：発展している

备忘录

Q.263

给迷茫消极的你送一句话吧！

ネガティブになっている自分に一言どうぞ！

Gěi mímáng xiāojí de nǐ sòng yí jù huà ba!

A.

_____

_____

_____

例

谁都会有情绪低落的时候，不要勉强自己，顺其自
然吧。去吃点儿好吃的，晚上好好儿睡一觉，第二
天心情就会好起来的。

誰でも気分が落ち込むことはあるから、無理をせず自然の成り行きにまかせよう。おいしいものを食べ
に行って、夜にぐっすり眠れば、翌日には元気になるさ。

Shéi dōu huì yǒu qíngxù dīluò de shíhou, búyào miǎnqiǎng zìjǐ, shùn qí zìrán ba. Qù chīdiǎnr hǎochī de,
wǎnshang hǎohāor shuì yí jiào, dì-èr tiān xīnqíng jiù huì hǎoqǐlai de.

词语

勉强 miǎnqiǎng：無理をする
顺其自然 shùn qí zìrán：なるようになる
想开 xiǎng//kāi：くよくよしない
进步 jìnbù：進歩する
信任 xìnrèn：信頼する
在乎 zàihu：気にする

备忘录

你不喜欢吃的东西是什么?

嫌いな食べ物は何?

Nǐ bù xǐhuan chī de dōngxi shì shénme?

A.
_____

_____

_____

例

我不喜欢吃姜。小时候不喜欢吃的东西,基本上长大后都克服了,唯独姜一直习惯不了。但是奇怪的是,我很喜欢喝姜味汽水。

ショウガが苦手。小さい頃に嫌いだった食べ物は、大きくなってからほとんど克服したけど、ショウガだけはずっとダメ。でも不思議なことに、ジンジャーエールは大好きなんだよな。

Wǒ bù xǐhuan chī jiāng. Xiǎoshíhou bù xǐhuan chī de dōngxi, jīběnshang zhǎngdà hòu dōu kèfú le, wéidú jiāng yìzhí xíguànbuliǎo. Dànshì qíguài de shì, wǒ hěn xǐhuan hē jiāngwèi qìshuǐ.

词语

唯独 wéidú：ただ、だけ
味道 wèidao：味
臭 chòu：臭い
腥 xīng：生臭い
芹菜 qíncài：セロリ
香菜 xiāngcài：パクチー

备忘录

_____ . ___ . ___ [   ]

你喜欢吃什么水果?

好きな果物は何?

Nǐ xǐhuan chī shénme shuǐguǒ?

A.

_____

_____

_____

例

我最喜欢吃桃子。桃子的香味很好闻，甜甜的味道和独特的口感让人吃起来就停不下来。不过日本的桃子太贵了，不能随心所欲地吃。

一番好きなのはモモ。香りが良く、甘い味と独特の食感がやみつきになって一度食べ始めると止まらない。ただ、日本のモモは高すぎて、思いのままには食べられないな。

Wǒ zuì xǐhuan chī táozi. Táozi de xiāngwèi hěn hǎowén, tiántián de wèidao hé dútè de kǒugǎn ràng rén chīqǐlai jiù tíngbuxiàlái. Búguò Rìběn de táozi tài guì le, bù néng suíxīnsuǒyù de chī.

词语

香蕉 xiāngjiāo：バナナ
菠萝 bōluó：パイナップル
西瓜 xīgua：スイカ
果汁 guǒzhī：ジュース
酸奶 suānnǎi：ヨーグルト
果酱 guǒjiàng：ジャム

备忘录

Q.266

你的生日是几月几号?

誕生日は何月何日?

Nǐ de shēngrì shì jǐ yuè jǐ hào?

A.
_____

_____

_____

例

我的生日是五月二十九号。每次提到生日我都会炫耀，我的生日跟被誉为"日本歌坛之王"的著名女歌手美空云雀是同一天。

誕生日は5月29日。誕生日の話になると決まって自慢するんだけど、「日本歌謡界の女王」と称えられる有名女性歌手の美空ひばりと誕生日が同じなんだ。

Wǒ de shēngrì shì wǔ yuè èrshijiǔ hào. Měi cì tídào shēngrì wǒ dōu huì xuànyào, wǒ de shēngrì gēn bèi yùwéi "Rìběn gētán zhī wáng" de zhùmíng nǚ gēshǒu Měikōng Yúnquè shì tóng yì tiān.

词语	备忘录
炫耀 xuànyào：ひけらかす、自慢する	
吹蜡烛 chuī làzhú：ろうそくを吹く	
年纪 niánjì：年齢	
周岁 zhōusuì：満年齢	
虚岁 xūsuì：数え年	
过生日 guò shēngrì：誕生日を祝う	

打开窗户往外看，你看到了什么?

窓を開けて外を見てみて。何が見えた？

Dǎkāi chuānghu wǎng wài kàn, nǐ kàndào le shénme?

A.

————————————————————

————————————————————

————————————————————

例

我看到的是我家面前的小公园。每到放学时间就有很多小孩儿在公园玩耍。看到孩子们充满活力和无忧无虑的样子，自己也会感到很幸福。

家の前の小さな公園が見えた。いつも学校が終わる時間になるとたくさんの子供たちが遊んでる。子供たちの元気いっぱいで無邪気な姿を見ると、こっちまで幸せになる。

Wǒ kàndào de shì wǒ jiā miànqián de xiǎo gōngyuán. Měi dào fàngxué shíjiān jiù yǒu hěn duō xiǎoháir zài gōngyuán wánshuǎ. Kàndào háizimen chōngmǎn huólì hé wú yōu wú lǜ de yàngzi, zìjǐ yě huì gǎndào hěn xìngfú.

词语	备忘录
玩耍 wánshuǎ：(子供が) 遊ぶ	
院子 yuànzi：庭	
邻居 línjū：隣近所	
墙 qiáng：壁	
电线杆 diànxiàngān：電柱	
大海 dàhǎi：海	

你有什么烦恼吗?

悩みごとはある?

Nǐ yǒu shénme fánnǎo ma?

A.

例

我的烦恼是我的生活很不规律。我是自由职业者，所以每天不需要早起上班。如果自己不自觉的话，就很容易打乱生活规律。

生活が不規則なのが悩み。フリーランスだから、毎日早起きして出勤する必要がなくて、ちゃんと自分で意識しないとすぐに生活リズムが崩れてしまう。

Wǒ de fánnǎo shì wǒ de shēnghuó hěn bù guīlǜ. Wǒ shì zìyóu zhíyèzhě, suǒyǐ měi tiān bù xūyào zǎoqǐ shàngbān. Rúguǒ zìjǐ bù zìjué dehuà, jiù hěn róngyì dǎluàn shēnghuó guīlǜ.

词语	备忘录
自由职业者 zìyóu zhíyèzhě：フリーランス	
胖了 pàng le：太った	
穷 qióng：貧乏だ	
人际关系 rénjì guānxi：人間関係	
没意思 méi yìsi：つまらない	
噪音 zàoyīn：騒音	

. . [ ]

现在对你来说，最重要的是什么?

今、あなたにとって一番大事なことは何？

Xiànzài duì nǐ lái shuō, zuì zhòngyào de shì shénme?

A.
_____

_____

_____

例

现在的话是我的工作。我结婚不久，还没有孩子，所以可以在工作上投入很多时间。如果将来有孩子的话，估计变化会很大吧。

今は仕事かな。結婚して日が浅く、まだ子供がいないから、仕事に時間をたくさんかけられる。もし将来子供ができたら、かなり変わるんだろうな。

Xiànzài de huà shì wǒ de gōngzuò. Wǒ jiéhūn bùjiǔ, hái méiyou háizi, suǒyǐ kěyǐ zài gōngzuò shang tóurù hěn duō shíjiān. Rúguǒ jiānglái yǒu háizi dehuà, gūjì biànhuà huì hěn dà ba.

词语	备忘录
过日子 guò rìzi：生活する、暮らす	
过程 guòchéng：プロセス	
生活质量 shēnghuó zhìliàng：生活の質	
赚钱 zhuàn//qián：お金を稼ぐ	
牺牲 xīshēng：犠牲にする	
朋友 péngyou：友達	

你喜欢什么电视剧?

好きなドラマは何?

Nǐ xǐhuan shénme diànshìjù?

A. _____

_____

_____

例

我最喜欢的电视剧是《琅琊榜》，一部非常受欢迎的中国古装剧。剧情很精彩，演员演技也很出色，是一部值得一看的好剧。

一番好きなドラマは、すごく評価の高い中国時代劇「琅琊榜 (ろうやぼう)」。ストーリーが面白いし、役者さんの演技も素晴らしい。観て損はない良作ドラマ。

Wǒ zuì xǐhuan de diànshìjù shì《Lángyábǎng》, yí bù fēicháng shòu huānyíng de Zhōngguó gǔzhuāngjù. Jùqíng hěn jīngcǎi, yǎnyuán yǎnjì yě hěn chūsè, shì yí bù zhíde yí kàn de hǎo jù.

词语	备忘录
出色 chūsè：素晴らしい、際立ってすぐれている 大结局 dàjiéjú：最終回 插曲 chāqǔ：挿入歌 翻拍 fānpāi：リメイク 第一集 dì-yī jí：第一話 《陈情令》《Chénqínglìng》:「陳情令」	

Q.271

你喜欢的动物是什么?

あなたの好きな動物は?

Nǐ xǐhuan de dòngwù shì shénme?

A.
_____

_____

_____

例

我最喜欢大象。大象是陆地上最大的动物之一，它们不仅身体强壮，而且很聪明，还拥有美丽的象牙和迷人的眼睛，具有一种神秘感。

ゾウが一番好き。ゾウは地上で最も大きい動物のうちの一種。カラダが強い上に賢く、美しい象牙と魅力的な目も持っていて、なんだか神秘的。

Wǒ zuì xǐhuan dàxiàng. Dàxiàng shì lùdì shang zuì dà de dòngwù zhī yī, tāmen bùjǐn shēntǐ qiángzhuàng, érqiě hěn cōngming, hái yōngyǒu měilì de xiàngyá hé mírén de yǎnjing, jùyǒu yì zhǒng shénmìgǎn.

词语	备忘录
企鹅 qǐ'é：ペンギン	
长颈鹿 chángjǐnglù：キリン	
猫头鹰 māotóuyīng：フクロウ	
动物园 dòngwùyuán：動物園	
养 yǎng：飼う	
喂 wèi：えさをやる	

Q.272

如果你有100万日元，你会拿来做什么?

100万円あったら、何をする?

Rúguǒ nǐ yǒu yìbǎi wàn rìyuán, nǐ huì nálai zuò shénme?

A.

例

我想去北欧旅游，包括丹麦、芬兰、冰岛、挪威、瑞典等国家。听说这些国家拥有独特的自然风景、浓郁的文化和历史遗产。

北欧に旅行に行きたい。デンマーク、フィンランド、アイスランド、ノルウェー、スウェーデンなどなど。この辺りの国では独特な自然の風景や豊かな文化、歴史遺産が見られるらしい。

Wǒ xiǎng qù Běi'ōu lǚyóu, bāokuò Dānmài, Fēnlán, Bīngdǎo, Nuówēi, Ruìdiǎn děng guójiā. Tīngshuō zhèxiē guójiā yōngyǒu dútè de zìrán fēngjǐng, nóngyù de wénhuà hé lìshǐ yíchǎn.

词语

浓郁 nóngyù：濃厚だ
捐款 juān//kuǎn：お金を寄付する
攒钱 zǎn//qián：お金をためる
买车 mǎi chē：車を買う
还贷款 huán dàikuǎn：ローンを返済する
邮轮 yóulún：クルーズ客船

备忘录

请你列出3个乘坐国际线经济舱时必带的东西。

国際線のエコノミーに乗るときに、必須のアイテムを三つ挙げて。

Qǐng nǐ lièchū sān ge chéngzuò guójì xiàn jīngjìcāng shí bì dài de dōngxi.

A.
_____

_____

_____

例

我一定会带自己的耳机，因为飞机上的耳机音效不太好。另外，我需要颈枕和眼罩，这样我可以比较舒服地睡一觉。

機内のイヤホンは音質があまり良くないから、自分のイヤホンは必ず持っていく。あとは、快適に寝るためのネックピローとアイマスクも必須。

Wǒ yídìng huì dài zìjǐ de ěrjī, yīnwei fēijī shang de ěrjī yīnxiào bú tài hǎo. Lìngwài, wǒ xūyào jǐngzhěn hé yǎnzhào, zhèyàng wǒ kěyǐ bǐjiào shūfu de shuì yí jiào.

词语		备忘录
耳机	ěrjī：イヤホン	
颈枕	jǐngzhěn：ネックピロー	
眼罩	yǎnzhào：アイマスク	
拖鞋	tuōxié：スリッパ	
电脑	diànnǎo：パソコン	
耳塞	ěrsāi：耳栓	

. . [ ]

今天午休时间你都做什么了？

今日のお昼休みは何をしてた？

Jīntiān wǔxiū shíjiān nǐ dōu zuò shénme le?

A.

例

午休时间很短，吃完午饭后，我去附近的咖啡店买了一杯咖啡就回公司了。要是午休时间更长，可以午睡的话该多好啊。

昼休みが短いから、昼食を食べた後、近くの喫茶店でコーヒーを買ってすぐ会社に戻った。昼休みがもっと長くて昼寝ができたらいいのになあ。

Wǔxiū shíjiān hěn duǎn, chīwán wǔfàn hòu, wǒ qù fùjìn de kāfēidiàn mǎile yì bēi kāfēi jiù huí gōngsī le. Yàoshi wǔxiū shíjiān gèng cháng, kěyǐ wǔshuì dehuà gāi duō hǎo a.

词语

玩儿手机 wánr shǒujī：スマホをいじる
补妆 bǔ//zhuāng：化粧を直す
睡午觉 shuì wǔjiào：昼寝をする
透气 tòu//qì：換気をする、新鮮な空気を吸う
晒太阳 shài tàiyang：日光浴をする
吸烟 xī//yān：たばこを吸う

备忘录

Q.275

你最讨厌什么样的人？

あなたはどんな人が一番嫌い？

Nǐ zuì tǎoyàn shénmeyàng de rén?

A.

例

我最讨厌对店员态度恶劣、真把自己当上帝的顾客。上个星期在便利店就碰到一个这样的家伙，害得我一整天都心情不好。

一番嫌いなのは、店員に対する態度が悪くて本当に自分を神様だと思ってる客。先週にもコンビニでそういうヤツに出くわして、そのせいで一日中気分が悪かった。

Wǒ zuì tǎoyàn duì diànyuán tàidù èliè, zhēn bǎ zìjǐ dàng shàngdì de gùkè. Shàng ge xīngqī zài biànlìdiàn jiù pèngdào yí ge zhèyàng de jiāhuo, hàide wǒ yì zhěngtiān dōu xīnqíng bù hǎo.

词语	备忘录
恶劣 èliè：悪い、悪質だ	
上帝 shàngdì：神様	
家伙 jiāhuo：やつ、こいつ	
骂 mà：罵る	
没礼貌 méi lǐmào：無礼	
冤枉 yuānwang：ぬれぎぬを着せる	

你收到过花束吗?

花束をもらったことはある?

Nǐ shōudàoguo huāshù ma?

A. _____

_____

_____

例

我收到过九十九朵玫瑰，第一次收到那么大的花束，很开心。我觉得花是一种又浪漫又特别的礼物，收到时会感到被珍惜和受到尊重。

99本のバラをもらったことがある。あんなに大きな花束をもらうのは初めてで、すごく嬉しかった。花はロマンチックで特別な贈り物だと思う。もらうと大事にされてるなって実感する。

Wǒ shōudàoguo jiǔshíjiǔ duǒ méigui, dì-yī cì shōudào nàme dà de huāshù, hěn kāixīn. Wǒ juéde huā shì yì zhǒng yòu làngmàn yòu tèbié de lǐwù, shōudào shí huì gǎndào bèi zhēnxī hé shòudào zūnzhòng.

词语

浪漫　làngmàn：ロマンチック
康乃馨　kāngnǎixīn：カーネーション
永生花　yǒngshēnghuā：プリザーブドフラワー
母亲节　Mǔqīn Jié：母の日
情人节　Qíngrén Jié：バレンタインデー
盆花　pénhuā：鉢植えの花

备忘录

Q.277

你看过中国电影吗？

中国映画を見たことはある？

Nǐ kànguo Zhōngguó diànyǐng ma?

A.

_____

_____

_____

例

我看过很多中国电影，最喜欢《活着》和《霸王别姬》。这两部电影都比较老，但无论内容和演员的演技，都给我留下了很深的印象。

中国映画はたくさん見たことがあって、『活きる』と『さらば、わが愛/覇王別姫』が一番好き。2本とも古めの作品だけど、ストーリーにしても役者の演技にしても、すごく印象深い。

Wǒ kànguo hěn duō Zhōngguó diànyǐng, zuì xǐhuan《Huózhe》hé《Bàwáng Bié Jī》. Zhè liǎng bù diànyǐng dōu bǐjiào lǎo, dàn wúlùn nèiróng hé yǎnyuán de yǎnjì, dōu gěi wǒ liúxiàle hěn shēn de yìnxiàng.

词语

好看　hǎokàn：(作品などが) 面白い
票房　piàofáng：興行収入
剧情　jùqíng：ストーリー
热门　rèmén：人気がある
冷门　lěngmén：人気がない
创意　chuàngyì：オリジナリティ

备忘录

Q.278

你最爱喝的饮料是什么？

あなたが愛してやまない飲み物は？

Nǐ zuì ài hē de yǐnliào shì shénme?

A.

_____

_____

_____

例

我最喜欢喝的饮料是可乐，巴不得每天都喝一瓶。我很喜欢可乐又酸又甜的味道和碳酸的口感，每次喝完都会感到很满足。

一日1本飲みたいくらいコーラが大好き。甘酸っぱい味と炭酸のシュワシュワがたまらなくて、飲むといつも満たされた気分になる。

Wǒ zuì xǐhuan hē de yǐnliào shì kělè, bābude měi tiān dōu hē yì píng. Wǒ hěn xǐhuan kělè yòu suān yòu tián de wèidao hé tànsuān de kǒugǎn, měi cì hēwán dōu huì gǎndào hěn mǎnzú.

词语	备忘录
碳酸　tànsuān：炭酸	
口感　kǒugǎn：口当たり	
橙汁　chéngzhī：オレンジジュース	
矿泉水　kuàngquánshuǐ：ミネラルウォーター	
解渴　jiě//kě：渇きをいやす	
冰的　bīng de：アイスの、冷たい〜	

Q.279

怎么去离你家最近的便利店?

家から一番近いコンビニにはどうやって行く?

Zěnme qù lí nǐ jiā zuì jìn de biànlìdiàn?

A.
_____

_____

_____

例

离我家最近的便利店走着去要六、七分钟，说远不太远，说近也不太近。想要散步的时候我会走着去，懒得走路时我就骑自行车去。

最寄りのコンビニまでは歩いて6、7分くらいで、遠いとも近いとも言えない。散歩をしたいときは歩いて行って、歩くのが面倒なときは自転車で行ってる。

Lí wǒ jiā zuì jìn de biànlìdiàn zǒuzhe qù yào liù、qī fēnzhōng, shuō yuǎn bú tài yuǎn, shuō jìn yě bú tài jìn. Xiǎng yào sànbù de shíhou wǒ huì zǒuzhe qù, lǎnde zǒulù shí wǒ jiù qí zìxíngchē qù.

词语	备忘录
开车 kāi//chē：車を運転する	
顺便 shùnbiàn：ついでに	
方便 fāngbiàn：便利な	
马路 mǎlù：道路	
楼下 lóuxià：階下	
马上 mǎshàng：すぐに	

Q.280

你平时坐电车的时候会做什么?

電車の中では何をしている?

Nǐ píngshí zuò diànchē de shíhou huì zuò shénme?

A.

_____

_____

_____

例

坐电车时用手机看视频、看书，或者看社交网站的情况比较多。不过，下班回家时因为很累，我常常在电车里睡觉。

電車に乗っているときは、スマホで動画を見たり、本を読んだり、SNSをチェックすることが多いかな。でも仕事が終わった後は疲れてるから、よく電車の中で寝てる。

Zuò diànchē shí yòng shǒujī kàn shìpín, kàn shū, huòzhě kàn shèjiāo wǎngzhàn de qíngkuàng bǐjiào duō. Búguò, xiàbān huí jiā shí yīnwei hěn lèi, wǒ chángcháng zài diànchē li shuìjiào.

词语	备忘录
视频 shìpín：動画	
回复邮件 huífù yóujiàn：メールに返信する	
背生词 bèi shēngcí：新しい単語を覚える	
发呆 fā//dāi：ぼーっとする	
想事情 xiǎng shìqing：考え事をする	
新闻 xīnwén：ニュース	

你一周去几次咖啡店？

週に何回くらいカフェに行く？

Nǐ yì zhōu qù jǐ cì kāfēidiàn?

A.

_____

_____

_____

例

我最少去两三次。我喜欢咖啡厅的舒适的氛围和咖啡的香味，让我感到很放松。可以和朋友或同事见面，也是一个可以独处的好地方。

少なくとも2、3回は行く。カフェの心地いい雰囲気とコーヒーの香りが大好きで、リラックスできる。友達や同僚と会ってもいいし、一人で過ごすのにもぴったり。

Wǒ zuìshǎo qù liǎng sān cì. Wǒ xǐhuan kāfēitīng de shūshì de fēnwéi hé kāfēi de xiāngwèi, ràng wǒ gǎndào hěn fàngsōng. Kěyǐ hé péngyou huò tóngshì jiànmiàn, yě shì yí ge kěyǐ dúchǔ de hǎo dìfang.

词语

独处 dúchǔ：一人で過ごす
连锁店 liánsuǒdiàn：チェーン店
座位 zuòwei：座席
热咖啡 rè kāfēi：ホットコーヒー
上网 shàng//wǎng：ネットを見る
插座 chāzuò：コンセント

备忘录

你经常在便利店买什么?

コンビニでよく買うものは何？

Nǐ jīngcháng zài biànlìdiàn mǎi shénme?

A.

_____

_____

_____

例

我在便利店买的最多的是乌龙茶和软糖。逛便利店的时候经常会发现有很多"期间限定"的产品，看到这个词每次都会忍不住买来试试。

コンビニで一番よく買うのはウーロン茶とグミ。コンビニで買い物をしてると、しょっちゅう「期間限定」の商品を見つけては、その言葉に釣られてついつい買っちゃう。

Wǒ zài biànlìdiàn mǎi de zuì duō de shì wūlóngchá hé ruǎntáng. Guàng biànlìdiàn de shíhou jīngcháng huì fāxiàn yǒu hěn duō "qījiān xiàndìng" de chǎnpǐn, kàndào zhège cí měi cì dōu huì rěnbuzhù mǎilai shìshi.

词语	备忘录
炸鸡块 zhájīkuài：唐揚げ、フライドチキン	
包子 bāozi：中華まん	
复印 fùyìn：コピーする	
冰块儿 bīngkuàir：氷	
香烟 xiāngyān：タバコ	
口罩 kǒuzhào：マスク	

吵架后怎么和对方和好？

けんかをした後、どうやって仲直りする？

Chǎojià hòu zěnme hé duìfāng héhǎo？

A.

_____

_____

例

我会先和对方保持距离，因为人在气头上会说很多气话。等双方冷静下来了之后再把话说开，尽量站在对方的角度想问题。

怒ってる時は言葉がきつくなってしまうから、まずは相手と距離を置く。お互い冷静になってから、よく話し合って、なるべく相手の立場に立って物事を考えるようにしてる。

Wǒ huì xiān hé duìfāng bǎochí jùlí, yīnwei rén zài qìtóu shang huì shuō hěn duō qìhuà. Děng shuāngfāng lěngjìngxiàlaile zhīhòu zài bǎ huà shuōkāi, jínliàng zhànzài duìfāng de jiǎodù xiǎng wèntí.

词语	备忘录
气头上 qìtóu shang：怒っている最中	
冷静下来 lěngjìngxiàlai：落ち着く	
说开 shuōkāi：誤解を解く、打ち明ける	
误会 wùhuì：誤解する	
知错 zhīcuò：誤りを認識する	
发脾气 fā píqi：かんしゃくを起こす	

你最喜欢的汉字是什么？

一番好きな漢字は何？

Nǐ zuì xǐhuan de Hànzì shì shénme?

A. _____

_____

_____

例

我最喜欢"永远"的"永"字。我小时候练习书法时经常写这个字，我喜欢"永"字的平衡感，写起来很好看，而且字义也很好。

「永遠」の「永」という字が一番好き。子供の頃、書道の練習をする時はよくこの字を書いてたな。「永」という字のバランスが好きで、書いてもきれいだし、字の意味も良い。

Wǒ zuì xǐhuan "yǒngyuǎn" de "yǒng" zì. Wǒ xiǎoshíhou liànxí shūfǎ shí jīngcháng xiě zhège zì, wǒ xǐhuan "yǒng" zì de pínghénggǎn, xiěqǐlai hěn hǎokàn, érqiě zìyì yě hěn hǎo.

词语		备忘录
书法 shūfǎ：書道		
平衡感 pínghénggǎn：バランス感覚		
名字 míngzi：名前		
笔画 bǐhuà：画数		
写字 xiě zì：字を書く		
结构 jiégòu：構造		

你经历过最冷的气温是多少度？

これまで経験したことがある最も寒い気温は？

Nǐ jīnglìguo zuì lěng de qìwēn shì duōshao dù?

A.
_____

_____

_____

例

我经历过最冷的气温是在哈尔滨的零下40度。这个温度会让人感到有生命危险，在外面站5分钟就感觉要冻僵了。

今までで一番寒かった気温は、ハルビンで経験したマイナス40度。生命の危機を感じるほどの温度で、外に5分立ってるだけでカチコチに凍りそうになる。

Wǒ jīnglìguo zuì lěng de qìwēn shì zài Hā'ěrbīn de língxià sìshí dù. Zhège wēndù huì ràng rén gǎndào yǒu shēngmìng wēixiǎn, zài wàimiàn zhàn wǔ fēnzhōng jiù gǎnjué yào dòngjiāng le.

词语	备忘录
冻僵　dòngjiāng：凍える	
结冰　jié//bīng：氷が張る	
下雪　xià xuě：雪が降る	
羽绒服　yǔróngfú：ダウンジャケット	
靴子　xuēzi：ブーツ	
暖水袋　nuǎnshuǐdài：ゆたんぽ	

在中国最想吃的美食是什么？

中国に行ったら一番食べたいものは？

Zài Zhōngguó zuì xiǎng chī de měishí shì shénme?

A.
_____

_____

_____

例

最想吃火锅和烧烤，每次去中国都会吃好几次。但是最近在日本，特别是大城市也有很多正宗的中国餐厅，不去中国也可以解馋了。

火鍋と焼烤（中国のバーベキュー）が食べたい。いつも中国に行くと何回も食べる。でも、最近日本でも、特に大都市だと本場の中国料理屋がたくさんあって、中国に行かなくても食べられる。

Zuì xiǎng chī huǒguō hé shāokǎo, měi cì qù Zhōngguó dōu huì chī hǎojǐ cì. Dànshì zuìjìn zài Rìběn, tèbié shì dà chéngshì yě yǒu hěn duō zhèngzōng de Zhōngguó cāntīng, bú qù Zhōngguó yě kěyǐ jiěchán le.

词语

解馋 jiě//chán：食べたいものを食べられる
北京烤鸭 Běijīng kǎoyā：北京ダック
小笼包 xiǎolóngbāo：小籠包
所有 suǒyǒu：すべての
出名 chū//míng：有名になる
糖葫芦 tánghúlu：タンフール※

备忘录

※さんざしなどを串に刺して、飴を絡めた菓子

你想住什么样的房子？

どんな家に住みたい？

Nǐ xiǎng zhù shénmeyàng de fángzi?

A.

_____

_____

_____

例

我想住独门独院的房子。我喜欢花草，有自己的院子的话，可以种自己喜欢的植物，还可以建一个小小的家庭菜园。

庭付きの一戸建てに住みたい。草花が好きだから、自分の庭があれば好きな植物を植えることができるし、小さな家庭菜園を作ることもできる。

Wǒ xiǎng zhù dúmén dúyuàn de fángzi. Wǒ xǐhuan huācǎo, yǒu zìjǐ de yuànzi dehuà, kěyǐ zhòng zìjǐ xǐhuan de zhíwù, hái kěyǐ jiàn yí ge xiǎoxiǎo de jiātíng càiyuán.

词语	备忘录
独门独院 dúmén dúyuàn：一戸建て	
设计 shèjì：設計する	
豪华 háohuá：豪華だ	
阳光 yángguāng：日光	
温暖 wēnnuǎn：あたたかい	
舒适 shūshì：快適だ	

请向左看，看到了什么？

左を向いて。何が見える？

Qǐng xiàng zuǒ kàn, kàndàole shénme?

A.
_____

_____

_____

例

看到了厨房，想起该是时候准备做晚饭了。今天准备做麻婆豆腐和西红柿炒鸡蛋。我喜欢做饭但是不喜欢收拾，吃完饭就不想动了。

キッチンが見えて、晩ご飯の準備をする時間になっていることに気づいた。今日は麻婆豆腐とトマトと卵の炒め物を作る予定。料理をするのは好きだけど片付けが嫌いで、ご飯を食べたら動きたくなくなっちゃう。

Kàndàole chúfáng, xiǎngqǐ gāi shì shíhou zhǔnbèi zuò wǎnfàn le. Jīntiān zhǔnbèi zuò mápó dòufu hé xīhóngshì chǎo jīdàn. Wǒ xǐhuan zuò fàn dànshì bù xǐhuan shōushi, chīwán fàn jiù bù xiǎng dòng le.

词语	备忘录
遥控器 yáokòngqì：リモコン	
窗帘 chuānglián：カーテン	
垃圾桶 lājītǒng：ごみ箱	
楼梯 lóutī：階段	
台灯 táidēng：電気スタンド	
窗户 chuānghu：窓	

Q.289

[ ] . . [ ]

分享一首适合下雨天听的歌曲。

雨の日に合う曲を一曲教えて。

Fēnxiǎng yì shǒu shìhé xià yǔ tiān tīng de gēqǔ.

A.

例

刘若英的《后来》，一首日本歌曲的翻唱。歌词中充满了对逝去的时光的感叹和对未来的期待，很适合在下雨天静静地听，感慨人生。

日本の曲をカバーした劉若英の「後来」。過ぎ去りし日々への想いと未来への期待が歌詞に詰まっていて、雨の日に静かに聞きながら、人生に想いをはせるのにぴったり。

Liú Ruòyīng de《Hòulái》, yì shǒu Rìběn gēqǔ de fānchàng. Gēcí zhōng chōngmǎnle duì shìqù de shíguāng de gǎntàn hé duì wèilái de qīdài, hěn shìhé zài xià yǔ tiān jìngjìng de tīng, gǎnkǎi rénshēng.

词语		备忘录
翻唱	fānchàng：(歌を) カバーする	
打伞	dǎ sǎn：傘をさす	
旋律	xuánlǜ：メロディー	
忧伤	yōushāng：憂い悲しむ	
情歌	qínggē：ラブソング	
淋雨	lín yǔ：雨にぬれる	

[ ]

你的手机待机画面是什么样的?

スマホの待ち受け画面、何にしてる?

Nǐ de shǒujī dàijī huàmiàn shì shénmeyàng de?

A.

_____

_____

例

我手机画面是我家养的小狗。我手机里有无数张它的照片,换着用。每次看到它都会让我感到幸福,特别是心情不好的时候看很管用。

待受画面は家で飼ってるワンちゃん。スマホに愛犬の写真が大量にあるから、ローテーションしてる。見るといつも幸せな気分になる。特に機嫌が良くない時に役立つよ。

Wǒ shǒujī huàmiàn shì wǒ jiā yǎng de xiǎo gǒu. Wǒ shǒujī li yǒu wúshù zhāng tā de zhàopiàn, huànzhe yòng. Měi cì kàndào tā dōu huì ràng wǒ gǎndào xìngfú, tèbié shì xīnqíng bù hǎo de shíhou kàn hěn guǎnyòng.

词语

管用 guǎn//yòng:役に立つ
设置 shèzhì:設定する
彩虹 cǎihóng:虹
日历 rìlì:カレンダー
婚纱照 hūnshāzhào:ウェディング写真
高清 gāoqīng:高画質

备忘录

Q.291

你有没有逃过学或旷过工?

授業や仕事をさぼったことはある?

Nǐ yǒu méiyou táoguo xué huò kuàngguo gōng?

A.

例

上大学的时候逃过很多次课，但工作以后，我几乎没请过假，因为我不想给同事添麻烦，而且自己的工作迟早也得自己做。

大学時代は何度も授業をさぼったことがあったけど、仕事をしてからはほとんど休んだことはない。同僚に迷惑をかけたくないし、自分の仕事も遅かれ早かれ自分でやらなくちゃいけないしね。

Shàng dàxué de shíhou táoguo hěn duō cì kè, dàn gōngzuò yǐhòu, wǒ jīhū méi qǐngguo jià, yīnwei wǒ bù xiǎng gěi tóngshì tiān máfan, érqiě zìjǐ de gōngzuò chízǎo yě děi zìjǐ zuò.

词语	备忘录
逃课 táo//kè：授業をサボる	
迟早 chízǎo：遅かれ早かれ	
起不来 qǐbulái：起きられない	
借口 jièkǒu：いいわけ、口実	
老板 lǎobǎn：社長、ボス	
学分 xuéfēn：履修単位	

你一天刷几个小时手机？

一日何時間スマホ使ってる？

Nǐ yì tiān shuā jǐ ge xiǎoshí shǒujī?

A.

_____

_____

_____

例

根据手机的记录，我每天平均用四个小时左右手机。包括睡眠时间在内，四个小时是一天的六分之一，我用手机的时间太长了。

スマホの記録によると、毎日平均4時間程度使用しているらしい。睡眠時間を含め、4時間は一日の6分の1。スマホを使ってる時間が長すぎるね。

Gēnjù shǒujī de jìlù, wǒ měi tiān píngjūn yòng sì ge xiǎoshí zuǒyòu shǒujī. Bāokuò shuìmián shíjiān zàinèi, sì ge xiǎoshí shì yì tiān de liù fēn zhī yī, wǒ yòng shǒujī de shíjiān tài cháng le.

词语	备忘录
刷手机　shuā shǒujī：スマホをいじる	
睡前　shuì qián：寝る前	
蓝光　lánguāng：ブルーライト	
眼睛干涩　yǎnjing gānsè：ドライアイ	
超过　chāoguò：超える	
一天到晚　yìtiān-dàowǎn：朝から晩まで	

.   .   [   ]

你迷过路吗?

道に迷ったことはある?

Nǐ míguo lù ma?

A. _____

_____

_____

例

我是很严重的路痴，甚至连经常去的地方也会迷路。如果没有卫星导航，无论开车或是走路，我可能哪儿都去不了。

ひどい方向音痴で、よく行く場所ですら道に迷う。車を運転するにしても歩くにしても、ナビがないとどこにも行けないかも。

Wǒ shì hěn yánzhòng de lùchī, shènzhì lián jīngcháng qù de dìfang yě huì mílù. Rúguǒ méiyou wèixīng dǎoháng, wúlùn kāichē huòshì zǒulù, wǒ kěnéng nǎr dōu qùbuliǎo.

词语	备忘录
迷路 mí//lù：道に迷う	
问路 wèn lù：道を尋ねる	
派出所 pàichūsuǒ：交番	
认路 rèn lù：道を覚える	
走错路 zǒucuò lù：道を間違える	
地图 dìtú：地図	

你睡相好吗?

寝相はいい?

Nǐ shuìxiàng hǎo ma?

A.
_____

_____

_____

例

我从小睡相就很差，妈妈一直担心我长大会不会嫁不出去。长大后好像稍微好了一点儿，但还是改不掉。反正已经嫁出去了，就不用担心了。

小さい頃から寝相が悪くて、母にいつも将来嫁に行けないかもと心配されてた。大きくなってから少しはマシになったけど、やっぱりまだ直らない。まぁ嫁に行けたしもう心配ないか。

Wǒ cóngxiǎo shuìxiàng jiù hěn chà, māma yìzhí dānxīn wǒ zhǎngdà huì bu huì jiàbuchūqù. Zhǎngdà hòu hǎoxiàng shāowēi hǎole yìdiǎnr, dàn háishi gǎibudiào. Fǎnzhèng yǐjīng jiàchūqule, jiù búyòng dānxīn le.

词语

睡相　shuìxiàng：寝相
落枕　lào//zhěn：寝違える
说梦话　shuō mènghuà：寝言を言う
磨牙　mó//yá：歯ぎしりをする
睡衣　shuìyī：パジャマ
流口水　liú kǒushuǐ：よだれを垂らす

备忘录

如果可以和一个人交换一天，你想和谁交换？

一日入れ替われるなら誰がいい？

Rúguǒ kěyǐ hé yí ge rén jiāohuàn yì tiān, nǐ xiǎng hé shéi jiāohuàn?

A.
_____

_____

_____

例

我想和我养的小狗交换一天，很想知道它每天都在想什么。顺便让它也体验一下人的生活，不需要限制食物，想吃什么就吃什么。

愛犬と一日入れ替わって、毎日何を考えているのか知りたい。ついであの子にも人間の生活を体験させてみよう。食べ物を制限する必要もないし、好きなものを食べられる。

Wǒ xiǎng hé wǒ yǎng de xiǎo gǒu jiāohuàn yì tiān, hěn xiǎng zhīdao tā měi tiān dōu zài xiǎng shénme. Shùnbiàn ràng tā yě tǐyàn yíxià rén de shēnghuó, bù xūyào xiànzhì shíwù, xiǎng chī shénme jiù chī shénme.

词语	备忘录
总统 zǒngtǒng：大統領	
运动员 yùndòngyuán：スポーツ選手	
科学家 kēxuéjiā：科学者	
有钱人 yǒuqiánrén：金持ち	
奥特曼 Àotèmàn：ウルトラマン	
相反 xiāngfǎn：逆である	

Q.296

你戴眼镜吗?

メガネはかけてる?

Nǐ dài yǎnjìng ma?

A.
_____

_____

_____

例

我是近视眼，但觉得很麻烦，所以一直不戴眼镜。听说视力不好却不戴眼镜的话，视力会越来越差，我还是去配一副吧。

近視だけど、面倒だからずっとメガネはかけてない。視力が悪いのにメガネをかけないでいると、視力がどんどん悪くなるらしい。やっぱり作りに行くか。

Wǒ shì jìnshìyǎn, dàn juéde hěn máfan, suǒyǐ yìzhí bú dài yǎnjìng. Tīngshuō shìlì bù hǎo què bú dài yǎnjìng dehuà, shìlì huì yuè lái yuè chà, wǒ háishi qù pèi yí fù ba.

词语

副 fù：セット・対で使うものを数える
配眼镜 pèi yǎnjìng：めがねを作る
隐形眼镜 yǐnxíng yǎnjìng：コンタクトレンズ
太阳镜 tàiyángjìng：サングラス
老花眼 lǎohuāyǎn：老眼
天生 tiānshēng：生まれつき

备忘录

你喜欢钱吗?

お金は好き?

Nǐ xǐhuan qián ma?

A.

_____

_____

_____

例

几乎所有的人都喜欢钱吧,我也一样。但如果只是忙于挣钱而没时间花钱,那就是本末倒置了。人不能为钱服务,钱应该为人服务。

自分も含めほぼ全ての人がお金は好きでしょ。ただ、お金を稼ぐばかりで使う時間がなければ本末転倒になってしまう。お金のために生きるのではなく、自分のためにお金を使うべき。

Jǐhū suǒyǒu de rén dōu xǐhuan qián ba, wǒ yě yíyàng. Dàn rúguǒ zhǐshì mángyú zhèng qián ér méi shíjiān huā qián, nà jiù shì běnmò-dàozhì le. Rén bù néng wèi qián fúwù, qián yīnggāi wèi rén fúwù.

词语	备忘录
挣钱 zhèng qián:お金を稼ぐ	
花钱 huā qián:お金を使う	
本末倒置 běnmò-dàozhì:本末転倒	
打工 dǎ//gōng:アルバイトをする	
存款 cúnkuǎn:預金する	
拜金 bàijīn:金銭を崇拝する	

Q.298

你一天看多少视频?

一日に動画をどれぐらい見る?

Nǐ yì tiān kàn duōshao shìpín?

A.
_____

_____

_____

例

短视频的话有时候一转眼就发现刷了一两个小时，所以会克制自己少看。长视频的话每天大概会看三四个，但是也不一定。

ショート動画だと気づいたら1、2時間見てたなんてこともあるから、見過ぎないように抑えてる。長尺の動画は一日に3、4本見るかな。決まってるわけじゃないけど。

Duǎn shìpín dehuà yǒushíhou yìzhuǎnyǎn jiù fāxiàn shuāle yì liǎng ge xiǎoshí, suǒyǐ huì kèzhì zìjǐ shǎo kàn. Cháng shìpín dehuà měi tiān dàgài huì kàn sān sì ge, dànshì yě bù yídìng.

词语

短视频 duǎn shìpín : ショート動画
克制 kèzhì : 自制する
留言 liúyán : コメントする
播放量 bōfàngliàng : 再生数
下载 xiàzài : ダウンロード
免费 miǎnfèi : 無料の

备忘录

你想活到多少岁？

何歳まで生きたい？

Nǐ xiǎng huódào duōshao suì?

A.
_____

_____

_____

例

如果身体健康的话，我想一直活着，但人总会衰老、得病。我希望在得重病或老得不能动之前离开世界，不给别人添麻烦。

健康であればずっと生きていたいけど、人はいつかは老いて病にかかるもの。重い病気や老衰で動けなくなる前に去りたいな。人に迷惑をかけずに。

Rúguǒ shēntǐ jiànkāng dehuà, wǒ xiǎng yìzhí huózhe, dàn rén zǒng huì shuāilǎo、débìng. Wǒ xīwàng zài dé zhòngbìng huò lǎode bù néng dòng zhīqián líkāi shìjiè, bù gěi biéren tiān máfan.

词语	备忘录
衰老得病　shuāilǎo débìng：老いて病気になる	
添麻烦　tiān máfan：迷惑をかける	
酸甜苦辣　suān-tián-kǔ-là：さまざまな経験	
住院　zhù//yuàn：入院する	
退休　tuì xiū：定年退職する	
养老院　yǎnglǎoyuàn：老人ホーム	

[   ]

如果明天就是世界末日，今晚你会吃什么？

明日地球が滅びるとしたら、今晩何を食べる？

Rúguǒ míngtiān jiù shì shìjiè mòrì, jīnwǎn nǐ huì chī shénme?

A.
_____

_____

_____

例

想吃的东西太多了，没法选择。但如果明天就是世界末日，我觉得一定没有心情做饭。只要和自己最爱的人待在一起就好。

食べたい物が多すぎて選べない。ただ、もし明日が最後の一日だったら、料理をする気力はきっとないだろうな。一番愛する人と一緒に過ごせればそれで満足だ。

Xiǎng chī de dōngxi tài duō le, méifǎ xuǎnzé. Dàn rúguǒ míngtiān jiù shì shìjiè mòrì, wǒ juéde yídìng méiyou xīnqíng zuò fàn. Zhǐyào hé zìjǐ zuì ài de rén dāizài yìqǐ jiù hǎo.

词语

世界末日　shìjiè mòrì：世界の終わり
假如　jiǎrú：もし～
饱　bǎo：満腹になる
没胃口　méi wèikǒu：食欲がない
没法　méifǎ：しかたがない
亲手　qīnshǒu：自らの手で

备忘录

. . [ ]

你在什么方面花钱最多？

あなたが一番お金をかけているのは？

Nǐ zài shénme fāngmiàn huā qián zuì duō?

A.

_____

_____

例

我是一个吃货，所以我的钱大多都花在吃喝上，而且不觉得心疼。在其他方面我一点儿也不奢侈，能节省就节省。

食いしん坊だから、お金の大部分は飲み食いにかけてるし、それをもったいないとも思わない。他のことではまったく贅沢はせず、できる限り節約してる。

Wǒ shì yí ge chīhuò, suǒyǐ wǒ de qián dàduō dōu huāzài chīhē shang, érqiě bù juéde xīnténg. Zài qítā fāngmiàn wǒ yìdiǎnr yě bù shēchǐ, néng jiéshěng jiù jiéshěng.

词语	备忘录
奢侈　shēchǐ：贅沢だ	
节省　jiéshěng：節約する	
开销　kāixiāo：出費	
稳定　wěndìng：安定している	
交际　jiāojì：付き合う	
网上购物　wǎngshàng gòuwù：ネットショッピング	

如果忽然有了一天的自由时间，你想做些什么?

急に一日暇になったら、何をする？

Rúguǒ hūrán yǒule yì tiān de zìyóu shíjiān, nǐ xiǎng zuò xiē shénme?

A.
_____

_____

_____

例

我可能会去电影院看电影。如果没有想看的电影，我会去书店买一本喜欢的小说，去一家时尚的咖啡店一边看书一边喝咖啡。

映画館に映画を見に行くかな。もし見たい映画がなかったら、書店で好きな小説を一冊買って、おしゃれなカフェでコーヒーを飲みながら読書をする。

Wǒ kěnéng huì qù diànyǐngyuàn kàn diànyǐng. Rúguǒ méiyou xiǎng kàn de diànyǐng, wǒ huì qù shūdiàn mǎi yì běn xǐhuan de xiǎoshuō, qù yì jiā shíshàng de kāfēidiàn yìbiān kànshū yìbiān hē kāfēi.

词语	备忘录
追剧 zhuī jù : (オンタイムで) ドラマを見る	
爽 shuǎng : すっきりする、気分が良い	
桑拿 sāngná : サウナ	
珍贵 zhēnguì : 貴重だ	
缓解 huǎnjiě : やわらぐ	
限制 xiànzhì : 制限する	

Q.303

小时候经常因为什么事情挨骂？

小さい頃に、よく怒られていたことは？

Xiǎoshíhòu jīngcháng yīnwei shénme shìqing āimà?

A.
_____

_____

_____

例

我小时候坐姿不好，不是歪着身子就是驼背，所以总是被父母说。当时觉得很烦，不过现在想起来，真应该感谢他们才对。

小さい頃は座り姿勢が悪くて、身体が歪んでたり猫背になったりしてたから、両親によく注意されてた。当時は煩わしかったけど、今思うと両親に感謝しないといけないね。

Wǒ xiǎoshíhou zuòzī bù hǎo, bú shì wāizhe shēnzi jiù shì tuóbèi, suǒyǐ zǒngshì bèi fùmǔ shuō. Dāngshí juéde hěn fán, búguò xiànzài xiǎngqǐlai, zhēn yīnggāi gǎnxiè tāmen cái duì.

词语	备忘录
驼背　tuóbèi：猫背	
叛逆期　pànnìqī：反抗期	
不听话　bù tīnghuà：言うことを聞かない	
赖床　lài//chuáng：朝寝坊する、起きられない	
撒谎　sā//huǎng：うそをつく	
规矩　guīju：ルール	

初中的时候，最难忘的事是什么？

中学生の頃のことで一番印象に残っているのは？

Chūzhōng de shíhou, zuì nánwàng de shì shì shénme?

A.

___

例

中学毕业后，我下定决心去中国的高中就读，挑战自己。当时我的初中同学给我办了送别会，很舍不得跟大家分开，印象特别深刻。

中学卒業後、思い切って中国の高校に進学することを決めた。その時に中学の同級生が送別会を開いて
くれて、みんなと別れがたかったのをすごくよく覚えてる。

Zhōngxué bìyè hòu, wǒ xiàdìng juéxīn qù Zhōngguó de gāozhōng jiùdú, tiǎozhàn zìjǐ. Dāngshí wǒ de
chūzhōng tóngxué gěi wǒ bànle sòngbiéhuì, hěn shěbude gēn dàjiā fēnkāi, yìnxiàng tèbié shēnkè.

词语	备忘录
<u>舍不得 shěbude：〜するのを惜しむ</u>	
运动会 yùndònghuì：運動会	
表演 biǎoyǎn：ショー	
毕业典礼 bìyè diǎnlǐ：卒業式	
发生 fāshēng：〜が起こる	
学长 / 学姐 xuézhǎng/xuéjiě：（学年が上の）先輩	

你和家人以外的人一起住过吗？

家族以外の人と一緒に住んだことはある？

Nǐ hé jiārén yǐwài de rén yìqǐ zhùguo ma?

A.
_____

_____

_____

例

我上大学的时候住学生宿舍，虽然有自己的卧室，但厨房、浴室和洗手间等都是共用的，所以那也算一段共同生活的经历。

大学の頃は学生寮で暮らしてた。自分の寝室はあったけど、キッチンやお風呂、トイレなどは共用だったから、あれも共同生活の経験ではあったな。

Wǒ shàng dàxué de shíhou zhù xuéshēng sùshè, suīrán yǒu zìjǐ de wòshì, dàn chúfáng、yùshì hé xǐshǒujiān děng dōu shì gòngyòng de, suǒyǐ nà yě suàn yí duàn gòngtóng shēnghuó de jīnglì.

词语	备忘录
室友 shìyǒu：ルームメイト	
合租 hézū：共同で借りる、シェアする	
习惯 xíguàn：習慣	
闹矛盾 nào máodùn：もめる、仲違いする	
想家 xiǎng//jiā：ホームシックになる	
潇洒 xiāosǎ：優雅だ、あか抜けている	

.   .   [   ]

你一个人去旅行过吗?

一人旅をしたことはある?

Nǐ yí ge rén qù lǚxíngguo ma?

A.

_____

_____

_____

例

我是一个怕寂寞又胆小的人,所以从来没有一个人
去旅行过。我很佩服那些一个人去旅行的人,我没
有这样的勇气和胆量。

寂しがりやで怖がりだから、一人旅は一度もしたことがない。自分はそんな勇気と度胸がないから、一人
旅できる人はすごいと思う。

Wǒ shì yí ge pà jìmò yòu dǎnxiǎo de rén, suǒyǐ cónglái méiyou yí ge rén qù lǚxíngguo. Wǒ hěn pèifu
nàxiē yí ge rén qù lǚxíng de rén, wǒ méiyou zhèyàng de yǒngqì hé dǎnliàng.

词语	备忘录
预订 yùdìng:予約する	
酒店 jiǔdiàn:ホテル	
机票 jīpiào:航空券	
行李 xíngli:荷物	
游客 yóukè:観光客	
发现 fāxiàn:発見する、気づく	

Q.307

[　　　]　.　　.　　[　　　]

你现在最想放弃什么?

今一番諦めたいことは?

Nǐ xiànzài zuì xiǎng fàngqì shénme?

A.

例

我最想放弃减肥。随着年龄的增长，新陈代谢越来越差，不运动或不注意饮食的话就会发胖。但是一到晚上就会想吃夜宵……

ダイエットを諦めたい。年齢の増加とともに新陳代謝がどんどん悪くなってきて、運動したり食事に気を遣わないとすぐ太る。でも夜になると決まって夜食が食べたくなるんだよ……。

Wǒ zuì xiǎng fàngqì jiǎnféi. Suízhe niánlíng de zēngzhǎng, xīnchén-dàixiè yuè lái yuè chà, bú yùndòng huò bú zhùyì yǐnshí dehuà jiù huì fāpàng. Dànshì yí dào wǎnshang jiù huì xiǎng chī yèxiāo……

词语		备忘录
夜宵 yèxiāo：夜食		
事业 shìyè：事業		
其他 qítā：その他		
就职 jiù//zhí：就職する		
完美 wánměi：完璧だ		
机会 jīhuì：チャンス		

你最喜欢家里的哪一件家具？

家の中で一番お気に入りの家具は？

Nǐ zuì xǐhuan jiā li de nǎ yí jiàn jiājù?

A. _____

_____

_____

例

我最喜欢我的椅子。这个椅子可以随意调节高度和角度，坐很长时间腰和肩膀都不会疼。虽然价钱比较贵，但我觉得很值。

椅子がお気に入り。高さと角度を自由に変えられて、長時間座っていても腰と肩が痛くならない。値段はちょっと高いけど、それに見合う価値はあると思う。

Wǒ zuì xǐhuan wǒ de yǐzi. Zhège yǐzi kěyǐ suíyì tiáojié gāodù hé jiǎodù, zuò hěn cháng shíjiān yāo hé jiānbǎng dōu bú huì téng. Suīrán jiàqian bǐjiào guì, dàn wǒ juéde hěn zhí.

词语	备忘录
床　chuáng：ベッド	
沙发　shāfā：ソファ	
书架　shūjià：本棚	
耐用　nàiyòng：丈夫だ、長持ちする	
订制　dìng zhì：オーダーメイドする	
实木　shímù：無垢材	

你什么时候成绩最好?

一番成績が良かったのはいつ？

Nǐ shénme shíhou chéngjì zuì hǎo?

A.

_____

_____

_____

例

我上小学的时候成绩最好，经常得一百分。上了初中以后成绩开始变差，尤其是数学和物理、化学等课程，考试总是不及格。

小学生の頃が一番成績が良くて、よく100点をとってた。中学に上がってから成績が落ち始めて、特に数学と物理、化学などの科目はテストでいつも赤点だったな。

Wǒ shàng xiǎoxué de shíhou chéngjì zuì hǎo, jīngcháng dé yìbǎi fēn. Shàngle chūzhōng yǐhòu chéngjì kāishǐ biànchà, yóuqí shì shùxué hé wùlǐ, huàxué děng kèchéng, kǎoshì zǒngshì bù jígé.

词语

不及格 bù jígé：不合格
成绩单 chéngjìdān：通知表
预习 yùxí：予習する
复习 fùxí：復習する
专业 zhuānyè：専攻
巅峰期 diānfēngqī：全盛期

备忘录

Q.310

小时候经常玩儿的游戏有哪些?

子供の頃によくやったゲームは?

Xiǎoshíhou jīngcháng wánr de yóuxì yǒu nǎxiē?

A.
_____

_____

_____

例

我小时候很少玩儿游戏，玩儿得最多的应该是俄罗斯方块。这个游戏我还是有一点儿信心跟别人比的，但是其他游戏就都一窍不通了。

小さい頃はめったにゲームをしなかったけど、一番よくやったのはたぶんテトリス。このゲームは誰かと勝負するのも自信がある。他のゲームはてんでダメだけど。

Wǒ xiǎoshíhou hěn shǎo wánr yóuxì, wánrde zuì duō de yīnggāi shì Éluósī fāngkuài. Zhège yóuxì wǒ háishi yǒu yìdiǎnr xìnxīn gēn biéren bǐ de, dànshì qítā yóuxì jiù dōu yíqiào-bùtōng le.

词语

俄罗斯方块 Éluósī fāngkuài：テトリス
一窍不通 yíqiào-bùtōng：全然分からない
《最终幻想》《Zuìzhōng Huànxiǎng》：『ファイナルファンタジー』
《塞尔达传说》《Sài'ěrdá Chuánshuō》：『ゼルダの伝説』
《街头霸王》《Jiētóu Bàwáng》：『ストリートファイター』
着迷 zháo//mí：夢中になる

备忘录

你家过年都做什么?

年越しはどんなことをする?

Nǐ jiā guònián dōu zuò shénme?

A.

_____

_____

_____

例

跟许多日本家庭一样，我家过除夕时也看《红白歌合战》、吃年夜饭和荞麦面。全家人还一起玩儿纸牌等游戏，玩儿到很晚才睡觉。

多くの日本の家庭と同じように、我が家でも大晦日には「紅白歌合戦」を観て、年越しのごちそうとお蕎麦を食べる。家族でカードゲームをしたり、遅くまで遊んでからやっと寝る。

Gēn xǔduō Rìběn jiātíng yíyàng, wǒ jiā guò chúxī shí yě kàn《Hóngbái Gē Hézhàn》、chī niányèfàn hé qiáomàimiàn. Quánjiā rén hái yìqǐ wánr zhǐpái děng yóuxì, wánrdào hěn wǎn cái shuìjiào.

词语	备忘录
除夕 chúxī：大晦日	
年糕 niángāo：餅	
跨年 kuà nián：年をまたぐ	
倒计时 dàojìshí：カウントダウン	
压岁钱 yāsuìqián：お年玉	
甜米酒 tiánmǐjiǔ：甘酒	

你的家乡有什么特点?

あなたの地元の特徴は？

Nǐ de jiāxiāng yǒu shénme tèdiǎn?

A.

_____

_____

_____

例

我的老家神户靠近海和山，城市规模适中，非常宜居。神户还有很多好吃的餐厅、面包店和华人街，可以享受各种美食。

地元の神戸は、海も山も近いし、街のサイズがちょうどよくて、とても住みやすい。おいしいレストランやパン屋さんも多いし、中華街もあるからいろんなグルメが楽しめる。

Wǒ de lǎojiā Shénhù kàojìn hǎi hé shān, chéngshì guīmó shìzhōng, fēicháng yíjū. Shénhù hái yǒu hěn duō hǎochī de cāntīng, miànbāodiàn hé Huárénjiē, kěyǐ xiǎngshòu gè zhǒng měishí.

词语		备忘录
骄傲	jiāo'ào：自慢に思う	
自豪	zìháo：誇らしい	
亲切	qīnqiè：親切だ	
特产	tèchǎn：特産品	
优美	yōuměi：美しい	
欢迎	huānyíng：歓迎する	

学生时代你遇到过奇葩的校规吗?

学生時代、変わった校則はあった？

Xuéshēng shídài nǐ yùdàoguo qípā de xiàoguī ma?

A.

———————————————————

———————————————————

———————————————————

例

我上初中的时候，学校规定学生不能染发。有一个同学天生就是咖啡色的头发，老师说她染发了，要求她染回黑色，令我很不可思议。

中学生の時は、学校の決まりで学生は髪を染めてはいけなかった。地毛が茶色の同級生が先生に髪を染めたと思われて、黒染めしろと言われていたのにすごくびっくりした。

Wǒ shàng chūzhōng de shíhou, xuéxiào guīdìng xuésheng bù néng rǎnfà. Yǒu yí ge tóngxué tiānshēng jiùshì kāfēisè de tóufa, lǎoshī shuō tā rǎnfà le, yāoqiú tā rǎnhuí hēisè, lìng wǒ hěn bùkě-sīyì.

词语

校服 xiàofú：（学校の）制服
遵守 zūnshǒu：（ルールを）守る
过分 guò//fèn：ひどい、度を越す
发型 fàxíng：ヘアスタイル
课间 kèjiān：（授業の合間の）休み時間
不允许 bù yǔnxǔ：許可しない

备忘录

迪士尼乐园和环球影城，你更喜欢哪个？

ディズニーランドとUSJ、どっちが好き？

Díshìní Lèyuán hé Huánqiú Yǐngchéng, nǐ gèng xǐhuan nǎge?

A.
_____

_____

_____

例

我很喜欢小黄人和哈利波特，还喜欢超级马力欧，所以我更喜欢去环球影城。迪士尼乐园也很好玩儿，不过游客太多了。

ミニオンズとハリー・ポッター、あとスーパーマリオも好きだから、USJのほうが好きだな。ディズニーランドも楽しいけど、人が多すぎる。

Wǒ hěn xǐhuan Xiǎohuángrén hé Hālì Bōtè, hái xǐhuan Chāojí Mǎlì'ōu, suǒyǐ wǒ gèng xǐhuan qù Huánqiú Yǐngchéng. Díshìní Lèyuán yě hěn hǎowánr, búguò yóukè tài duō le.

词语

哈利波特 Hālì Bōtè：ハリー・ポッター
超级马力欧 Chāojí Mǎlì'ōu：スーパーマリオ
园区 yuánqū：(テーマパークの) エリア、パーク
淡季 dànjì：オフシーズン、閑散期
旺季 wàngjì：オンシーズン、繁忙期
设施 shèshī：施設

备忘录

. . [ ]

你老了以后想住在哪里?

老後はどこに住みたい?

Nǐ lǎole yǐhòu xiǎng zhùzài nǎli?

A.
_____

_____

_____

例

老了以后我想去乡下生活。乡下自然环境好，空气清新，人也少，可以放松心情，享受安宁。不过不方便这一点是个问题。

老後は田舎で暮らしたい。田舎は自然豊かで環境がいいし、空気がきれいで人も少ないので、リラックスして心穏やかに過ごせる。ただ、不便っていうのが問題なんだよな。

Lǎole yǐhòu wǒ xiǎng qù xiāngxia shēnghuó. Xiāngxia zìrán huánjìng hǎo, kōngqì qīngxīn, rén yě shǎo, kěyǐ fàngsōng xīnqíng, xiǎngshòu ānníng. Búguò bù fāngbiàn zhè yì diǎn shì ge wèntí.

词语

乡下 xiāngxia：田舎
清新 qīngxīn：さわやかだ、新鮮だ
安宁 ānníng：安らかだ
医疗 yīliáo：医療
吃苦 chī//kǔ：苦労する
平和 pínghé：穏やかだ

备忘录

告诉我一个你最近新学的中文单词。

最近覚えた中国語の単語を教えて。

Gàosu wǒ yí ge nǐ zuìjìn xīn xué de Zhōngwén dāncí.

A.

_____

_____

例

我最近学到了"追星"这个词，我以为它是仰望星空的意思，但其实是指追逐明星。从今天开始，我也加入了追逐偶像的队伍。

最近「追星」と言う単語を学んだ。星空を仰ぎ見ることだと思ったら、実は芸能人の追っかけをするという意味だった。今日から私も、アイドルオタクの仲間入りだ。

Wǒ zuìjìn xuédàole "zhuīxīng" zhège cí, wǒ yǐwéi tā shì yǎngwàng xīngkōng de yìsi, dàn qíshí shì zhǐ zhuīzhú míngxīng. Cóng jīntiān kāishǐ, wǒ yě jiārùle zhuīzhú ǒuxiàng de duìwu.

词语

网络用语　wǎngluò yòngyǔ：ネット用語
吃瓜　chī guā：ゴシップなどを見て楽しむこと
躺平　tǎngpíng：向上心なく日々をやりすごす
摸鱼　mō yú：仕事中にサボる
内卷　nèijuǎn：競争社会、競争が激しいこと
种草　zhòngcǎo：購買意欲を芽生えさせる

备忘录

你喜欢水族馆还是动物园?

水族館と動物園、どっちが好き？

Nǐ xǐhuan shuǐzúguǎn háishi dòngwùyuán?

A.

例

在水族馆可以欣赏充满幻想的海底世界，在动物园可以看到各种有趣的动物，所以我都喜欢。不过，动物园的气味有时候让人受不了。

水族館では幻想的な海底の世界、動物園ではいろいろな面白い動物たちを見ることができるから、どちらも好き。動物園のにおいはちょっと嫌な時があるけどね。

Zài shuǐzúguǎn kěyǐ xīnshǎng chōngmǎn huànxiǎng de hǎidǐ shìjiè, zài dòngwùyuán kěyǐ kàndào gè zhǒng yǒuqù de dòngwù, suǒyǐ wǒ dōu xǐhuan. Búguò, dòngwùyuán de qìwèi yǒushíhou ràng rén shòubuliǎo.

词语

气味 qìwèi：におい
海豚表演 hǎitún biǎoyǎn：イルカショー
水母 shuǐmǔ：クラゲ
狮子 shīzi：ライオン
拍照 pāi//zhào：写真を撮る
建议 jiànyì：アドバイスする

备忘录

.   .   [   ]

你敢坐过山车吗?

ジェットコースターは乗れる?

Nǐ gǎn zuò guòshānchē ma?

A.

_____

_____

_____

例

我不喜欢坐太刺激的过山车。小时候一点儿都不怕,特别喜欢去游乐园玩儿过山车,但是长大以后胆子越来越小,不敢坐了。

激しすぎるジェットコースターは苦手。小さい頃はまったく怖くなくて、遊園地でジェットコースターに乗るのが大好きだったけど、大人になったらだんだん度胸がなくなって、乗れなくなった。

Wǒ bù xǐhuan zuò tài cìjī de guòshānchē. Xiǎoshíhou yìdiǎnr dōu bú pà, tèbié xǐhuan qù yóulèyuán wánr guòshānchē, dànshì zhǎngdà yǐhòu dǎnzi yuè lái yuè xiǎo, bùgǎn zuò le.

词语

摩天轮 mótiānlún:観覧車
旋转木马 xuànzhuǎn mùmǎ:メリーゴーランド
安全带 ānquándài:シートベルト
喊 hǎn:叫ぶ
闭眼 bì//yǎn:目を閉じる
心脏病 xīnzàngbìng:心臓病

备忘录

你喜欢自由泳还是蛙泳?

クロールと平泳ぎ、どっちが好き?

Nǐ xǐhuan zìyóuyǒng háishi wāyǒng?

A.

_____

_____

_____

例

我喜欢自由泳，但是我自己更擅长蛙泳。小时候学游泳，蛙泳很快就学会了，但是自由泳的换气怎么练都练不好。

クロールが好きだけど、得意なのは平泳ぎ。小さい頃水泳を習ってて、平泳ぎはすぐにできるようになったけど、クロールの息継ぎがどうしても上手くできなかった。

Wǒ xǐhuan zìyóuyǒng, dànshì wǒ zìjǐ gèng shàncháng wāyǒng. Xiǎoshíhou xué yóuyǒng, wāyǒng hěn kuài jiù xuéhuì le, dànshì zìyóuyǒng de huànqì zěnme liàn dōu liànbuhǎo.

词语

潜水　qiánshuǐ：水に潜る
泳镜　yǒngjìng：水中メガネ
换气　huàn//qì：息継ぎをする
屏气　bǐng//qì：息を止める
怕水　pà shuǐ：水が苦手
旱鸭子　hàn yāzi：泳げない人、金づち

备忘录

Q.320

你平均每天走多少公里？

一日平均何キロぐらい歩く？

Nǐ píngjūn měi tiān zǒu duōshao gōnglǐ?

A.

例

我每天走路的时间不太多。除了从家到车站来回走大约二十分钟以外，大部分时间主要是坐着工作，所以每天大概只走两三公里吧。

毎日そんなに歩いてないな。家から駅までの往復20分くらい以外は、座って仕事をしてる時間が多いから、一日2、3キロくらいしか歩いてないかな。

Wǒ měi tiān zǒulù de shíjiān bú tài duō. Chúle cóng jiā dào chēzhàn láihuí zǒu dàyuē èrshí fēnzhōng yǐwài, dàbùfen shíjiān zhǔyào shì zuòzhe gōngzuò, suǒyǐ měi tiān dàgài zhǐ zǒu liǎng sān gōnglǐ ba.

词语

运动鞋 yùndòngxié：運動靴
绕路 rào//lù：回り道をする
脚步 jiǎobù：足取り、歩幅
缺乏 quēfá：不足する
好处 hǎochù：メリット
计步器 jìbùqì：万歩計

备忘录

你喜欢吃羊肉吗?

羊肉を食べるのは好き?

Nǐ xǐhuan chī yángròu ma?

A.
_____

_____

_____

例

羊肉有一种独特的膻味儿，有的人吃不惯。我非常喜欢吃羊肉，除了成吉思汗烤肉以外，羊肉串、烤羊排、涮羊肉等都是我的最爱。

羊肉は独特なくさみがあるから、食べ慣れない人もいるね。私は大好きで、ジンギスカン以外にも、串焼き、ラムチョップ、しゃぶしゃぶ、全部大好物。

Yángròu yǒu yì zhǒng dútè de shānwèir, yǒude rén chībuguàn. Wǒ fēicháng xǐhuan chī yángròu, chúle chéngjísīhán kāoròu yǐwài, yángròuchuàn, kǎo yángpái, shuànyángròu děng dōu shì wǒ de zuì'ài.

词语

膻味儿 shānwèir：臭み
吃不惯 chībuguàn：食べ慣れない
葱爆羊肉 cōngbào yángròu：羊肉のネギ炒め
香料 xiāngliào：スパイス
孜然 zīrán：クミン
新疆 Xīnjiāng：新疆ウイグル自治区

备忘录

如果你有朋友要去中国留学，你想对他说什么？

中国留学に行く友達に一言言うなら？

Rúguǒ nǐ yǒu péngyou yào qù Zhōngguó liúxué, nǐ xiǎng duì tā shuō shénme?

A.

例

我觉得留学最重要的目的是提高会话能力，所以一定要多交一些中国朋友，这样不光可以练习会话，还可以了解中国文化和生活习惯。

留学で一番重要な目的は会話力を鍛えることだから、中国人の友達をたくさん作るべし。そうすれば会話の練習になるだけじゃなくて、中国の文化や生活習慣を知ることもできる。

Wǒ juéde liúxué zuì zhòngyào de mùdì shì tígāo huìhuà nénglì, suǒyǐ yídìng yào duō jiāo yìxiē Zhōngguó péngyou, zhèyàng bùguāng kěyǐ liànxí huìhuà, hái kěyǐ liǎojiě Zhōngguó wénhuà hé shēnghuó xíguàn.

词语

不光 bùguāng：～だけでなく
适应 shìyìng：順応する
沟通 gōutōng：コミュニケーションする
签证 qiānzhèng：ビザ
一路顺风 yílù shùnfēng：ご無事で（旅立つ人に言う言葉）
入乡随俗 rùxiāng-suísú：郷に入っては郷に従え

备忘录

当你紧张的时候，你会用什么样的方法来缓解？

緊張してるときは、どうやってほぐす？

Dāng nǐ jǐnzhāng de shíhou, nǐ huì yòng shénmeyàng de fāngfǎ lái huǎnjiě？

A.
_____

_____

_____

例

我觉得紧张不是一件坏事，可以证明自己正在挑战 新的事情。但是为了避免过度的紧张，我会多花一 些时间把准备工作做充分。

緊張するのは悪いことじゃないと思う。新しいことにチャレンジしてる証だから。ただ、過度の緊張を避けるために、事前の準備にしっかり時間をかけるようにしてる。

Wǒ juéde jǐnzhāng bú shì yí jiàn huàishì, kěyǐ zhèngmíng zìjǐ zhèngzài tiǎozhàn xīn de shìqing. Dànshì wèile bìmiǎn guòdù de jǐnzhāng, wǒ huì duō huā yìxiē shíjiān bǎ zhǔnbèi gōngzuò zuòchōngfèn.

词语

坏事 huàishì：悪いこと
忐忑 tǎntè：不安で落ち着かない
面试 miànshì：面接
上台 shàng//tái：ステージに上がる
发挥 fāhuī：発揮する
考验 kǎoyàn：試練を与える、ためす

备忘录

. . [ ]

到了游乐园，你会先玩儿什么?

遊園地に着いたら、まず何で遊ぶ?

Dàole yóulèyuán, nǐ huì xiān wánr shénme?

A.
_____

_____

_____

例

我会一大早去，趁人少的时候先玩儿最有人气的，尽量避免排长队。玩儿累了就去餐厅吃饭或者坐下来看演出，边休息边玩儿。

朝イチで行って、人が少ないうちに人気の乗り物から乗ってる。なるべく並ばなくていいように。疲れたらレストランでご飯を食べたりショーを見たりして、休みながら遊ぶ。

Wǒ huì yí dà zǎo qù, chèn rén shǎo de shíhou xiān wánr zuì yǒu rénqì de, jǐnliàng bìmiǎn pái cháng duì. Wánrlèile jiù qù cāntīng chī fàn huòzhě zuòxiàlai kàn yǎnchū, biān xiūxi biān wánr.

词语

趁　chèn：〜に乗じて
年卡　niánkǎ：年間パスポート
门票　ménpiào：入場券
好玩儿　hǎowánr：面白い、楽しい
了解　liǎojiě：調べる、調査する、理解する
商量　shāngliang：相談する

备忘录

你打过太极拳吗?

太極拳、やったことある?

Nǐ dǎguo tàijíquán ma?

A.

_____

_____

_____

例

早上在中国的公园经常能看到有人在打太极拳，跟着打过几次。虽然动作很慢，但是还是挺消耗体力的。打完全身感觉很舒畅。

中国の公園では朝によく太極拳をやってる人を見かけるから、何度か真似してやってみたことがある。動きはゆっくりだけど、なかなか体力を消耗する。やった後は身体がスッキリした感じがした。

Zǎoshang zài Zhōngguó de gōngyuán jīngcháng néng kàndào yǒu rén zài dǎ tàijíquán , gēnzhe dǎguo jǐ cì. Suīrán dòngzuò hěn màn, dànshì háishi tǐng xiāohào tǐlì de. Dǎwán quánshēn gǎnjué hěn shūchàng.

词语

跟着 gēnzhe：～について行く
老年人 lǎoniánrén：高齢者
武术 wǔshù：武術
技术 jìshù：技術
强身健体 qiángshēn jiàntǐ：体を鍛えて健康にする
每周～次 měi zhōu ～ cì：週～回

备忘录

如果能在中国住一个月，你想住哪里？

もし一カ月中国に住めるとしたら、どこに住みたい？

Rúguǒ néng zài Zhōngguó zhù yí ge yuè, nǐ xiǎng zhù nǎli?

A. _____

_____

_____

例

我希望去风景优美、人不太多的乡下住一段时间。我想在那里体验一下当地人的普通生活，并每天跟他们用中文交流，一定很开心。

景色がきれいで、人が少ない田舎でしばらく過ごしたいな。現地の人の日常生活を体験して、毎日中国語でおしゃべりしたい。きっと楽しいだろうな。

Wǒ xīwàng qù fēngjǐng yōuměi, rén bú tài duō de xiāngxia zhù yí duàn shíjiān. Wǒ xiǎng zài nàli tǐyàn yíxià dāngdìrén de pǔtōng shēnghuó, bìng měi tiān gēn tāmen yòng Zhōngwén jiāoliú, yídìng hěn kāixīn.

词语

当地人 dāngdìrén：地元の人
城市 chéngshì：都市
物价 wùjià：物価
舒服 shūfu：気持ちがいい
整洁 zhěngjié：きちんとしている
凉爽 liángshuǎng：涼しい、さわやかだ

备忘录

你看过京剧吗?

京劇を見たことはある？
Nǐ kànguo jīngjù ma?

A.
_____

_____

_____

例

以前去中国旅游的时候看过一次京剧。虽然内容很难理解，但华丽的服装以及独特的化妆和唱腔给我留下了很深的印象。

以前中国に旅行に行った時に一度だけ京劇を見たことがある。内容を理解するのは難しかったけど、きらびやかな衣装に特徴的な化粧と節回しがすごく印象的だったな。

Yǐqián qù Zhōngguó lǚyóu de shíhou kànguo yí cì jīngjù. Suīrán nèiróng hěn nán lǐjiě, dàn huálì de fúzhuāng yǐjí dútè de huàzhuāng hé chàngqiāng gěi wǒ liúxiàle hěn shēn de yìnxiàng.

词语

唱腔 chàngqiāng：節回し
剧目 jùmù：演目
脸谱 liǎnpǔ：（京劇などの）くま取り
戏曲 xìqǔ：中国の伝統的な演劇
艺术 yìshù：芸術
演员 yǎnyuán：役者

备忘录

[   ]

你有没有喜欢的中国演员或歌手？

中国の俳優や歌手で好きな人がいたら教えて。

Nǐ yǒu méiyou xǐhuan de Zhōngguó yǎnyuán huò gēshǒu?

A.

_____

_____

例

我喜欢的演员很多，其中一位是王凯。除了演技出众之外，还特别喜欢他的声音。我看过很多他演的连续剧，包括我的最爱《琅琊榜》。

好きな俳優はたくさんいて、そのうちの一人は王凱（ワン・カイ）。演技が良いところ以外に、声もすごく好き。大好きな「琅琊榜（ろうやぼう）」含め、彼の出演作はたくさん見てる。

Wǒ xǐhuan de yǎnyuán hěn duō, qízhōng yí wèi shì Wáng Kǎi. Chúle yǎnjì chūzhòng zhīwài, hái tèbié xǐhusn tā de shēngyīn. Wǒ kànguo hěn duō tā yǎn de liánxùjù, bāokuò wǒ de zuì'ài《Lángyábǎng》.

词语

出众 chūzhòng：抜きん出ている
王一博 Wáng Yībó：王一博
肖战 Xiāo Zhàn：肖戦
颜值 yánzhí：顔面偏差値、見た目
帅 shuài：かっこいい、イケメンだ
唱功 chànggōng：歌唱力

备忘录

上初中和高中的时候，加入过什么俱乐部吗?

中高生時代、部活はやってた？

Shàng chūzhōng hé gāozhōng de shíhou, jiārùguo shénme jùlèbù ma?

A.

例

初中的时候加入了手球队。完全没想到自己会选手球。好朋友叫我一起参加，我没多想就加入了。结果练习很累，后悔也来不及了。

中学の時はハンドボール部だった。まさか自分がハンドボールを選ぶとは思ってなかったな。仲良しの友達に一緒に入ろうと言われて、あまり考えずに入部した結果、練習がすごくきつくて、後悔しても遅かった。

Chūzhōng de shíhou jiārùle shǒuqiú duì. Wánquán méi xiǎngdào zìjǐ huì xuǎn shǒuqiú. Hǎo péngyou jiào wǒ yìqǐ cānjiā, wǒ méi duō xiǎng jiù jiārù le. Jiéguǒ liànxí hěn lèi, hòuhuǐ yě láibují le.

词语

社团活动 shètuán huódòng：クラブ活動、サークル活動
棒球队 bàngqiú duì：野球部（チーム）
羽毛球队 yǔmáoqiú duì：バドミントン部（チーム）
运动细胞 yùndòng xìbāo：運動神経
练习 liànxí：練習する
管乐队 guǎnyuèduì：ブラスバンド

备忘录

. . [   ]

你喝过白酒吗？

白酒、飲んだことある？

Nǐ hēguo báijiǔ ma?

A.

_____

_____

_____

例

我喝过几次白酒，都喝醉了，而且第二天难受得不得了。我觉得白酒并不好喝，而且太烈了，一口喝下去，能感觉到酒在体内流动。

何度か飲んだことあるけど、毎回酔っ払って、二日酔いもひどかった。あまりおいしいとは思わないな。きつすぎて、飲み込むと体内をお酒が巡ってるのが感じられるし。

Wǒ hēguo jǐ cì báijiǔ, dōu hēzuì le, érqiě dì-èr tiān nánshòude bùdéliǎo. Wǒ juéde báijiǔ bìng bù hǎohē, érqiě tài liè le, yì kǒu hēxiàqu, néng gǎnjuédào jiǔ zài tǐnèi liúdòng.

词语

受不了　shòubuliǎo：耐えられない
酒精　jiǔjīng：アルコール
倒酒　dào jiǔ：酒をつぐ
下酒菜　xiàjiǔcài：つまみ
喝多了　hēduō le：飲みすぎた
一点点　yìdiǎndiǎn：ほんの少し

备忘录

你每天睡几个小时？睡眠时间够吗？

毎日何時間ぐらい眠る？　睡眠時間は足りてる？

Nǐ měi tiān shuì jǐ ge xiǎoshí? Shuìmián shíjiān gòu ma?

A.
_____

_____

_____

例

我每天一般睡六个小时左右。睡得不够也没办法，我得去上班。周末可以睡懒觉，这是最幸福的时间。真希望每天都可以睡到自然醒。

毎日だいたい6時間くらい寝てる。仕事に行かないといけないから、寝足りなくてもどうしようもない。
寝坊できる週末が一番幸せな時間だな。毎日自然に目が覚めるまで寝ていたいなぁ。

Wǒ měi tiān yìbān shuì liù ge xiǎoshí zuǒyòu. Shuìde búgòu yě méi bànfǎ, wǒ děi qù shàngbān. Zhōumò
kěyǐ shuì lǎnjiào, zhè shì zuì xìngfú de shíjiān. Zhēn xīwàng měi tiān dōu kěyǐ shuìdào zìrán xǐng.

词语

至少 zhìshǎo：少なくとも
足够 zúgòu：十分足りる
调节 tiáojié：調節する
恢复 huīfù：回復する
导致 dǎozhì：（悪い結果を）招く
保养 bǎoyǎng：手入れをする

备忘录

你去咖啡厅一般会点什么?

カフェに行ったら何を頼むことが多い?

Nǐ qù kāfēitīng yìbān huì diǎn shénme?

A.

_____

_____

_____

例

一般都会点一杯黑咖啡。以前觉得这么苦的东西怎么会有人喜欢喝? 但是自从上班之后就喜欢上了。终于开始学会"吃苦"了。

ブラックコーヒーを頼むことが多い。昔はこんな苦いものを好んで飲む人がいるなんてと思ってたけど、仕事をするようになってから好きになった。「(人生の)苦味」を理解できるようになったということかな。

Yìbān dōu huì diǎn yì bēi hēi kāfēi. Yǐqián juéde zhème kǔ de dōngxi zěnme huì yǒu rén xǐhuan hē? Dànshì zìcóng shàngbān zhīhòu jiù xǐhuanshàng le. Zhōngyú kāishǐ xuéhuì "chīkǔ" le.

词语

蛋糕　dàngāo：ケーキ
奶茶　nǎichá：ミルクティー
热狗　règǒu：ホットドッグ
摩卡　mókǎ：カフェモカ
品尝　pǐncháng：味わう
吧台　bātái：カウンター

备忘录

你想去深海看看吗？

深海に行ってみたいと思う？

Nǐ xiǎng qù shēnhǎi kànkan ma?

A.

_____

_____

_____

例

我对深海很感兴趣，觉得海底世界很神秘。但是自己亲自去还是算了，就交给伟大的冒险家们吧。我在电视上看看就足够了。

深海にはとても興味があって、海底の世界はすごく神秘的だと思う。でも自分で行くのはやっぱりいいや。偉大な冒険家の皆さまにおまかせしよう。テレビで見られれば十分。

Wǒ duì shēnhǎi hěn gǎn xìngqù, juéde hǎidǐ shìjiè hěn shénmì. Dànshì zìjǐ qīnzì qù háishi suànle, jiù jiāogěi wěidà de màoxiǎnjiāmen ba. Wǒ zài diànshì shang kànkan jiù zúgòu le.

词语

潜艇 qiántǐng：潜水艦
百科辞典 bǎikē cídiǎn：百科事典
冰冷 bīnglěng：氷のように冷たい
米 mǐ：メートル
极限 jíxiàn：極限
设备 shèbèi：設備

备忘录

[   ]

你看过熊猫吗?

パンダを見たことがある?

Nǐ kànguo xióngmāo ma?

A.

例

我特别喜欢熊猫，每次去动物园都会看很长时间，那可爱又笨拙的样子怎么看都看不够。真想抱着那胖乎乎的身体睡一觉。

パンダは大好きで、動物園に行くといつもかなり長い時間見てる。あの可愛さとノロノロした動き、いくら見ても見飽きない。あのまんまるな身体を抱っこして寝てみたいなあ。

Wǒ tèbié xǐhuan xióngmāo, měi cì qù dòngwùyuán dōu huì kàn hěn cháng shíjiān, nà kě'ài yòu bènzhuō de yàngzi zěnme kàn dōu kànbugòu. Zhēn xiǎng bàozhe nà pànghūhū de shēntǐ shuì yí jiào.

词语

笨拙 bènzhuō：不器用だ
竹子 zhúzi：竹
萌 méng：かわいい
哺乳动物 bǔrǔ dòngwù：哺乳動物
喜爱 xǐ'ài：好きだ
保护区 bǎohùqū：保護区

备忘录

. . [ ]

你喜欢坐火车去旅游吗?

列車の旅は好き？

Nǐ xǐhuan zuò huǒchē qù lǚyóu ma?

A.

———————————————————————

———————————————————————

———————————————————————

例

我很喜欢坐火车。喜欢买很多好吃的，边吃边看窗外的风景。如果是坐火车也能去的距离的话，我会选择坐火车，尽量不坐飞机。

列車に乗って、おいしいものをたくさん買って、食べながら窓の外の景色を見るのが好き。列車でも行ける距離なら、なるべく飛行機に乗らずに、列車で行くかな。

Wǒ hěn xǐhuan zuò huǒchē. Xǐhuan mǎi hěn duō hǎochī de, biān chī biān kàn chuāng wài de fēngjǐng. Rúguǒ shì zuò huǒchē yě néng qù de jùlí dehuà, wǒ huì xuǎnzé zuò huǒchē, jǐnliàng bú zuò fēijī.

词语

交通工具 jiāotōng gōngjù：交通手段
夜车 yèchē：夜行列車、夜行バス
月台 yuètái：プラットホーム
靠窗 kào chuāng：窓際（の席）
靠过道 kào guòdào：通路側（の席）
车厢 chēxiāng：車両

备忘录

你喜欢的调味料是什么？

好きな調味料は何？

Nǐ xǐhuan de tiáowèiliào shì shénme?

A.

例

我喜欢盐。我觉得盐是最万能的调味料之一，可用于几乎所有类型的食物。除了调味以外，还有保持食物的新鲜度等其他的用途。

塩が好き。ほぼすべてのジャンルの食べ物に使える、一番万能な調味料のうちの一つだと思う。味付け以外にも、食材の新鮮度を保つためなど他の用途にも使えるし。

Wǒ xǐhuan yán. Wǒ juéde yán shì zuì wànnéng de tiáowèiliào zhī yī, kě yòngyú jīhū suǒyǒu lèixíng de shíwù. Chúle tiáowèi yǐwài, hái yǒu bǎochí shíwù de xīnxiāndù děng qítā de yòngtú.

词语

醋　cù：酢
蚝油　háoyóu：オイスターソース
芝麻油　zhīmayóu：ごま油
放　fàng：入れる
口重　kǒuzhòng：濃い味を好む
口轻　kǒuqīng：薄味を好む

备忘录

Q.337

. . [ ]

你能吃香菜吗?

パクチーは食べられる?

Nǐ néng chī xiāngcài ma?

A.

___

例

香菜有一种特别的气味，很多日本人不太喜欢。不过我爱吃香菜，尤其是吃兰州拉面的时候，我总会让店员多放一点儿香菜。

パクチーは独特な香りがするから、日本人は好きじゃない人も多い。でも私は好きで、特に蘭州ラーメンを食べる時には、いつも店員さんに多めに入れてもらってる。

Xiāngcài yǒu yì zhǒng tèbié de qìwèi, hěn duō Rìběnrén bú tài xǐhuan. Búguò wǒ ài chī xiāngcài, yóuqí shì chī Lánzhōu lāmiàn de shíhou, wǒ zǒng huì ràng diànyuán duō fàng yìdiǎnr xiāngcài.

词语

兰州拉面 Lánzhōu lāmiàn：蘭州ラーメン

不加～ bù jiā ～：～を加えない、～抜き

泰国菜 tàiguócài：タイ料理

开胃 kāiwèi：食欲が出る

丰富 fēngfù：豊富だ

炒菜 chǎocài：油で炒めた料理

备忘录

你长得像妈妈还是像爸爸?

母親似? 父親似?

Nǐ zhǎngde xiàng māma háishi xiàng bàba?

A. _____

_____

_____

例

据说，儿子一般长得像妈妈，女儿像爸爸。我的眼睛和眉毛像妈妈，鼻子和嘴像爸爸。在性格方面呢，我可能更像爸爸一些。

男の子は母親似、女の子は父親似と言われているけど、自分は目と眉は母似で、鼻と口は父似。性格はたぶん父寄りかな。

Jùshuō, érzi yìbān zhǎngde xiàng māma, nǚ'ér xiàng bàba. Wǒ de yǎnjing hé méimao xiàng māma, bízi hé zuǐ xiàng bàba. Zài xìnggé fāngmiàn ne, wǒ kěnéng gèng xiàng bàba yìxiē.

词语

外表 wàibiǎo：外见
特点 tèdiǎn：特徵
脸 liǎn：顔
明显 míngxiǎn：明らかだ
遗传 yíchuán：遗伝する
一模一样 yìmú-yíyàng：そっくりだ

备忘录

床单多久换洗一次?

シーツの洗濯頻度は？

Chuángdān duō jiǔ huànxǐ yí cì?

A.

_____

_____

_____

例

我基本上一周换一次床单。夏天出汗多的话三到四天换一次。不知道我换床单算不算勤快的。很好奇其他人都几天换一次。

シーツは基本的に週に一度換える。夏の汗をよくかく時期は3〜4日に一回。シーツを換える頻度が多いほうなのかな？　他の人は何日に一回換えてるのか気になる。

Wǒ jīběnshang yì zhōu huàn yí cì chuángdān. Xiàtiān chūhàn duō dehuà sān dào sì tiān huàn yí cì. Bù zhīdào wǒ huàn chuángdān suàn bu suàn qínkuai de. Hěn hàoqí qítā rén dōu jǐ tiān huàn yí cì.

词语

勤快　qínkuai：まめだ、精を出す
枕套　zhěntào：枕カバー
被套　bèitào：布団カバー
发霉　fā//méi：かびが生える
杀菌　shā//jūn：殺菌する
卫生　wèishēng：衛生的だ

备忘录

你最近被什么治愈了？

最近何に癒やされた？

Nǐ zuìjìn bèi shénme zhìyù le?

A.

____

____

____

例

我爸妈家养的玩具贵宾犬。自从我离开家搬出来住之后，见面的机会少了很多，大概每周见一次。每次见到它都很开心很治愈。

実家で飼ってるトイプードル。家を出てから会う機会が減ってしまって、だいたい週に一回会ってる。いつも会えると嬉しいし癒される。

Wǒ bàmā jiā yǎng de wánjù guìbīnquǎn. Zìcóng wǒ líkāi jiā bānchūlai zhù zhīhòu, jiànmiàn de jīhui shǎole hěn duō, dàgài měi zhōu jiàn yí cì. Měi cì jiàndào tā dōu hěn kāixīn hěn zhìyù.

词语

拥有　yōngyǒu：擁する、持つ
舒缓　shūhuǎn：おだやかだ
美好　měihǎo：美しい、素晴らしい
温柔　wēnróu：やさしい
绿植　lǜzhí：観葉植物
解脱　jiětuō：解放される、抜け出す

备忘录

_____ . ___ . ___ [　]

你穿过和服吗?

着物を着たことはある？

Nǐ chuānguo héfú ma?

A.

_____

_____

_____

例

我第一次穿和服是参加成人礼的时候。之后去京都旅游也租过几次，很喜欢穿着和服逛京都的感觉。以后有机会还想穿。

初めて着物を着たのは成人式に参加したとき。その後、京都旅行の時にも何度かレンタルしていて、着物を着て京都を散策するのが好き。機会があったらまた着たいな。

Wǒ dì-yí cì chuān héfú shì cānjiā chéngrénlǐ de shíhou. Zhīhòu qù Jīngdū lǚyóu yě zūguo jǐ cì, hěn xǐhuan chuānzhe héfú guàng Jīngdū de gǎnjué. Yǐhòu yǒu jīhui hái xiǎng chuān.

词语

葬礼 zànglǐ：葬儀
婚礼 hūnlǐ：結婚式
全家福 quánjiāfú：家族写真
气质 qìzhì：気質、風格
紧 jǐn：きつい
头饰 tóushì：髪飾り

备忘录

你看过流星吗?

流れ星を見たことはある？

Nǐ kànguo liúxīng ma?

A.
_____

_____

_____

例

有一次去山里宿营，夜空中挂满了星星，美极了。那时我看到了一颗明亮的流星划过夜空，还没来得及许愿就消失了。

山でキャンプをしたとき、満天の星空がすごくきれいだった。その時にキラキラ光る流れ星が夜空を横切ったのを見たけど、願い事をする間もなく消えてしまった。

Yǒu yí cì qù shān li sùyíng, yèkōng zhōng guàmǎnle xīngxing, měi jíle. Nà shí wǒ kàndàole yì kē míngliàng de liúxīng huáguò yèkōng, hái méi láidejí xǔyuàn jiù xiāoshī le.

词语

许愿　xǔyuàn：願い事をする
目睹　mùdǔ：目にする
灿烂　cànlàn：きらびやかだ
耀眼　yàoyǎn：まばゆい
清晰　qīngxī：はっきりとしている
赶紧　gǎnjǐn：急いで

备忘录

Q.343

请分享一个与气味有关的记忆。

においにまつわる思い出を聞かせて。

Qǐng fēnxiǎng yí ge yǔ qìwèi yǒuguān de jìyì.

A.

_____

_____

_____

例

今天朋友给了我一杯热巧克力，闻到可可的味道，让我想起了小时候放学后妈妈给我泡的热巧克力，感到又幸福又满足。

今日友達がホットチョコレートを出してくれて、カカオのにおいをかいだら、小さい頃放課後に母がいれてくれたホットチョコレートを思い出した。幸せで胸がいっぱいになった。

Jīntiān péngyou gěile wǒ yì bēi rè qiǎokèlì, wéndào kěkě de wèidao, ràng wǒ xiǎngqǐle xiǎoshíhou fàngxué hòu māma gěi wǒ pào de rè qiǎokèlì, gǎndào yòu xìngfú yòu mǎnzú.

词语

<u>可可</u> kěkě：カカオ、ココア
花香 huāxiāng：花の香り
薰衣草 xūnyīcǎo：ラベンダー
清爽 qīngshuǎng：さわやかだ
洗发液 xǐfàyè：シャンプー
薄荷 bòhe：ハッカ、ミント

备忘录

.   .   [   ]

你去过最棒的演唱会是哪一场?

今までに行った中で最高のコンサートは?

Nǐ qùguo zuì bàng de yǎnchànghuì shì nǎ yì chǎng?

A.

_____

_____

_____

例

几年前我去过音乐团体"美梦成真（DREAMS COME TRUE)"每四年举行一次的大型演唱会，是我看过最精彩的演唱会之一。

数年前に音楽バンド「DREAMS COME TRUE」が4年に一度開催している大型コンサートに行ったことがある。あれは今まで行った中で最高のコンサートのうちの一つだな。

Jǐ nián qián wǒ qùguo yīnyuè tuántǐ "Měimèng Chéngzhēn(DREAMS COME TRUE)" měi sì nián jǔxíng yí cì de dàxíng yǎnchànghuì, shì wǒ kànguo zuì jīngcǎi de yǎnchànghuì zhī yī.

词语

荧光棒　yíngguāngbàng：ペンライト
现场　xiànchǎng：生の、リアルの
巨蛋　Jùdàn：ドーム
歌迷　gēmí：(歌手などの) ファン
偶像团体　ǒuxiàng tuántǐ：アイドルグループ
甲壳虫乐队　Jiǎkéchóng yuèduì：ビートルズ

备忘录

你最喜欢的成语是什么?

好きな成語は何?

Nǐ zuì xǐhuan de chéngyǔ shì shénme?

A.

_____

_____

_____

例

我最喜欢"塞翁失马"这个成语。人生无常，谁都无法预料以后会发生什么事。无论身处顺境还是逆境，我们都要保持平常心。

「塞翁が馬」という成語が一番好き。人生には変化がつきもので、これから何が起こるかなんて誰にも分からない。順調なときも逆境に直面したときも、平常心を保っていないとね。

Wǒ zuì xǐhuan "sàiwēng-shīmǎ" zhège chéngyǔ. Rénshēng wúcháng, shéi dōu wúfǎ yùliào yǐhòu huì fāshēng shénme shì. Wúlùn shēn chǔ shùnjìng háishi nìjìng, wǒmen dōu yào bǎochí píngchángxīn.

词语

来日方长 láirì-fāngcháng : 人生、先は長い
心想事成 xīn xiǎng shì chéng : 願いが叶う
后会有期 hòuhuì-yǒuqī : いつかまた会いましょう
趁热打铁 chènrè-dǎtiě : 鉄は熱いうちに打て
爱不释手 àibúshìshǒu : 大切で手放せない
一言为定 yìyán-wéidìng : 一度約束したことは反故にはしない

备忘录

今天发生的最好笑的事情是什么?

今日、一番笑ったことは？

Jīntiān fāshēng de zuì hǎoxiào de shìqing shì shénme?

A.

————————————————————————————————

————————————————————————————————

例

今天陪我家小狗在沙发上玩儿的时候，它一不小心差点儿滚到地上去，我赶紧扶了它一把。当时它慌张的动作和表情让我哭笑不得。

今日愛犬とソファで遊んでる時に、うっかり床に転げ落ちそうになってたから、すぐに支えてあげた。その時の焦りようと表情に、泣くに泣けず笑うに笑えなかった。

Jīntiān péi wǒ jiā xiǎo gǒu zài shāfā shang wánr de shíhou, tā yí bù xiǎoxīn chàdiǎnr gǔndào dìshang qu, wǒ gǎnjǐn fúle tā yì bǎ. Dāngshí tā huāngzhāng de dòngzuò hé biǎoqíng ràng wǒ kūxiào-bùdé.

词语

差点儿　chàdiǎnr：もう少しで
滚　gǔn：転がる
扶　fú：手で支える
哭笑不得　kūxiào-bùdé：泣くに泣けず笑うに笑えない
小品　xiǎopǐn：コント
幽默　yōumò：面白い、ユーモアがある

备忘录

你最喜欢什么花？

好きな花は？

Nǐ zuì xǐhuan shénme huā?

A. _____

_____

_____

例

我最喜欢桂花。桂花虽然并不华丽，但花香浓郁甘甜，让人感觉到秋天的到来。桂花就像老朋友一样，默默的感染并呵护着你。

金木犀が一番好きだな。華やかな花ではないけど、香りが濃厚で甘く、秋の訪れを感じさせてくれる。まるで古い友人のように、静かに包み込んで守ってくれてる感じ。

Wǒ zuì xǐhuan guìhuā. Guìhuā suīrán bìng bù huálì, dàn huāxiāng nóngyù gāntián, ràng rén gǎnjuédào qiūtiān de dàolái. Guìhuā jiù xiàng lǎo péngyou yíyàng, mòmò de gǎnrǎn bìng hēhùzhe nǐ.

词语

呵护 hēhù：やさしく守る
玫瑰花 méiguìhuā：バラ
郁金香 yùjīnxiāng：チューリップ
绣球花 xiùqiúhuā：アジサイ
花店 huā diàn：花屋
花语 huā yǔ：花言葉

备忘录

你觉得自己是老实人吗?

自分を正直者だと思う?

Nǐ juéde zìjǐ shì lǎoshi rén ma?

A.
_____

_____

_____

例

虽然我也有撒谎的时候,但基本上属于比较直率的老实人,有一说一,有二说二。撒谎时总有一种罪恶感,而且觉得心里很累。

嘘をつくことはあるけど、基本的には正直者で、何でもありのままに話すほうかな。嘘をつくときはいつも罪悪感があるし、心も疲れるような気がする。

Suīrán wǒ yě yǒu sāhuǎng de shíhou, dàn jīběnshang shǔyú bǐjiào zhíshuài de lǎoshi rén, yǒu yī shuō yī, yǒu èr shuō èr. Sāhuǎng shí zǒng yǒu yì zhǒng zuì'ègǎn, érqiě juéde xīnli hěn lèi.

词语

破坏 pòhuài:壊す
友谊 yǒuyì:友情
骗人 piàn rén:人をだます
伤害 shānghài:傷つける
不要脸 bú yàoliǎn:恥知らずだ、厚かましい
愚人节 Yúrénjié:エイプリルフール

备忘录

你演过话剧吗?

演劇をやったことはある？

Nǐ yǎnguo huàjù ma?

A. _____

_____

_____

例

我记得上幼儿园的时候表演过，长大之后就没有了。话剧需要靠对话来传达情节和情感，可是我没有表演天赋，不太适合演话剧。

幼稚園のときにやったのは覚えてるけど、大人になってからはやってない。演劇は対話を通して物語や感情を伝えるから、演技の才能がない自分にはあまり合わないな。

Wǒ jìde shàng yòu'éryuán de shíhou biǎoyǎnguo, zhǎngdà zhīhòu jiù méiyou le. Huàjù xūyào kào duìhuà lái chuándá qíngjié hé qínggǎn, kěshì wǒ méiyou biǎoyǎn tiānfù, bú tài shìhé yǎn huàjù.

词语

情节 qíngjié：物語の流れ
情感 qínggǎn：感情
剧团 jùtuán：劇団
人偶剧 rén'ǒujù：人形劇
戏剧 xìjù：芝居、演劇
害羞 hài//xiū：恥ずかしがる

备忘录

你喜欢讨论吗?

ディスカッションするのは好き？

Nǐ xǐhuan tǎolùn ma?

A. _____

_____

_____

例

我挺喜欢讨论的。我觉得通过讨论可以锻炼自己的表达能力，并加强思维深度和问题解决能力，帮助个人成长和建立良好的人际关系。

ディスカッションは結構好き。ディスカッションを通して表現力を鍛えられるし、物事を考える力や問題解決力も養われて、個人の成長や良好な人間関係を築くのにも役立つと思う。

Wǒ tǐng xǐhuan tǎolùn de. Wǒ juéde tōngguò tǎolùn kěyǐ duànliàn zìjǐ de biǎodá nénglì, bìng jiāqiáng sīwéi shēndù hé wèntí jiějué nénglì, bāngzhù gèrén chéngzhǎng hé jiànlì liánghǎo de rénjì guānxi.

词语

思维 sīwéi：思考
批评 pīpíng：批判する、叱る
技巧 jìqiǎo：テクニック
口才 kǒucái：弁舌の才能
培养 péiyǎng：培う
促进 cùjìn：促進する

备忘录

你一年会看几次牙?

一年に何回歯医者さんに行く？

Nǐ yì nián huì kàn jǐ cì yá?

A.

例

自从我下定决心治疗我所有的蛀牙，把银牙换成烤瓷牙之后，我一直坚持每三个月定期去看一次牙。终于意识到了保护牙齿的重要性。

虫歯を全部治療して、銀歯をセラミックにしようと決心してから、3か月に一回の定期検診には欠かさず行ってる。歯をきれいに保つことの重要性にやっと気づいた。

Zìcóng wǒ xiàdìng juéxīn zhìliáo wǒ suǒyǒu de zhùyá, bǎ yínyá huànchéng kǎocíyá zhīhòu, wǒ yìzhí jiānchí měi sān ge yuè dìngqī qù kàn yí cì yá. Zhōngyú yìshìdàole bǎohù yáchǐ de zhòngyàoxìng.

词语

蛀牙 zhùyá：虫歯
烤瓷牙 kǎocíyá：セラミックの歯
智齿 zhìchǐ：親知らず
打麻药 dǎ máyào：麻酔薬を打つ
拔牙 bá yá：歯を抜く
牙床 yáchuáng：歯ぐき

备忘录

你最喜欢哪座世界著名的建筑物?

世界で一番好きな建築物は?

Nǐ zuì xǐhuan nǎ zuò shìjiè zhùmíng de jiànzhùwù?

A.
_____

_____

_____

例

我很喜欢东京塔。它独特的建筑风格、壮观的景观和浪漫的夜景非常迷人,是东京不可取代的文化标志之一。

東京タワーが好き。独特な建築様式に、壮大な景観とロマンチックな夜景は見るものを魅了する。何にも変えがたい東京のランドマークの一つだね。

Wǒ hěn xǐhuan Dōngjīngtǎ. Tā dútè de jiànzhù fēnggé, zhuàngguān de jǐngguān hé làngmàn de yèjǐng fēicháng mírén, shì Dōngjīng bùkě qǔdài de wénhuà biāozhì zhī yī.

词语

壮观 zhuàngguān:壮観だ
迷人 mírén:うっとりさせる
不可取代 bùkě qǔdài:かけがえのない
比萨斜塔 Bǐsà Xiétǎ:ピサの斜塔
圣保罗大教堂 Shèngbǎoluó Dàjiàotáng:セント・ポール大聖堂
东京晴空塔 Dōngjīng Qíngkōngtǎ:東京スカイツリー

备忘录

有没有印象深刻的电视广告?

印象に残っているテレビCMはある?

Yǒu méiyou yìnxiàng shēnkè de diànshì guǎnggào?

A.
_____

_____

_____

例

耐克的广告给我留下了很深刻的印象。广告的核心是强调个人动力和自我激励,展示了一些运动员突破自我的过程,鼓励我们去实现自己的梦想。

ナイキのCMがすごく印象深い。CMの核となるメッセージは原動力と自分への激励。スポーツ選手たちが自分の限界を突破する様子を見せることで、見る人の夢の実現を応援するものだった。

Nàikè de guǎnggào gěi wǒ liúxià le hěn shēnkè de yìnxiàng. Guǎnggào de héxīn shì qiángdiào gèrén dònglì hé zìwǒ jīlì, zhǎnshìle yìxiē yùndòngyuán tūpò zìwǒ de guòchéng, gǔlì wǒmen qù shíxiàn zìjǐ de mèngxiǎng.

词语

核心 héxīn:核心的だ
代言人 dàiyánrén:イメージキャラクター
播放 bōfàng:再生する
麦当劳 Màidāngláo:マクドナルド
三得利 Sāndélì:サントリー
合味道 héwèidào:カップヌードル

备忘录

你最近知道的冷知识是什么?

最近知った豆知識はある?

Nǐ zuìjìn zhīdao de lěngzhishi shì shénme?

A. _____

_____

_____

例

国际宇航联合会将高度100公里以上的空间定义为宇宙,所以地球到宇宙跟东京到热海的距离差不多。宇宙并没有我们想象的遥远。

国際宇宙航行連盟は高度100キロメートル以上の空間を宇宙と定義しているから、地球から宇宙の距離は東京から熱海と同じくらい。宇宙は思ってるほど遠くもないね。

Guójì Yǔháng Liánhéhuì jiāng gāodù yìbǎi gōnglǐ yǐshàng de kōngjiān dìngyì wéi yǔzhòu, suǒyǐ dìqiú dào yǔzhòu gēn Dōngjīng dào Rèhǎi de jùlí chàbuduō. Yǔzhòu bìng méiyou wǒmen xiǎngxiàng de yáoyuǎn.

词语

冷知识 lěngzhishi：豆知識
定义为～ dìngyì wéi ～：～と定義する
遥远 yáoyuǎn：はるかに遠い
关键 guānjiàn：キーポイント
没想到 méi xiǎngdào：思いもよらない
有意思 yǒu yìsi：面白い

备忘录

你有忘不了的人吗?

忘れられない人はいる?

Nǐ yǒu wàngbuliǎo de rén ma?

A.
_____

_____

_____

例

相信很多人都跟我一样，虽然一生中有很多忘不了的人，但最难忘记的是初恋情人。初恋是青涩美好的回忆，到老也不会忘记吧。

同じことを思う人も多いはず。人生で忘れられない人は多かれど、一番忘れられないのは初恋の人だ。初恋は青く美しい思い出、年老いても忘れないものでしょ。

Xiāngxìn hěn duō rén dōu gēn wǒ yíyàng, suīrán yìshēng zhōng yǒu hěn duō wàngbuliǎo de rén, dàn zuì nán wàngjì de shì chūliàn qíngrén. Chūliàn shì qīngsè měihǎo de huíyì, dào lǎo yě bú huì wàngjì ba.

词语

<u>青涩</u> qīngsè：青くさい
<u>回忆</u> huíyì：思い出
追 zhuī：(好きな人を) 追いかける
班主任 bānzhǔrèn：担任の先生
救命恩人 jiùmìng ēnrén：命の恩人
前女友 / 前男友 qián nǚyǒu/qián nányǒu：元カノ / 元カレ

备忘录

[　]　　.　　.

你觉得什么样的行为值得学习？

見習いたいと思った行動は？

Nǐ juéde shénmeyàng de xíngwéi zhíde xuéxí?

A.

＿＿＿＿＿＿＿＿＿＿＿＿＿＿＿＿＿＿＿＿＿＿＿＿＿＿

＿＿＿＿＿＿＿＿＿＿＿＿＿＿＿＿＿＿＿＿＿＿＿＿＿＿

＿＿＿＿＿＿＿＿＿＿＿＿＿＿＿＿＿＿＿＿＿＿＿＿＿＿

例

我这个人没有常性，往往是三天打鱼，两天晒网。所以，我很佩服持之以恒、坚持不懈的人，我应该向这样的人学习。

自分は根気がなくて、何事も三日坊主になりがちだから、根気強く最後までやり続ける人には頭が下がる。そういう人を見習うべきだな。

Wǒ zhège rén méiyou chángxìng, wǎngwǎng shì sāntiān-dǎyú, liǎngtiān-shàiwǎng. Suǒyǐ, wǒ hěn pèifu chízhī-yīhéng, jiānchí búxiè de rén, wǒ yīnggāi xiàng zhèyàng de rén xuéxí.

词语

三天打鱼，两天晒网 sāntiān-dǎyú,liǎngtiān-shàiwǎng：三日坊主
持之以恒，坚持不懈 chízhī-yīhéng,jiānchí búxiè：根気よく続ける
向～学习 xiàng～xuéxí：～を見習う
帮助 bāngzhù：手助けする
谦让 qiānràng：遠慮して譲り合う
让座 ràng//zuò：席を譲る

备忘录

Q.357

你是什么星座的?

あなたは何座？

Nǐ shì shénme xīngzuò de?

A.

_____

_____

_____

例

我是水瓶座。据说水瓶座的人偏重个人主义，喜欢创新，追求新鲜刺激。同时，做事没常性，总是三分钟热度。我觉得说得挺对的。

水瓶座。水瓶座の人は個人主義的で、新しいものを好み、刺激を求める傾向があるらしい。同時に、何事にも根気がなく、熱しやすく冷めやすいとか。自分でも結構当たってると思う。

Wǒ shì Shuǐpíngzuò. Jùshuō Shuǐpíngzuò de rén piānzhòng gèrén zhǔyì, xǐhuan chuàngxīn, zhuīqiú xīnxiān cìjī. Tóngshí, zuòshì méi chángxìng, zǒngshì sān fēnzhōng rèdù. Wǒ juéde shuōde tǐng duì de.

词语	备忘录
偏重 piānzhòng：偏重する	
没常性 méi chángxìng：根気がない	
天蝎座 Tiānxiēzuò：さそり座	
个性 gèxìng：個性	
优点 yōudiǎn：長所、利点	
生日 shēngrì：誕生日	

你喜欢吃什么面包?

好きなパンの種類は？

Nǐ xǐhuan chī shénme miànbāo?

A.

_____

_____

_____

例

我最喜欢吃牛角面包。用烤箱稍微烤一下，表皮会变得酥酥脆脆的，里面又香又软。要不是怕发胖，我吃几个都不够。

一番好きなパンはクロワッサン。トースターで少し焼くと、外側がカリッとして中は香ばしくて柔らかくなる。もし太らないなら、何個食べても足りないくらい。

Wǒ zuì xǐhuan chī niújiǎo miànbāo. Yòng kǎoxiāng shāowēi kǎo yíxià, biǎopí huì biànde sūsūcuìcuì de, lǐmiàn yòu xiāng yòu ruǎn. Yàobúshì pà fāpàng, wǒ chī jǐ ge dōu búgòu.

词语

稍微 shāowēi：少し、やや
酥酥脆脆 sūsūcuìcuì：カリカリ、サクサク
三明治 sānmíngzhì：サンドイッチ
吐司 tǔsī：トースト
涂黄油 tú huángyóu：バターを塗る
面粉 miànfěn：小麦粉

备忘录

你做过的最可怕的梦是什么？

今まで見た夢で一番怖かったのは？

Nǐ zuòguo de zuì kěpà de mèng shì shénme?

A.
_____

_____

_____

例

我基本上做过的梦都会忘掉，但是有一个噩梦一直记得很清楚。有人逼我从悬崖跳到海里，然后海里有很多鲨鱼，太恐怖了。

基本的に夢は忘れてしまうけど、一つだけはっきり覚えてる悪夢がある。崖からサメがたくさんいる海に飛び込めと脅される夢。怖すぎる。

Wǒ jīběnshang zuòguo de mèng dōu huì wàngdiào, dànshì yǒu yí ge èmèng yìzhí jìde hěn qīngchu. Yǒu rén bī wǒ cóng xuányá tiàodào hǎi li, ránhòu hǎi li yǒu hěn duō shāyú, tài kǒngbù le.

词语

悬崖 xuányá：崖
鲨鱼 shāyú：サメ
拐骗 guǎipiàn：誘拐する
逃跑 táopǎo：逃げる
凶手 xiōngshǒu：犯人
吓人 xià//rén：怖い、恐ろしい

备忘录

. . [　　]

五感当中你最敏锐的感官是哪一个？

五感の中であなたが一番敏感なのは？

Wǔgǎn dāngzhōng nǐ zuì mǐnruì de gǎnguān shì nǎ yí ge?

A.

_____

_____

_____

例

我觉得我最敏感的感官是嗅觉。我是一个轻微的"嗅觉控"，对有些气味很热衷，比如烤面包、咖啡、小宝宝身上的味道等等。

嗅覚が一番敏感だと思う。ちょっとした匂いフェチで、好きな匂いがいくつかある。例えばパンが焼ける匂い、コーヒー、赤ちゃんの身体の匂いとか。

Wǒ juéde wǒ zuì mǐngǎn de gǎnguān shì xiùjué. Wǒ shì yí ge qīngwēi de "xiùjuékòng", duì yǒuxiē qìwèi hěn rèzhōng, bǐrú kǎo miànbāo、 kāfēi、 xiǎobǎobao shēnshang de wèidao děngdeng.

词语

嗅觉 xiùjué：嗅覚
听觉 tīngjué：聴覚
迟钝 chídùn：のろい、にぶい
反应 fǎnyìng：反応
摸 mō：さわる
闻 wén：嗅ぐ

备忘录

Q.361   ·   ·   [   ]

你听过二胡演奏吗?

二胡の演奏を聞いたことはある?

Nǐ tīngguo èrhú yǎnzòu ma?

A.
_____

_____

_____

例

当然听过,我最喜欢《二泉映月》这首曲子。二胡的音色如泣如诉,凄美动人。据说二胡是最接近人声音的乐器,我觉得的确如此。

もちろん聞いたことある。一番好きなのは「二泉映月」という曲。二胡の音色にはもの悲しく儚げな美しさがある。二胡の音色は人の声にもっとも近いらしいと聞いて、その通りだと思った。

Dāngrán tīngguo, wǒ zuì xǐhuan 《Èrquán Yìngyuè》 zhè shǒu qǔzi. Èrhú de yīnsè rúqì-rúsù, qīměi dòngrén. Jùshuō èrhú shì zuì jiējìn rén shēngyīn de yuèqì, wǒ juéde díquè rúcǐ.

词语

如泣如诉 rúqì-rúsù:(声、音色が)もの悲しい
凄美动人 qīměi dòngrén:儚く感動的だ
音乐会 yīnyuèhuì:コンサート
老歌 lǎogē:古い歌
韵味 yùnwèi:おもむき、情趣
琵琶 pípa:琵琶

备忘录

[   ]

你擅长模仿吗?

物真似は得意なほう?

Nǐ shàncháng mófǎng ma?

A.

_____

_____

_____

例

我比较擅长模仿。我上学的时候，经常模仿老师说话，把同学们逗得哈哈大笑。我还能模仿很多歌手的声音和唱法。

物真似は結構得意。学生時代はよく先生の話し方を真似て、友達を大笑いさせてた。歌手の声や歌い方の物真似もできる。

Wǒ bǐjiào shàncháng mófǎng. Wǒ shàngxué de shíhou, jīngcháng mófǎng lǎoshī shuōhuà, bǎ tóngxuémen dòude hāhā dà xiào. Wǒ hái néng mófǎng hěn duō gēshǒu de shēngyīn hé chàngfǎ.

词语

模仿 mófǎng：まねる
动作 dòngzuò：動作
观察 guānchá：観察する
模仿秀 mófǎngxiù：物真似ショー
语调 yǔdiào：口調
肢体 zhītǐ：手足

备忘录

. . [ ]

你喜欢昆虫吗?

虫は好き？

Nǐ xǐhuan kūnchóng ma?

A.

_____

_____

_____

例

我很怕虫子，尤其是蜈蚣之类腿很多的昆虫，光是想象就觉得头皮发麻。类似青虫一样又长又软的虫子也不喜欢，觉得很恶心。

大の虫嫌いで、特にムカデのような脚がたくさんある虫は想像しただけでぞっとする。青虫のような長くてふにゃふにゃした虫も気持ち悪くて嫌い。

Wǒ hěn pà chóngzi, yóuqí shì wúgōng zhī lèi tuǐ hěn duō de kūnchóng, guāng shì xiǎngxiàng jiù juéde tóupí fāmá. Lèisì qīngchóng yíyàng yòu cháng yòu ruǎn de chóngzi yě bù xǐhuan, juéde hěn ěxin.

词语

蝴蝶 húdié：チョウ
放大镜 fàngdàjìng：虫眼鏡
独角仙 dújiǎoxiān：カブトムシ
瓢虫 piáochóng：テントウムシ
螳螂 tángláng：カマキリ
翅膀 chìbǎng：羽

备忘录

如果你被僵尸包围了，你想选哪一种武器突破包围？

ゾンビに囲まれたら何を武器に闘う？

Rúguǒ nǐ bèi jiāngshī bāowéi le, nǐ xiǎng xuǎn nǎ yì zhǒng wǔqì tūpò bāowéi?

A.

_____

_____

_____

例

这个场景太恐怖了，想象一下就冒冷汗。我会选择刀枪不入、配备火炮和机关枪、具有高强的攻击力和防御能力的坦克。

そんな状況怖すぎて、想像しただけで冷や汗が出る。私だったら、刃物も弾丸も通さない、大砲とマシンガンを備えた、強い攻撃力と防御力を併せ持つ戦車を選ぶ。

Zhège chǎngjǐng tài kǒngbù le, xiǎngxiàng yíxià jiù mào lěnghàn. Wǒ huì xuǎnzé dāoqiāng bùrù, pèibèi huǒpào hé jīguānqiāng, jùyǒu gāoqiáng de gōngjìlì hé fángyù nénglì de tǎnkè.

词语

冒冷汗 mào lěnghàn：冷や汗をかく
枪 qiāng：銃
坦克 tǎnkè：戦車
斧头 fǔtou：斧
慌张 huāngzhāng：慌てる
求生 qiúshēng：生き延びようとする

备忘录

Q.365

[ ]

有没有过穷途末路的时候?

絶体絶命になったことはある?

Yǒu méiyǒuguo qióngtú-mòlù de shíhou?

A.
_____

_____

_____

例

有一次我去国外出差，刚到当地的机场，发现我的电脑不见了。我很绝望，因为电脑是新买的，里面还保存了所有出差需要用的资料。

海外出張に行ったときに、現地の空港に着いてすぐパソコンがないことに気づいたことがある。買ったばかりのパソコンで、出張で必要な資料も全部そこに保存してたから本当に絶望した。

Yǒu yí cì wǒ qù guówài chūchāi, gāng dào dāngdì de jīchǎng, fāxiàn wǒ de diànnǎo bújiàn le. Wǒ hěn juéwàng, yīnwei diànnǎo shì xīn mǎi de, lǐmiàn hái bǎocúnle suǒyǒu chūchāi xūyào yòng de zīliào.

词语

小偷 xiǎotōu：泥棒
火灾 huǒzāi：火災
经历 jīnglì：経験する
磨难 mónàn：苦しみ、苦難
求救 qiújiù：助けを求める
诈骗 zhàpiàn：だまし取る、詐欺をする

备忘录

表扬一下写完日记的自己！

この日記を書き上げた自分に一言！

Biǎoyáng yíxià xiěwán rìjì de zìjǐ!

A. _____

_____

_____

例

恭喜自己坚持到了最后！每天用中文写日记，不仅锻炼了写作能力，还提高了语法和词汇的水平，丰富了自己的语言表达能力。我最棒！

最後まで続けられた自分、おめでとう！　毎日中国語で日記を書くことで、作文力を鍛えられただけでなく、文法や単語もレベルアップして、表現力が豊かになった。すごいぞ、わたし！

Gōngxǐ zìjǐ jiānchídàole zuìhòu! Měi tiān yòng Zhōngwén xiě rìjì, bùjǐn duànliànle xiězuò nénglì, hái tígāole yǔfǎ hé cíhuì de shuǐpíng, fēngfùle zìjǐ de yǔyán biǎodá nénglì. Wǒ zuì bàng!

词语

棒　bàng：素晴らしい
夸　kuā：ほめる
认真　rènzhēn：まじめだ
了不起　liǎobuqǐ：すごい
辛苦了。Xīnkǔ le.：お疲れ様でした。
继续努力　jìxù nǔlì：努力し続ける

备忘录

Q&A Diary 中国語で3行日記

発　行　日　　2023年10月16日
　　　　　　　2024年2月8日（第3刷）
著　　　者　　氷野善寛、李軼倫、李姉妹、原田夏季
編　　　集　　株式会社アルク　出版編集部
校　　　正　　竹内路子（株式会社好文出版）

AD・デザイン　早坂美香（shuriken graphic）
イ ラ ス ト　　shoko wada

ナレーション・録音　李軼倫
音 声 編 集　　Niwaty

D　T　P　　新井田晃彦（共同制作社）、洪永愛（Studio H2）
印 刷・製 本　　シナノ印刷株式会社

発　行　者　　天野智之
発　行　所　　株式会社アルク
　　　　　　　〒102-0073　東京都千代田区九段北4-2-6　市ヶ谷ビル
Ｗｅｂｓｉｔｅ　https://www.alc.co.jp/

地球人ネットワークを創る

アルクのシンボル
「地球人マーク」です。